바벨론의 비밀 요원

Originally published in the U.S.A.
Agents of Babylon

바벨론의 비밀요원

David Jeremiah | 윤혜란 옮김

터치북스

서문

두 도시 이야기

1859년 찰스 디킨스는 18세기 후반의 파리와 런던을 배경으로 〈두 도시 이야기〉라는 유명한 소설을 썼다. 성경에도 유명한 두 도시 이야기가 있다. 이야기의 배경이 된 도시는 예루살렘과 바벨론이다. 예루살렘은 하나님께서 선택하신 민족의 역사적인 수도이자 미래 하나님 나라의 영원한 수도였고, 바벨론은 타락과 극악무도함, 권력 남용과 하나님에 대한 반역을 떠올리게 하는 죄악의 상징 같은 도시였다.

바벨론은 바벨이라는 말에서 유래되었는데, 바벨은 야심에 찬 니므롯이 하나님과 맞서기 위해 세운 최초의 세속적인 도시였다창 11:1-9. 그리고 여러 세기 후에 바벨론이라는 나라가 예루살렘을 정복하고 유대인 포로들을 이 바벨론이라는 도시로 사로잡아 갔다.

물론 바벨론이라는 나라는 그리스도가 이 땅에 오시기 5세기 전에 무너졌지만, 그리스도를 대적하는 바벨론의 영은 살아서 로마를 포함한 이 세상의 제국에게로 계속 이어졌다. 막강한 힘을 과시하던 로마 제국도 결국 무너졌지만 우리는 성경의 예언을 통해 마지막 때에 그리스도인들을 박해했던 로마가 다시 되살아날 것임을 알고 있다. 계시록이 확인해 주듯이 로마의 영은 곧 바벨론의 영인 것이다. 이렇듯 여러 세기를 거쳐 하나님의 주권을 빼앗으려는 인간의 도전은 계속되고 있다.

반면 예루살렘이라는 도시는 역사를 통해 수없이 무너지고, 빼앗기고, 억압당했다. 그래서 인간의 도시인 바벨론이 하나님의 도시인 예루살렘보다 강해 보일 수 있다. 하지만 이것은 사실이 아니다. 예루살렘이 당한 핍박은 미래 예루살렘이 감당할 일을 위해 준비시키는 과정으로서 하나님의 계획 속에서 이루어진 징계일 뿐이다. 계시록은 두 도시 간의 긴 싸움의 역사가 예루살렘의 최후 승리로 마무리될 것임을 확인시켜 준다. 계시록은 바벨론과 예루살렘이라는 두 도시의 최후를 보여주고 있는 것이다.

우리는 지금 바벨론의 영에 사로잡혀 있는 시대를 살아가고 있다. 그리고 마지막 때에 이 세력은 전 세계를 지배할 것이다. 나는 그리스도인들이 이미 눈앞까지 다가와 있는 그 시대를 잘 준비하도록 돕기 위해 이 책을 쓰기로 결심했다.

바벨론의 중심에서 바라본 바벨론

성경을 통틀어 다니엘서만큼 정확하게 바벨론의 모습을 보여주는 곳은 없다. 다니엘서는 그리스도가 오시기 약 6세기 전, 느부갓네살 왕이 예루살렘을 정복했을 당시 바벨론으로 잡혀온 한 포로의 이름을 책의 제목으로 삼고 있다. 다니엘이 살았던 도시의 문화는 오늘날 우리가 살고 있는 도시의 문화와 너무도 비슷하기 때문에 지금 우리가 다니엘서를 공부하는 것은 매우 의미 있다고 할 수 있다. 다니엘서의 전반부 이야기들은 다니엘서의 후반부 예언을 통해 드러날 미래에 우리가 맞서야 할 다양한 상황과 사람들에 관해 보여준다.

다니엘서를 함께 공부해 나갈 때 나는 두 부류의 사람들에 관한 묘사에 초점을 맞출 것이다. 첫 번째는 타락한 도시에 파견된 하나님의 특사로서, 하나님에 대한 확고한 믿음을 가진 기도의 사람들이다. 이들은 타락하고 세속적인 문화의 요구에 타협하거나 항복하지 않았다. 두 번째는 방탕하고 교만으로 가득 찬 사람들로, 이들은 자기 자신의 영광과 욕구 외에 어떤 것도 중요하지 않은 사람들이다. 그리고 마지막으로 우리는 다니엘서에서 타락한 세상 속에서 일하시는 특사 중의 특사, 지극히 높으신 하나님을 만나게 될 것이다. 그분은 다니엘서에 나오는 모든 이야기들의 전개와 반전을 주권적으로 통제하신다.

우리는 다니엘서에 기록된 예언과 환상들도 살펴볼 것이다. 다니엘서의 환상들은 두 종류의 미래를 보여주는데, 첫 번째는 역사적으로 이미 다니엘서의 예언대로 정확하게 성취된 미래로서 다니엘이 예언했던 것과 똑같이 세워지고 무너진 네 나라에 관한 이야기이다. 두 번째는 우리가 흔히 종말이라고 부르는 때를 묘사한 환상으로 어둡고 불길한 미래에 관한 것이다. 이미 성취된 예언의 정확성은 아직 성취되지 않은 예언에 대해 확고한 믿음을 부여해 준다.

즉 역사 속에서 이미 성취된 예언들을 보면서 우리는 현재를 어떻게 살아야 하는지를 알게 되며, 더불어 다가올 미래를 어떻게 준비해야 하는지도 알게 된다. 또한 다니엘서 전체를 통해 다니엘이 보여준 용기와 믿음과 기도에 대한 헌신은 그 시대만큼이나 오늘날에도 매우 중요하다.

다니엘은 사치, 방탕, 교만, 신성모독, 쾌락에 젖어 사악함이 만연했던 바벨론이라는 도시에 살았다. 하나님의 백성을 완전히 파멸시킨 제국의 심장이었다. 우리는 시대를 읽는 분별력을 가지고마 16:2-3, 다니엘이 살았던 바벨론과 오늘날의 문화가 매우 흡사함을 인식함으로써 다니엘서의 어두운 환상들이 우리 눈앞으로 다가오고 있음을 깨달아야 한다. 우리는 이제 다니엘처럼 하나님의 능력을 의지하고 우리 자신을 믿음에 굳건히 세워야 한다.

몇 년 전, 프란시스 쉐퍼는 자신의 저서 《그렇다면 우리는 어떻게 살아야 하는가?》를 통해 무신론이 쌩배해셔 가는 현내 사회에 대한 우러를 표명한 적이 있다. 그 책의 질문에 우리는 다니엘의 삶을 모범 삼아 분명하게 대답할 수 있어야 한다.

다니엘과 세 친구는 바벨론의 타락을 멈추게 할 수 없었다. 그러나 그들은 바벨론에 휩쓸려 하나님에 대한 믿음을 타협하지 않았다. 이처럼 믿음에 굳게 서는 것은 쉬운 일이 아니다. 거기에는 엄청난 용기와 믿음과 인내와 기도가 요구된다. 이것은 멸망한 바벨론의 길을 따라가는 이 세대로부터 우리 자신을 지켜내기 위해 오늘날 우리에게 동일하게 요구되는 것이다.

David Jeremiah

2015. 가을

CONTENTS

1
chapter

포로로 잡혀가다

다니엘 1:1-21

이야기 속으로

소년이라고 하기엔 다소 성숙해 보이는 한 청년이 지친 듯이 걷고 있었다. 얼굴에 날아드는 파리 떼를 쫓는 것조차 힘겨워 보였다. 린넨으로 된 튜닉소매 없이 통자로 된 무릎 길이의 느슨한 옷-역주은 먼지로 뒤범벅이 된 채 땀에 절어 있었다. 예루살렘에서 가장 솜씨 좋은 장인이 만든 샌들 바닥은 건조한 사막을 오랫동안 걸어오는 바람에 아주 얇게 닳아 있었다. 때문에 청년의 발은 멍으로 얼룩덜룩했다.

한 걸음을 내딛기도 힘들 만큼 초죽음 상태였지만, 청년과 그의 동료들은 하루도 빠짐없이 해가 뜰 때부터 질 때까지 쉬지 않고 걷고 또 걸어야 했다. 그들이 유일하게 쉴 수 있는 시간은 간수들이 나눠 주는 말라비틀어진 빵과 미지근한 물을 먹는 순간뿐이었지만 그 시간도 길지 않았다. 포로들은 간수들의 강압에 못 이겨 힘겨운 발걸음을 다시 옮겨야만 했다. 바벨론으로 가는 길은 천 킬로미터가 넘는 먼 여정이었다.

청년의 이름은 다니엘이었다. 그는 열네 살이었는데 키가 크고 수려한 용모를 지닌 청년이었다. 자신이 처한 상황이 너무도 참담했기 때문에 그는 파리 떼도, 피멍도, 타는 듯한 무더위도 심지어는 정신을 마비시킬 만한 탈진 상태도 개의치 않는 듯한 모습이었다. 포로로 잡히기 전 목격했던 참상이 아직 뇌리에 깊게 남아있어서 지금 자신이 처한 현실은 희미한 신기루처럼 느껴졌다. 바벨론 군사들은 예루살렘 성 안으로 물밀듯이 쳐들어왔다. 놀란 주민들이 거리로 뛰쳐나오자 바벨론 군사들은 전차를 타고 지나가며 남자든 여자든 어린 아이든 상관없이 마구 칼을 휘둘렀다. 다니엘의 부모님도 그가 보는 앞에서 참혹하게 죽임을 당했다.

다니엘은 사랑했던 소녀 레아를 떠올리며 절규에 가까운 한숨을 내쉬었다. 두 사람은 약혼한 사이였는데, 레아가 비명을 지르며 바벨론 병사에게 끌려가는 모습을 본 순간 그는 바벨론 병사가 내리치는 방패에 맞아 의식을 잃은 채 쓰러졌고 수레에 던져졌다.

수레에서 간신히 의식을 되찾았을 때 물밀듯이 몰려드는 가슴 아픈 순간들로 인해 온몸이 떨려왔다. 그의 시선이 닿는 예루살렘 거리마다 피범벅이 된 시체들이 널브러져 있었다. 예루살렘 성전을 떠올리자 눈물이 솟구쳐 올랐다. 적군의 마차에는 성전 기물들이 실려 있었고, 그를 실은 수레가 동쪽 문을 통과할 때에는 더 많은 포로가 합류되었다. 끌려가는 포로들은 전부 젊은 이들이었다. 노인이나 중년, 아픈 사람들은 죽임을 당하거나 예루살렘에 남겨졌기 때문이다.

매일 밤, 잠자리에 들 때마다 그날의 잔상들이 그를 괴롭혔다. 길을 걸으면서 고통스런 기억에서 억지로 벗어나 비참한 현실로 돌아오던 순간 뒤에서 누군가가 말을 걸어 왔다.

"다니엘?" 익숙한 음성이었다.

"아나니아! 살아있었구나. 미사엘과 아사랴는?"

갈라진 목소리가 새어 나왔다.

"못 봤어."

"혹시 레아는 본 적 있어?"

그 순간 무거운 채찍이 등을 때렸다.

"대화 금지!" 한 병사가 소리쳤다.

"한 번만 더 말을 했다가는 죽도록 맞을 줄 알아."

끝도 없는 여정은 계속되었다. 도중에 많은 유대인들이 죽어나갔고, 그들의 시체는 길에 버려져 독수리 먹이가 되었다. 다니엘의 고급 샌들에도 구멍이 뚫려 발에 상처가 나기 시작했다. 발의 상처가 커질수록 행렬의 속도를 맞추기 위해 안간힘을 써야만 했다. 비틀거리며 쓰러진 적도 여러 번 있었지만 어떻게든 일어나 다시 걸어야 했다. 정신이 혼미한 상태에서도 그의 몸은 앞을 향해 나아가고 있었다.

어느 날 동료 하나가 바벨론 성벽을 보았다고 말하는 것을 어렴풋이 들었는데, 몇 시간 후 드디어 바벨론에 입성했다. 다니엘은 결국 의식을 잃은 채 땅바닥에 쓰러지고 말았다.

다니엘이 깨어난 곳은 어두운 감옥 안이었다. 그곳은 고향에서 함께 끌려온 젊은이들로 가득 차 있었는데, 그중에는 친구 하나냐도 있었다. 그는 혹시 아직 행방을 모르는 친구, 미사엘과 아사랴도 보이지 않을까 싶어 주변을 둘러보았다. 몸을 움직이려 하자 극심한 통증이 몰려왔다. 그는 고열에 시달리고 있었다. 며칠 동안 의식을 잃었다 깨어나기를 반복했다. 통증이 가라앉기 시작했을 때 그는 비로소 그 고통의 원인을 알게 되었다. 육체적인 고통과는 비교할 수 없는 탄식이 흘러나왔다. 그는 더 이상 남자가 아니었다.

'나는 이제 남편이나 아버지가 될 수 없는 몸이 되었구나.'

수감자들이 점차 건강을 회복하자 빵과 물이 허락되었다. 그렇게 몇 주가 흘러 원기를 회복하자 간수들은 그들 각자에게 부역을 맡겼다. 어떤 이에게는 마구간을 청소하거나 말을 돌보는 일이 맡겨졌고, 또 다른 이에게는 문지기나 목수, 잡역부 등의 임무가 맡겨졌다. 다니엘은 마차나 수레를 고치고 관리하는 일을 하게 되었다.

여자 포로들에게도 일이 부여되었는데, 그들에게 부여된 임무는 주로 빨래나 요리, 의복을 손질하는 것이었다. 그들 중 일부는 남자 포로들의 점심 식사를 준비하기도 했고, 갈아입을 옷이나 뜨거운 날씨에 마실 물을 배달해 주기도 했다.

바벨론에서 노동을 시작한지 몇 주가 지난 어느 날, 다니엘이 마차 바퀴를 교체하는 일을 막 마쳤을 때 한 젊은 여성이 물 양동이를 들고 그에게 다가왔다. 그녀는 따가운 햇볕으로부터 얼굴을 보호하기 위해 두건으로 얼굴 전체를 칭칭 감고 있었다. 심한 갈증으로 목이 타들어 가던 다니엘은 그녀에게 별다른 관심을 두지 않았는데 물병을 내려놓고 입을 닦다가 익숙한 눈빛을 한눈에 알아봤다.

"레아?" 그는 놀라 소리를 질렀다. "레아가 분명하지?"

"오, 다니엘." 레아는 기쁨의 눈물을 흘리며 말했다.

"당신을 얼마나 찾아다녔는지 몰라요. 당신이 죽었다고 생각했었어요."

"레아, 다시 보게 되어 너무 기쁘군요. 나도 당신의 행방을 찾을 길이 없었어요."

"이렇게 계속 이야기를 하다가는 위험해질 수 있어요."

"경비병들이 매의 눈으로 우리를 감시하고 있거든요. 계속 물을 마시는 시늉을 하세요."

다니엘은 물병을 다시 입으로 가져갔다.

"그들이 건강하고 젊은 여성들을 모으고 있어요. 그중 교육받은 여성들은 귀족이나 관리들을 접대하는 일을 맡게 될 거고, 아름다운 여성들은 왕의 첩이 되겠지요. 나머지는 노예 신분이기는 하지만 결혼을 할 수 있게 허락한대요. 당신과 나에게도 아직 희망이 남아 있어요."

레아의 말을 들으면서 다니엘은 먼지 가득한 땅바닥만 물끄러미 바라보았다. "레아, 그건 불가능해요. 우리 두 사람은 미래를 함께 할 수 없어요. 나는 더 이상 남자가 아니거든요. 그러니 다른 남자를 찾아봐요." 말을 마친 다니엘은 서둘러 물병을 건네주고는 눈물을 감추며 돌아섰다.

레아는 흐느끼며 멀리 사라졌고, 다니엘은 마차 보관소로 돌아왔다.

그날 밤 다니엘은 괴로움으로 몸부림쳤다. 그는 조용히 기도했다. '하나님, 공허한 제 영혼을 무엇으로 채워야 할까요?' 그런 생각들로 그는 밤새 뒤척였다. 그러나 새벽이 되자 다니엘의 마음은 조용하고 평화로워졌다. 기도에 응답을 받았기 때문이다. 하나님이 그의 인생을 책임져 주실 것이다. 그분이 그의 친구가 되어 주실 것이고, 인생의 목적과 위로가 되어 주실 것이다. 깜깜한 감방 안에서 그날 아침 다니엘은 신부가 신랑에게 하듯 하나님께 신실하겠다고 맹세했다.

하나님께 드린 헌신을 기억하면서 다니엘은 하루하루 자신에게 주어진 일에 성실하게 임했다. 그러던 어느 날 간수가 그를 불렀다.

"식품 보관소에서 너를 찾고 있다. 당장 거기로 가거라."

다니엘이 도착했을 때 그 방은 서른 명 가량의 유대 남자 포로들로 가득 차 있었다. 그들 중에는 다니엘의 친구 하나냐와 미사엘과 아사랴도 포함되어 있었다.

모두 모였을 때, 두 명의 바벨론 남자가 들어와 그들 앞에 섰다. 중년 정도의 나이로 보이는 첫 번째 남자는 거무스름한 피부에 바벨론 관리들이 입는 로브를 걸치고 있었고, 함께 온 남자 역시 좋은 옷을 입고 있었는데 보좌관처럼 보였다.

바벨론 관리처럼 보이는 남자가 앞으로 나와 연설을 시작했다.

"내 이름은 아스부나스다. 나는 위대하신 느부갓네살 왕의 궁전 내시로서 너희들은 모든 유대 남자들 가운데서 특별히 뽑혀 온 것이다. 너희는 앞으로 삼 년 동안 왕을 수발하기 위한 훈련을 받게 될 것이다. 바벨론의 언어뿐만 아니라 문학, 종교, 철학 등 우수한 교육을 받게 될 것이고 왕의 식탁에 오르는 음식도 함께 먹게 될 것이다. 그 음식에는 마르두크 신께 제사를 드린 질 좋은 고기도 포함되어 있다."

연설하던 아스부나스는 기대감으로 환해지는 젊은이들의 얼굴을 보자 흐뭇한 표정을 지었다.

"너희 모두는 강인함과 용모 때문에 이 자리에 뽑혀 왔지만, 최종 선택을 위해 두 가지 요건을 더 확인할 것이다. 바로 지식과 통찰력이다. 이것을 확인하기 위해 지금부터 한 명씩 개별 면담을 하게 될 것이다."

젊은 포로들은 한 사람씩 아스부나스 앞으로 안내를 받았다. 이윽고 다니엘의 차례가 되었다. 그 자리에서 다니엘은 정치, 종교, 철학, 과학, 점성술에 이르기까지 모든 종류의 질문에 대답했고, 수수께끼와 수학 방정식도 풀었다. 질문과 대답이 이어질수록 다니엘은 아스부나스의 만족감을 읽을 수 있었다. 거의 한 시간이 지난 후에야 아스부나스는 환한 웃음과 함께 고개를 끄덕이며 다니엘을 칭찬했다.

"너는 유대 젊은이들 중에서도 놀라울 만큼 교육을 잘 받았구나. 궁전에서 왕을 위해 일하는 것이 어떠냐?"

"물론 영광스러운 일입니다. 그러나 저는 하나님을 믿는 사람으로서 율법을 지키기 위해 우상에게 바쳐진 음식을 먹을 수 없습니다."

"다니엘, 혀를 함부로 놀리지 말거라!"

아스부나스는 낮지만 엄한 목소리로 말했다.

"궁선에서는 바르두크 신을 우상이라고 부르는 일은 절대 없어야 할 것이다. 그 즉시 신성모독 죄로 죽임을 당할 수도 있으니 말이야. 나는 너를 잃는 것은 국가적 손실이라고 생각한다. 하지만 왕이 명하신 음식 말고 다른 음식을 먹도록 허락할 수는 없다. 왕을 거역하는 것은 나에게도 죽음을 의미하니까."

"그렇지만…"

"더 이상 아무 말도 듣고 싶지 않구나. 이것으로 면담을 마치겠다. 너는 왕을 섬기도록 훈련을 받을 것이고 지금 이 시간부터 '벨드사살'로 불려질 것이다. 벨드사살, 이제 그만 감독관에게로 가거라. 그가 너와 동료들을 궁전으로 안내해 줄 것이다."

열두 명의 젊은이가 택함을 받았다. 감독관은 그들을 궁전으로 데려가 목욕을 시킨 다음 바벨론 의상으로 갈아입혔다. 그리고 아늑한 방으로 안내했다. 선택받은 젊은이들 중에는 다니엘의 친구인 하나냐와 미사엘과 아사랴도 포함되어 있었는데, 그들도 각각 사드락, 메삭, 아벳느고라는 바벨론 이름으로 불려지게 되었다.

저녁식사를 하라는 부름이 있자 다니엘은 그의 친구들과 함께 식당으로 갔다. "큰일이군. 우리가 하나님 앞에서 결코 먹을 수 없는 음식을 제공받게 될 텐데."

"먹지 않겠다고 하면 어떤 일이 벌어질까?" 사드락이 말했다.

"왕의 명령에 불복종한 죄로 처형을 당하겠지. 그렇더라도 나는 그 음식을 먹지 않을 거야."

그러자 세 친구도 다니엘의 결정에 따르기로 했다.

"우리도 자네와 같이 절대 그 음식을 먹지 않겠네." 그들은 다짐했다.

네 명의 청년이 다른 여덟 명의 포로들과 함께 식탁에 앉았다. 음식을 기다리는 동안 그들은 각자를 소개했다. 다니엘 옆에 앉은 청년의 이름은 엘리아자르였었는데 바벨론 이름으로 마릭이라고 불렸다.

마릭이 큰 소리로 말했다.

"우리 모두 갑자기 신분이 상승한 것 같지 않은가. 앞으로 예루살렘에서는 꿈도 꾸지 못했던 화려한 삶을 살게 될 거야."

"그렇지만 우리에게 제공되는 음식을 먹을 수 있겠는가?"

다니엘이 물었다.

"우상에게 바쳐진 음식은 먹어서는 안 된다는 걸 알지 않나."

"하지만 음식을 거부하는 순간 처형을 당할 걸세." 마릭이 대답했다.

"이 궁전에 우리를 보내신 분도 하나님이시니 우리 앞에 차려진 음식을 맛있게 먹는 것도 하나님의 뜻이라고 생각하네. 게다가 우리에게는 다른 선택이 없지 않은가? 하나님도 우리 사정을 이해하실 테니 나무라지 않으실 거야."

다니엘과 세 친구를 제외한 모든 유대 젊은이들이 마릭의 의견에 동의했다. 그때 하인들이 음식을 가져왔다. 음식들은 상상했던 것보다 훨씬 더 풍성하고 먹음직스러워 보였다. 생선, 꿩고기, 돼지고기, 육즙이 풍부하게 요리된 소고기, 그리고 끝도 보이지 않는 각종 과일과 야채, 견과류와 치즈, 빵 등 없는 것이 없었다.

여덟 명의 청년들은 한 치의 망설임도 없이 신나게 음식을 먹기 시작했다. 그러나 다니엘과 세 친구는 조용히 머리 숙여 기도했다.

식사가 한창 진행되고 있을 때, 아스부나스의 신하가 그들이 앉은 자리로 다가왔다. 그리고 음식을 먹지 않고 있는 다니엘과 세 친구를 보고 분노로 가득 찬 목소리로 말했다.

"어찌하여 너희들은 음식에 손도 대지 않느냐? 너희가 왕을 모욕하고자 하느냐?"

"절대 그렇지 않습니다." 다니엘이 대답했다.

"우리가 믿는 하나님은 우상에게 바쳐진 제물을 먹지 말라고 금하셨습니다. 환관장인 아스부나스 마마께도 이미 이 사실을 말씀드렸습니다."

"그렇지만 환관장님도 너희들이 끝까지 버틸 거라고는 생각지 않으셨어. 일단 차려진 음식들을 보기만 하면 바로 고집을 꺾을 거라고 하셨지." 그는 주먹으로 식탁을 내려치며 말했다. "어서 먹어! 명령을 거역하는 자에게 돌아오는 것은 죽음뿐이다!"

"그렇지만 마마, 저희는 하나님을 배신할 수 없나이다."

"나는 너희가 왕의 명령과 내 상관의 명령에 불복종하는 것을 허락하지 않을 것이다. 먹든지 죽든지 둘 중 하나를 택해라."

"나리, 저는 나리께서 명령을 따라야 하는 분임을 잘 알고 있습니다. 우리가 명령대로 하지 않으면 나리의 목숨이 위태로워지겠지요. 하지만 제가 감히 한 가지 해결 방안을 말씀드려도 되겠습니까? 저희를 시험해 보십시오. 저희가 원하는 식단을 제공하고 열흘 후에 저희가 다른 동료들만큼 건강하지 않다면 그때 저희를 나리 마음대로 처분하셔도 늦지 않을 것입니다."

감독관이 제안을 거절하자 다니엘과 세 친구는 바닥에 엎드려 간청했다. 결국 감독관이 말했다.

"그렇다면 딱 열흘 동안만 너희들이 원하는 음식을 먹도록 허락하겠다. 하지만 열흘 후에 너희 건강과 힘과 용모가 지금보다 나빠진다면 즉시 너희들을 처형할 것이다."

감독관이 방을 떠나자 마릭이 다니엘을 무섭게 노려봤다. "어리석기는!" 그는 경멸에 찬 눈길로 다니엘에게 말했다. "방금 사형선고를 받은 것과 다르지 않다는 사실을 모르겠는가? 채소만 먹으면 점점 초췌해질 게 뻔해."

"그렇더라도 하나님을 배신할 수는 없지." 다니엘이 대답했다.

"어떤 경우에도 그분의 명령에 순종해야 한다네."

"그런 율법은 유다에 있는 광신도들이나 지키는 거지."

마릭의 친구 중 하나가 빈정거리며 말했다.

"시대와 상황이 급변하고 있는 이때에 그런 고리타분한 율법에 사로잡혀 있는 사람은 바보일 뿐이라고."

그 후 열흘 동안 다니엘과 세 친구는 물과 채소만을 섭취하는 식단을 고수했다. 마지막 날 감독관은 동료보다 더 힘이 세고, 건강하고, 용모가 빛나는 다니엘과 사드락, 메삭, 아벳느고를 보고는 그들의 주장을 수용하지 않을 수 없었다.

삼 년 동안 훈련받은 열두 명의 유대 청년들은 바벨론에서 가장 좋은 옷을 입고서 환관장인 아스부나스 앞에 서게 되었다. 그는 왕을 접견하는 예절에 대해 가르치면서 한 사람 한 사람을 면밀히 다시 살펴본 후 그들을 위대한 왕 느부갓네살에게로 데려갔다. 느부갓네살은 정복자로 세상에 널리 알려진 군주로서 당시 바벨론의 모든 영토를 지배하고 있었다.

왕은 선발된 자들을 훑어보더니 한 사람씩 가까이 불러 질문을 던졌다. 면담이 끝나자 왕은 젊은이들을 나가게 한 후 보좌관들과 의논했다.

유대 청년들은 왕의 보좌 앞으로 다시 불리어 나가 왕과 마주보며 한 줄로 섰다. 그러고는 한 사람씩 이름을 불러 각자의 보직을 부여했다. 한 젊은 이는 바벨론 귀족의 자녀들이 다니는 학교에서 문학을 가르치는 교사 역할을 맡게 되었고, 또 다른 젊은이는 왕의 금고를 맡는 보좌관이 되었다. 어떤 이는 번역 임무를, 또 어떤 이는 왕의 자녀들을 가르치는 개인 교사 임무를 맡게 되었다. 환관장 아스부나스의 보좌 임무를 맡은 젊은이도 있었다.

마릭은 기대에 부풀어 자신의 차례를 기다리고 있었다. 그는 자신감으로 가득 차서 자신이 동료들 중에서 가장 높은 자리에 앉게 될 것이라는 욕망을 감추려 하지 않았다. 마침내 마릭의 차례가 되자 그는 다소 오만해 보이는 표정으로 왕의 앞으로 나아갔다.

"마릭, 나는 자네에게 궁중 점술가라는 보직을 하사하노라. 나를 위해 오랫동안 충성해 주기 바라네."

지금까지 내려진 직책 중에서 가장 높은 자리였다. 뒤돌아서서 자신의 자리로 돌아오는 마릭의 입술이 실룩거리며 거만하게 웃고 있었다. 뿐만 아니라 다니엘을 바라보는 눈빛에서 자신의 승리를 확신하고 있음을 읽을 수 있었다. 다음으로 느부갓네살은 다니엘과 세 친구의 이름을 불렀다.

"자네들 넷은 월등한 실력을 증명해 보였고 짐의 궁정에 있는 어떤 지혜자나 점술가보다 지식과 지혜와 통찰력이 뛰어났으니, 나는 자네들을 내 곁에 두어 왕궁과 관련된 모든 일을 상의할 것이다. 나를 위해 오랫동안 충성을 다해 주기 바라네."

그 순간 오만에 가득 찼던 마릭의 얼굴이 일그러지며 비열한 표정으로 바뀌었다. '어째서 고리타분한 신앙을 붙들고 살아가는 저 멍청한 녀석들이 나보다 높은 지위를 얻을 수 있는 거지? 이건 도저히 참을 수 없는 일이야! 수단과 방법을 가리지 않고 다니엘을 끌어내리고 말거야.'라고 마릭은 생각했다.

성경과 역사 속으로

오늘날 국가 간 협상에서 "네가 …한다면 우리가 …할 것이다."라는 식의 협상은 일반적이지 않다. 사실 이런 조건부 협상은 고대 방식이라 할 수 있다. 하나님이 시내산에서 히브리 백성을 구원하실 때 실제로 이런 식의 협상을 사용하셨다. 즉 하나님이 모세를 통해 주신 계명은 "if… then…"으로 '너희가 …하면 내가 …하겠다'는 형식이었다. 만약 이스라엘이 하나님의 뜻대로 살아간다면 이스라엘에게 복을 내리실 것이고, 반대로 이스라엘이 하나님의 뜻을 저버린다면 저주를 내리실 것이다. 이 같은 순종의 결과와 축복은 신명기 28장 1절에서 4절에 잘 나타나 있고, 불순종에 대한 결과와 그에 따른 경고는 15-68절에 명확하게 기록되어 있다.

그러나 이스라엘 민족이 신실함으로 복을 누린 기간은 매우 짧았고, 대부분의 역사는 영적인 타락과 그에 따른 징계의 과정이었다. 사사기는 이스라엘 백성의 반역과 하나님의 징계와 용서의 이야기이며 이후 왕정시대에서도 이러한 역사의 반복은 크게 달라지지 않았다. 정의로운 왕보다는 사악한 왕들이 훨씬 많았으며, 대부분의 왕이 유일신인 하나님 대신 우상을 섬겼다.

이스라엘의 신실함은 다윗 왕의 통치 하에서 정점을 찍게 되지만, 그런 다윗 왕의 인생조차 여러 실패로 퇴색되어 버렸다. 그의 아들 솔로몬은 순조롭게 출발했지만, 통치 후반부에는 "마음을 돌려 이스라엘의 하나님 여호와를 떠나고 말았다"왕상 11:1-13.

솔로몬은 칠백 명의 후궁들을 기쁘게 해주기 위해 그들이 섬기는 우상들을 이스라엘로 들여오게 했는데, 이것이 훗날 그의 마음을 하나님께로부터 멀어지게 한 원인이 되고 말았다. 솔로몬이 죽고 난 후 하나님은 이스라엘을 북쪽 열 지파와 남쪽의 유다와 베냐민 지파로 찢어 그의 변심에 대한 혹독한 징계를 시행하셨다. '이스라엘'로 불리던 북쪽 나라는 사악한 왕 여로보암 1세에 의해 통치되었는데, 그는 백성들이 우상에게 쉽게 경배할 수 있도록 왕궁 곁에 이방 신전을 세워 놓았다. 남쪽 나라는 '유다'라는 이름으로 알려지게 되었는데 예루살렘을 수도로 삼아 다윗의 혈통이 왕위를 이어갔다.

북쪽 이스라엘은 BC 722년까지 타락의 길로 치닫다가 아시리아에 의해 완전히 멸망당하여 다시는 그 이름을 들을 수 없게 되었다. 이사야서에 따르면 아시리아는 하나님의 분노의 몽둥이로 사용된 것이다사 10:5.

이스라엘의 패망이 남쪽 유다에게는 하나님에 대한 신실함을 재정비할 수 있는 기회를 주었지만, 그 충격이 사그러들자 다시 타락과 죽음을 향해 치닫기 시작했다.

그 동안 하나님의 선지자들은 끊임없이 경고를 보냈다. 그들은 이스라엘의 반역을 답습한다면 유다를 향해서도 징계가 내려질 것이라고 경고했다. 이사야 선지자는 다음과 같은 엄중한 경고를 유다 백성에게 전했다.

> 보라 날이 이르리니 네 집에 있는 모든 소유와 네 조상들이 오늘까지 쌓아 둔 것이 모두 바벨론으로 옮긴 바 되고 남을 것이 없으리라… 또 네게서 태어날 자손 중에서 몇이 사로잡혀 바벨론 왕궁의 환관이 되리라 하셨나이다 하니 (사 39:6-7)

엄청난 반역

> 유다 왕 여호야김이 다스린 지 삼 년이 되던 해에 바벨론 왕 느부갓네살이 예루살렘에 이르러 성을 에워쌌더니 주께서 유다 왕 여호야김과 하나님의 전 그릇 얼마를 그의 손에 넘기시매 그가 그것을 가지고 시날 땅 자기 신들의 신전에 가져다가 그 신들의 보물 창고에 두었더라(다니엘 1:1-2)

유다 왕국을 향한 하나님의 예언적인 경고는 이스라엘 멸망 이후 한 세기가 지나도록 무시당하고 말았다. 결국 하나님은 그들을 향해 징계의 칼을 무섭게 내려치셨다. 다니엘서는 이러한 정황을 자세히 설명해 주고 있다.

BC 605년, 예루살렘은 느부갓네살에 의해 함락 당했고왕하 24:1, 대하 36:6, 유대인들은 세 차례에 걸쳐 포로로 잡혀갔다. 첫 번째 포로 소환은 급작스럽게 이루어졌는데, 거기에는 주로 귀족들만 포함되었다. 그리고 BC 597년과 587년에 있었던 두 차례의 추가적인 포로 소환으로 인해 예루살렘에는 가난하고 노쇠한 사람들만 황폐한 땅과 함께 남겨졌다.

다니엘서 1장 2절은 '하나님의 심판'에 대해 소개하고 있는데, 이는 다니엘서 전체의 주제로서 예루살렘이 무너진 것은 느부갓네살 군대의 힘이 아니라 하나님의 공의로운 주권과 의지 때문이라는 것이다.[미주1]

아시리아가 이스라엘을 향한 하나님의 분노의 몽둥이로 사용된 것처럼 바벨론 또한 유다에 대한 징계의 수단으로 사용되었다. 하나님은 '심판하기 위해' 바벨론을 사용하셨고, '징계하기 위해 그를 세우셨던' 것이다합 1:12.

그 후 칠십 년 동안 유다 백성은 바벨론과 메대-페르시아, 페르시아 왕국의 계속되는 통치 아래 바벨론 땅에서 격변의 세월을 보내야 했다.

바벨론에서 포로생활을 했던 칠십 년이라는 세월은 결코 우연한 숫자가 아니었다. 거기에는 심오한 의미가 있다. 역대하의 기록을 살펴보자. "이에 토지가 황폐하여 땅이 안식년을 누림 같이 안식하여 칠십 년을 지내었으니 여호와께서 예레미야의 입으로 하신 말씀이 이루어졌더라"대하 36:21, 렘 25:1-14 참고.

'안식년을 누린다'는 것이 어떤 의미인지를 이해하기 위해서는 이스라엘이 처음 약속의 땅에 들어갔던 때로 거슬러 올라가야 한다. 당시 하나님은 토지에 대해서도 안식년을 지키라고 하셨다. 안식이란 '쉼'이란 뜻으로, 농산물의 좋은 수확을 위해 일곱 번째 해마다 토지가 쉬도록 내버려두어야 했다레 25:1-4. 그해에는 땅에 쟁기질도 하면 안 되고 아무것도 심지 말아야 했다. 그러나 이스라엘은 490년 동안 칠 년마다 한 번씩 돌아오는 안식년을 지키지 않았다. 그들은 또한 안식년의 의미가 확장된 일흔 번째 안식년인 희년도 지키지 않았다. 그래서 약속의 땅은 유다 백성이 유배생활을 하는 칠십 년 동안 쉬도록 버려졌다. 우리가 만일 하나님이 요구하시는 것을 드리지 않는다면 그분은 어떤 방법을 통해서든 그것을 받아내실 것이다.

안식일을 지키지 않은 것이 유다의 유일한 죄는 아니었다. 북쪽 이스라엘과 마찬가지로 유다 또한 왕들의 통치 아래 우상숭배에 빠져 있었다왕상 11:5, 12:28, 16:31, 왕하 21:3-5. 남북 왕조로 분단된 이후 345년 동안, 유다는 열아홉 명의 왕들이 통치하였는데 그중 여덟 명의 왕은 선하였고, 열한 명의 왕은 악하였다. 예루살렘이 무너질 때 유다를 다스렸던 여호야김은 열일곱 번째 왕으로 역사는 그를 이스라엘 역사상 가장 사악한 왕으로 묘사하고 있다. 그는 하나님의 말씀을 불구덩이에 던져 넣는 행위로 말씀을 경멸하는 죄까지 서슴지 않았다렘 36:23.

유다 백성과 여호야김의 반역과 우상숭배는 결국 하나님의 인내를 바닥냈고, 하나님은 당시 가장 악한 나라인 바벨론을 사용하여 유다를 심판하셨다. 이처럼 하나님은 그분의 목적을 성취하기 위해 악을 들어 다른 악을 치기도 하신다.

대대적인 포로 송환

> 주께서 유다 왕 여호야김과 하나님의 전 그릇 얼마를 그의 손에 넘기시매 그가 그것을 가지고 시날 땅 자기 신들의 신전에 가져다가 그 신들의 보물 창고에 두었더라(다니엘 1:2)

예루살렘을 정복하자마자 느부갓네살 왕은 고국으로부터 아버지가 사망했다는 비보를 전해 듣는다. 급히 바벨론으로 돌아가야 했던 그는 여호야김을 왕좌에 그대로 두는 대신 왕족들과 귀족들을 인질로 잡아갔는데, 그 가운데 다니엘과 세 친구가 포함되어 있었다.

뿐만 아니라 포로를 잡아가면서 '하나님의 전 그릇 얼마를' 바벨론으로 가져가 느부갓네살의 신, 마르두크의 신전에 놓아두었다. 그 그릇들은 솔로몬이 만든 것으로 성전에서 하나님 한 분만을 경배하기 위해 만든 도구였다왕하 7:48-51.

전에 유다 왕 히스기야가 바벨론에서 온 사절단에게 자기 보물고와 성물들을 보여주는 어리석은 실수를 범한 적이 있었는데, 그 사절단이 보고한 내용을 왕이 새겨들었던 것 같다왕하 20:13. 히스기야의 어리석은 행동을 알게 된 선지자 이사야는 언젠가 왕의 열조가 쌓아 두었던 모든 보물을 빼앗기게 될 날이 올 것이라고 경고했었다왕하 20:16-18, 사 39:5-7. 그러나 후에 페르시아의 키루스 왕은 유대인 포로들을 고향으로 돌려보내면서 그 성물들을 예루살렘으로 반환해 주었다스 1:7-8.

느부갓네살이 성전 기물들을 압류해 온 것은 종교적 우월성을 보여주기 위한 조치의 일환으로, 유다의 신은 자기 백성을 구하지 못하는 나약한 신이라는 사실을 증명해 보이고 싶었던 것이다. 그 시대에는 나라를 정복하는 것이 곧 그 나라의 신을 정복하는 것과 같은 의미였기 때문이다.

그들이 선발된 이유

> 왕이 환관장 아스부나스에게 말하여 이스라엘 자손 중에서 왕족과 귀족 몇 사람 곧 흠이 없고 용모가 아름다우며 모든 지혜를 통찰하며 지식에 통달하여 학문에 익숙하여 왕궁에 설 만한 소년을 데려오게 하였고 그들에게 갈대아 사람의 학문과 언어를 가르치게 하였고(다니엘 1:3-4)

구글에 입사할 확률백삼십 대 일의 경쟁률이 하버드에 입학할 확률십사 대 일의 경쟁률보다 낮다는 사실을 알고 있는가? 매년 구글에 입사 지원서를 제출하는 사람은 삼백만 명이 넘는다고 한다. 그래서 구글은 미국 재계에도 널리 알려져 있는 입사 시스템을 보유하고 있다. 평균적으로 삼십칠 일 정도가 소요되는데, 입사하기까지는 수없이 많은 면담 과정을 거쳐야 한다.[미주2]

그렇다면 삼 년이 걸리는 입사 시스템은 어떻게 생각하는가? 다니엘과 그의 친구들은 바벨론 궁전에서 중요한 보직을 맡게 될 때까지 오랜 기간 인내해야 했다단 1:5. 유다에서 온 엘리트 젊은이들은 왕궁에서 일할 자격을 얻기 위해 세 가지 영역에서 점검받아야 했다.

신체적 영역

왕의 궁전으로 뽑혀 온 젊은이들은 "흠이 없고 용모가 아름다웠다"단 1:4. 원어에서 '소년'이라는 말은 보통 열네 살에서 열일곱 살의 남자아이를 가리키는 말로, 성경학자인 레온 우드는 이에 대해 '낯선 환경에 적응해 갈 만큼 성숙했고, 새로운 문화를 단기간에 쉽게 받아들이고 친숙해질 만큼 어린 연령의 사람들'이라고 정의했다.[미주3]

지적 영역

또한 그 젊은이들은 "모든 지혜를 통찰하며 지식에 통달하며 학문에 익숙한"단 1:4 자들이었다. 왕을 모셔야 하는 자들은 높은 지능은 필수적인 요소였고 지식이 풍부하며 배움에도 빨라야 했다.

사회적 영역

왕은 그 젊은이들이 '왕 앞에 서게 되기를' 원했다. 다시 말해 왕을 직접적으로 보좌하는 임무를 맡기고 싶어 했던 것이다. 왕궁 안에서 어떤 상황에도 당황하지 않고 주저함 없이 자신의 역할을 수행하기 위해서는 정치적 균형 감각과 사교적인 교양뿐 아니라 매력적인 성격을 소유한 젊은이들이어야 했다.

또한 유다 왕족의 후손에게만 이런 특별한 임무를 맡을 자격을 주었기 때문에 그들은 모두 왕족이나 귀족 출신들이었다. 요세푸스에 따르면 다니엘과 세 친구하나냐, 미사엘, 아사랴는 유다의 마지막 왕인 시드기야의 후손으로 추정된다.[미주4]

다니엘이 그런 엄격한 자격 요건을 갖춘 젊은이들 가운데 한 사람이었다는 사실은 그에 대해 많은 것을 짐작할 수 있게 해 준다. 그는 유다 왕의 혈통으로 용모가 아름답고, 똑똑하며, 사교적인 교양이 풍부했던 젊은이였다.

그들이 받은 교육

그들에게 갈대아 사람의 학문과 언어를 가르치게 하였고(다니엘 1:4)

천부적인 재능을 타고난 젊은이들에게 느부갓네살 왕이 삼 년 동안 훈련시킨 학문은 엄청나게 난해한 갈대아의 언어와 바벨론 문학의 입문서들과 천문학, 점성술, 건축학, 종교 등 다방면에 망라된 지식이었다.

인류 역사의 한 시점에서 바벨론은 학문과 지식의 세계 중심에 서 있던 나라였다. 방대한 분량의 문학과 다양한 분야를 다룬 학문이 보관되어 있던 바벨론의 유명한 도서관이 지금도 그것을 증명해 주고 있다.

바벨론의 또 다른 이름은 갈대아였는데, 그 이름은 당시 바벨론의 문화였던 마술이나 점과 깊이 연관되어 있다. 그래서 다니엘과 세 친구는 높은 수준의 지식 교육을 받을 뿐만 아니라 이방 문화에 대해서도 깊이 배우고 관여해야 했다.

세속적인 유혹

또 왕이 지정하여 그들에게 왕의 음식과 그가 마시는 포도주에서 날마다 쓸 것을 주어 삼 년을 기르게 하였으니 그 후에 그들은 왕 앞에 서게 될 것이더라 그들 가운데는 유다 자손 곧 다니엘과 하나냐와 미사엘과 아사랴가 있었더니 환관장이 그들의 이름을 고쳐 다니엘은 벨드사살이라 하고 하나냐는 사드락이라

하고 미사엘은 메삭이라 하고 아사랴는 아벳느고라 하였더라(다니엘 1:5-7)

느부갓네살 왕이 유다 젊은이들에게 바벨론 문화를 세뇌시켰던 것은 지극히 계획적인 전략이었다. 그는 이 청년들이 유다 문화를 잊어버리고 자격을 갖춘 당당한 바벨론 국민으로 거듭나기를 원했던 것이다. 이 목적을 달성하기 위해 그는 세 가지 전략을 실행했다.

왕은 그들을 거세했다

다니엘서에서는 다니엘과 세 친구가 환관이 되었다는 기록은 찾아볼 수 없지만, 앞뒤 정황으로 보아 이것은 부인할 수 없는 사실이다. 우선, 다니엘과 유다 젊은이들을 담당했던 아스부나스가 "환관장"단 1:3이었다는 사실이 이를 뒷받침해 준다. 또한 이사야 선지자는 바벨론이 유다의 보물뿐만 아니라 아들들을 데려갈 것이라며 다음과 같이 기록하고 있다. "왕의 몸에서 날 아들 중에서 사로잡혀 바벨론 왕궁의 환관이 되리라 하셨느니라"왕하 20:16-18, 사 39:7.

뿐만 아니라 젊은이들은 왕궁에 살며 느부갓네살 왕을 섬겨야 했으므로 그 준비 단계로써 왕은 그들을 거세했음이 분명해 보인다.

왕은 그들에게 보직을 주었다

"왕이 지정하여 그들에게 왕의 음식과 그가 마시는 포도주에서 날마다 쓸 것을 주었다"단 1:5. 왕은 그들이 왕궁의 좋은 음식과 환경에 길들여져 그곳을 떠나서는 만족할 수 없게 만들고 싶었다. 왕이 먹는 풍성한 음식과 포도주에 익숙해짐으로써 오직 왕만이 줄 수 있는 궁중생활에 만족하고 왕에게 충성을 다하기를 원했던 것이다.

왕은 그들을 동질화시키고자 했다

유다 젊은이들이 바벨론으로 잡혀왔을 때 그들에게는 부모가 지어주신, 하나님을 찬양하는 의미가 담긴 히브리 이름이 있었다. 그러나 느부갓네살 왕은 갈대아 문화에 그들을 흡수시키기 위해 히브리 이름을 여러 가지 바벨론 신들의 이름으로 개명하도록 명령했다단 1:6-7. 그래서 다니엘하나님은 나의 심판자이시다은 벨드사살벨이 그의 삶을 지킨다로, 하나냐여호와는 은혜로우시다는 달의 신의 이름을 딴 사드락아쿠의 명령으로, 미사엘하나님 같은 분이 누구인가은 메삭아쿠 같은 분이 누구인가으로, 그리고 아사랴여호와는 나를 돕는 분이시다는 바벨론의 두 번째 신인 느보의 이름을 딴 아벳느고느보의 신하로 이름이 바뀌었다.

느부갓네살 왕은 다니엘 같은 유다 젊은이들이 예루살렘과 하나님, 성전 같은 것들은 잊어버리기를 원했다. 그러나 다니엘과 세 친구는 왕의 바람대로 되지 않았다.

바벨론으로 잡혀온 뒤 거의 칠십 년이 지난 후에도 우리는 예루살렘을 향하여 날마다 엎드려 기도하는 다니엘의 모습을 발견하게 된다단 6:10. 느부갓네살 왕은 그들의 이름은 바꿀 수 있었지만 그들의 본질은 바꾸지 못했던 것이다. 다니엘의 생활양식들은 바벨론 문화에 흡수되었을 수 있지만 그의 마음은 여전히 예루살렘을 향하고 있었다.

위대한 결단

우리는 다니엘을 포함한 네 명의 젊은이들을 통해 어린 나이에 일찍 꽃 피운 신앙과 하나님을 향한 헌신의 위대함을 확인할 수 있다. 이들은 바벨론에 도착하자마자 하나님이 아닌 느부갓네살의 명령에 굴복해야 하는 현실에 직면했다. 그러나 그들이 이러한 위기에 어떻게 대처했는지를 자세히 살펴보면 매우 감동적이다.

뜻을 정하다

다니엘은 뜻을 정하여 왕의 음식과 그가 마시는 포도주로 자기를 더럽히지 아니하리라 하고(다니엘 1:8)

훈련 시작부터 다니엘은 죄를 지을 수밖에 없는 현실에 직면하게 되었는데 그것은 다름 아닌 왕의 식탁에 차려졌던 산해진미와 포도주였다. 왕의 음식과 포도주를 마시는 것은 두 가지 이유에서 하나님께 죄를 짓는 것이었다. 첫째, 그 음식들 가운데 상당수가 유대 율법에서 금하고 있는 음식이었다레 11장. 둘째, 그 음식과 포도주는 왕보다 먼저 우상에게 제물로 바쳐졌던 제사음식이었다. 그러므로 이러한 음식들을 먹지 않겠다는 다니엘의 결정은 매우 중요한 의미가 있었다. 만약 이때 다니엘이 현실에 타협했다면 다니엘서는 존재하지 못했을 것이다.

합당한 제안

다니엘은 뜻을 정하여 왕의 음식과 그가 마시는 포도주로 자기를 더럽히지 아니하리라… 환관장이 다니엘에게 이르되 내가 내 주 왕을 두려워하노라 그가 너희 먹을 것과 너희 마실 것을 지정하였거늘 너희의 얼굴이 초췌하여 같은 또래의 소년들만 못한 것을 그가 보게 할 것이 무엇이냐 그렇게 되면 너희 때문

에 내 머리가 왕 앞에서 위태롭게 되리라 하니라(다니엘 1:8, 10)

느부갓네살 왕의 명령을 거부함으로써 다니엘과 세 친구는 위험에 처하게 되었다. 뿐만 아니라 그 결정은 그들의 건강을 책임지고 있던 환관장 아스부나스의 목숨까지 위태롭게 만들었다.

사실 아스부나스에게 했던 다니엘의 간절한 부탁은 거절당했다. 그러나 다니엘은 포기하지 않았다. 아스부나스는 궁전에 감독관을 배치해 두었는데, 다니엘은 뜻을 굽히지 않고 감독관에게 합당한 제안을 했다. "청하오니 당신의 종들을 열흘 동안 시험하여 채식을 주어 먹게 하고 물을 주어 마시게 한 후에 당신 앞에서 우리의 얼굴과 왕의 음식을 먹는 소년들의 얼굴을 비교하여 보아서 당신이 보는 대로 종들에게 행하소서 하매"단 1:12-13

자신이 옳다고 생각하는 견해를 주장할 때 다니엘의 태도가 얼마나 공손하며 정중한 지를 주목하라. 그는 상대방에게 모욕감을 주며 맞서지 않았고, 상대방을 존중하는 태도로 서로에게 유익이 될 수 있는 의견을 제시했다. 이러한 그의 태도와 제안은 감독관의 마음을 움직였고 결국 감독관은 그의 제안을 받아들였다.

감독관은 다니엘과 사드락, 메삭, 아벳느고가 열흘 동안 그들만의 식단에 따라 식사하도록 허락했다. 그들은 채소만 섭취했는데 감독관은 열흘 후에 그들과 왕의 음식을 먹은 동료들을 비교하기로 했다.

위대한 모범

다니엘의 식단은 놀라운 결과를 보였다. 그와 세 친구는 동료들보다 모든 영역에서 월등했다.

더 우월한 결과

열흘 후에 그들의 얼굴이 더욱 아름답고 살이 더욱 윤택해져서 왕의 음식을 먹는 다른 소년들보다 더 좋아 보인지라(다니엘 1:15)

열흘 동안의 실험을 마쳤을 때 다니엘과 친구들은 다른 어떤 포로보다 훨씬 건강해 보였다. 혈색도 좋아졌고 피부에서는 윤기가 났으며 신체적으로도 더욱 강해졌다. 그들의 용모는 왕의 음식을 먹은 동료들보다 모든 면에서 월등했다.

그 짧은 시간 동안 어떻게 그런 변화가 있을 수 있을까? 답은 분명하다. 하나님의 손이 그들과 함께 계셨다. 하나님께서 그들이 먹는 음식의 효력을 극대화시켜 주심으로써 그들의 신실한 믿음에 보상하셨다.

더 월등한 지식

하나님이 이 네 소년에게 학문을 주시고 모든 서적을 깨닫게 하시고 지혜를 주셨으니 다니엘은 또 모든 환상과 꿈을 깨달아 알더라… 왕이 그들에게 모든 일을 묻는 중에 그 지혜와 총명이 온 나라 박수와 술객보다 십 배나 나은 줄을 아니라(다니엘 1:17, 20)

처음부터 네 명의 젊은이는 배우고 그 배운 것을 적용하는 일에 특별한 능력을 갖고 있었다. 성경을 통해 우리는 그들이 열심히 공부했다는 사실을 확인할 수 있다. 그리고 하나님은 그들의 지혜와 총명함을 향상시켜 주심으로써 그들의 노력에 대해서도 보상해 주셨다.

삼 년 동안의 교육을 마치고 교육생들은 느부갓네살 왕 앞에 불리어 가 평가를 받았다. 다니엘과 세 친구가 면담을 마쳤을 때 왕은 그들의 지식수준에 감탄하며 "그 지혜와 총명이 온 나라 박수나 술객보다 십 배나 낫다"고 칭찬하였다단 1:20.

특히 다니엘은 다른 세 친구보다 많은 능력을 소유하고 있었는데, 그 중에서도 환상과 꿈을 해석하는 일에 탁월함을 보였다단 1:17. 이 말씀은 앞으로 전개될 다니엘서의 복선이라고 할 수 있다. 다니엘서는 바벨론뿐만 아니라 전 세계의 미래를 아우르는 환상과 꿈으로 가득 차 있기 때문이다.

더 훌륭한 영향력

> 왕이 말한 대로 그들을 불러들일 기한이 찼으므로 환관장이 그들을 느부갓네살 앞으로 데리고 가니 왕이 그들과 말하여 보매 무리 중에 다니엘과 하나냐와 마사엘과 아사랴와 같은 자가 없으므로 그들을 왕 앞에 서게 하고
>
> (다니엘 1:18-19)

다니엘의 인생은 대단한 성공신화처럼 보인다. 포로라는 미천한 신분에서 한 나라의 가장 높은 지위에까지 오르기 때문이다. 느부갓네살은 다니엘을 높여 바벨론 온 지방을 다스리게 하며 바벨론 모든 지혜자의 어른이 되게 하였다단 2:48.

느부갓네살이 죽고 난 후 페르시아의 키루스고레스가 바벨론을 정복하여 다리우스다리오를 왕으로 삼을 때까지, 다니엘은 바벨론의 왕들을 보필했다. 뿐만 아니라 그는 바벨론에 이어 페르시아 제국의 총리가 되었다단 6:3, 28.

다니엘은 일생 동안 열세 명의 왕과 네 개의 왕조를 거치며 많은 영향력을 끼쳤다. 다음 장에서 살펴보겠지만, 왕들에 대한 다니엘의 영향력은 그 시대에 상상할 수 없을 정도였다. 왕들 대부분은 우상숭배자들이었지만, 다니엘의 조언과 용기와 진실함은 왕들로 하여금 참 하나님의 능력을 인정하도록 만들기도 했다.

특히 느부갓네살 왕과 다리우스 왕은 다니엘을 칭송하며 가까이 했는데, 이는 왕들에 대한 그의 영향력이 어떠했는지를 충분히 짐작할 수 있게 해준다. 다니엘은 왕들이 듣고 싶어 하지 않는 말을 직언하기도 했지만, 왕들은 다니엘의 정직함과 충성심을 의심하지 않았으며 그의 말에 귀를 기울였다.

다니엘의 삶은 잠언 22장 29절의 표현처럼 인류 역사상 가장 성공한 이야기 중 하나이다. "네가 자기의 일에 능숙한 사람을 보았느냐 이러한 사람은 왕 앞에 설 것이요 천한 자 앞에 서지 아니하리라."

위대한 헌신

다니엘은 고레스 왕 원년까지 있으니라(다니엘 1:21)

다니엘서 1장의 내용은 마지막 절이 없어도 충분히 아름답지만, 1장의 마지막 절은 그 자체로 하나의 메시지가 되고 있다.

다니엘은 장수하여 포로로 잡혀 온 때로부터 약 66년 후인 BC 539년 10

월에 바벨론을 정복한 메대-페르시아의 통치자인 키루스를 대면하게 된다. 그 무렵 다니엘의 나이는 여든 여덟 살 정도로 추정되는데, 그는 거의 칠십 년이 넘는 세월 동안 자신을 주목하는 세상 앞에서 변함없이 신실하고 충성스러웠다. 결과적으로 다니엘은 당시 존재했던 가장 강력한 왕들이나 제국보다 더 오래 살아남았다.

하나님이 다니엘을 통하여 그리고 다니엘을 위해 베푸신 모든 기적의 역사들을 보면서 우리는 그럼에도 불구하고 하나님이 그를 바벨론에서 건져 내지 않으셨다는 사실에 주목해야 한다. 다니엘은 자신이 포로로 잡혀 온 이국땅에서 일생을 보냈다. 그 땅은 하나님에 대한 신앙을 지닌 다니엘에게는 사악하고 적대적인 곳이었다. 다니엘서의 메시지는 하나님이 우리가 당하는 모든 압제를 제거해 주신다는 것이 아니다. 오히려 하나님의 백성은 그런 고통스런 상황 가운데서도 하나님과 사람에 대한 신실함을 지켜 나갈 수 있다는 것과 그런 사람에게 주시는 그분의 약속이 있다는 것이다.

다니엘은 완벽한 이교도의 문화에서 평생을 보내야 했다. 그럼에도 불구하고 다니엘에 대한 부정적인 내용은 성경을 통틀어 어디에서도 찾아볼 수가 없다. 바벨론의 관리들이 그의 잘못을 캐고자 안간힘을 써보았지만 하나님을 향한 믿음 외에는 단 하나의 결점도 찾을 수 없었다단 6:4-5.

왕궁 안에는 흥미진진한 일들과 이야기들이 넘쳐난다. 높은 지위에 있는 외국인에 대한 곱지 않은 시선과 질투, 시기와 음모, 왕의 변덕스러움과 박해, 그런 살얼음판 같은 상황 속에서 다니엘은 흔들림 없이 하나님 한 분만을 의지하고 섬겼다.

존 F. 워부르드 박사는 그의 주석에서 다니엘서 1장에 대해 이렇게 기록했다. '이스라엘 역사의 암흑기에 다니엘서는 하나님의 능력과 은혜를 생생하게 드러내는 증거이다. 이스라엘의 배신과 포로생활이라는 성경의 맥락 속에서 다니엘과 세 친구의 신앙은 더욱 빛을 발한다. 어떤 시대이든 하나님은 그분이 사용할 자들을 찾고 계신다. 다니엘서에 기록된 네 젊은이의 행적은 유혹에 직면해 있는 모든 경건한 이들에게 용기를 줄 것이다."[미주5]

오늘날의 다니엘 요원에게

다니엘의 세계에 오신 것을 환영합니다! 다니엘서 1장의 흥미진진한 이야기들을 공부하면서 우리는 지금 우리가 살고 있는 시대와의 연관성을 놓치지 말아야 한다. 세속적인 문화, 혼란한 세계정세, 독선적인 지도자들, 그리고 신앙을 거스르는 여러 가지 위협들이 오늘날의 세계와 닮아 있다. 그러나 열세 명의 왕과 네 개의 왕조가 지나가고 예언서의 예언이 역사적으로 실현되는 오랜 세월 동안, 하나님께서 다니엘을 통해 하셨듯이 당신을 통해서도 이 세상에 영향력을 끼칠 수 있다. 이를 위해 우리가 반드시 기억해야 할 사실들이 있다.

1. 확고한 믿음

다니엘은 자기 자신을 더럽히지 않겠다고 결심했다. 세속적인 문화와 타협하는 것은 당신의 영향력을 희석시킬 것이다. 십자가를 품고 깃발을 꽂는 자만이, 확고한 믿음을 가지고 결단한 자만이 세상 속에서 그리스도의 영향력을 발휘할 수 있다.

2. 믿음의 친구들

함께 기도할 수 있는 친구가 있어야 한다. 다니엘에게는 세 명의 믿음의 친구들이 있었고, 그들은 다니엘에게 든든한 의지가 되어 주었다. 이처럼 하나님은 기숙사에서도, 교회에서도, 가정에서도, 이웃에서도 당신을 위해 친구를 예비해 놓으셨다. 함께 기도할 수 있는 한두 명의 친구를 찾으라. 그리고 성령께서 그들의 마음에 힘을 더해 주시기를 기도하라(엡 3:16).

3. 침착함과 용기

어떤 어려움이 닥쳐도 다니엘은 당황하거나 과잉반응하지 않았다. 생명이 위협을 받는 순간에도 다니엘은 침착함과 평안함을 유지했다. 그는 시편 46장 10절의 말씀을 몸소 실천했다. "하나님은 우리의 피난처시오 힘이시니 환난 중에 만날 큰 도움이시라(시 46:1)" 고난 가운데도 하나님이 우리의 피난처요 힘이라는 사실을 믿는다면 우리는 깊은 평강 가운데 침착함을 유지할 수 있다.

사탄은 용기와 확신을 소유한 사람, 돈독한 우정을 소유한 사람, 영적인 침착함과 평안을 유지하는 사람에 대해서는 무력한 존재이다. 그러나 하나님은 그들을 알아보고 세상을 변화시키는 일에 사용하신다. 당신이 지금 다니엘처럼 결단하기만 하면 하나님은 분명히 당신도 세상을 변화시키는 일에 사용하실 것이다.

2
chapter

불면의 밤

다니엘 2:1-30

이야기 속으로

느부갓네살 왕은 잠에서 깨어 벌떡 일어나 앉았다. 온몸이 떨리고 뒤틀렸다. 어둠을 뚫고 들려온 외마디 비명은 분명 자신의 목소리였다. 땀으로 흠뻑 젖은 이불이 마치 똬리를 튼 뱀처럼 그의 몸을 칭칭 감고 있었다. 그는 거친 숨소리를 가다듬기 위해 안간힘을 쓰면서 어두운 침실을 둘러보았다.

시종이 자신의 겉옷을 허둥지둥 걸치며 왕의 침소로 들어왔다. 그의 손에는 램프가 들려 있었다. "폐하, 무슨 일이십니까?"

왕은 시종이 볼 수 없는 뭔가를 보듯 먼 곳을 응시할 뿐이었다. 그러다 왕의 눈빛에 초점이 돌아왔다. "모든 램프에 불을 붙여라." 그는 거친 목소리로 말했다. "그리고 지혜자들을 모두 소집하라고 일러라."

"분부대로 거행하겠나이다. 동이 트자마자 왕궁으로 오라는 명을 전하겠나이다."

그 말이 끝나기가 무섭게 왕은 시종을 무섭게 노려보며 말했다.

"지금 당장! 그들을 부르라!"

"하지만 폐하, 자정을 넘어선지 한 시간밖에 되지 않았습니다."

"내가 너에게 시간을 물어보더냐? 지금 당장 그들을 소집하라고 하지 않았느냐! 나는 당장 그들을 만나야겠다."

시종이 급히 왕의 침소를 빠져나가 지혜자들에게 왕의 소집 명령을 전달했다. 잠시 후 왕은 옷 입는 것을 시중드는 시종에게 소리를 질렀다. "이렇게 머뭇거리고 있을 시간이 없단 말이다!"

자신의 임무를 완수한 하인들이 종종걸음으로 침소를 빠져나가자 시종은 왕좌가 있는 집무실까지 느부갓네살 왕을 호위했다. 그리고 얼마 후 점술가들이 도착했다.

여덟 명의 남자들이 왕의 집무실로 들어왔다. 그들은 모두 화려하게 장식된 긴 로브를 입고 있었다. 그들 가운데 유대 청년 마릭이 포함되어 있었다. 얼마 전 점술가들의 수장인 니마타의 제자가 되었기 때문이다. 마릭은 왕을 처음으로 배알하는 자리였지만 거만한 표정으로 머리를 꼿꼿이 세우고 있었다.

점술가들은 자리를 잡고 서서 왕에게 문안 인사를 올렸다. 그러나 느부갓네살 왕은 그들에게 아는 척조차 하지 않은 채 앉아 있던 의자 팔걸이를 손가락으로 톡톡 두들기고 있었다.

잠시 후 니마타가 앞으로 나아와 말했다. "전능하신 열방의 정복자시요, 모든 민족들의 지도자시요, 신들의 총애를 한 몸에 받고 계신 왕이시여, 미천한 저희들에게 왕을 뵈올 수 있는 영광을 주시니 어찌 기쁜 일이 아니겠나이까. 폐하의 명령에 귀를 기울일 준비가 되어 있사오니 어서 말씀하여…"

"횡설수설하는 그런 아첨은 집어치우시오. 오늘 밤 신들께서 내게 환상을 보이셨소. 우리 바벨론 제국의 미래에 관한 중요한 환상이었소. 그대들은 지금 당장 그 꿈에 대한 해석을 내놓으시오."

"오 위대하신 왕이시여, 만수무강 하옵소서." 니마타는 대답했다. "폐하, 무슨 꿈을 꾸셨는지 설명해 주시면 그 뜻을 풀어드리겠나이다."

"아니, 나는 절대 그 꿈에 대해 말하지 않을 것이오. 그대들이 그 꿈과 꿈의 해석까지 모두 알아내시오."

그 순간 니마타와 동료들의 얼굴에 당황한 기색이 역력했다. 그들은 말문이 막힌 채 가만히 서 있을 뿐이었다. 잠시 침묵이 흘렀다. "오 위대하신 왕이시여, 저희에게 농담을 하고 계시는군요." 니마타가 어렵게 입을 열었다. 그의 얼굴에는 긴장한 빛이 역력했으나 억지로 어색한 웃음을 짓고 있었다.

"왕이시여, 다른 사람의 마음에 감춰진 생각을 알아내는 것은 절대 불가능한 일임을 왕께서도 잘 알고 계시옵니다."

"그대들은 감춰진 비밀을 알아내는 신비한 지식과 지혜의 소유자들 아니오?" 왕은 빈정대는 말투로 말했다. "그대들이 아첨과 거짓말로 자기 자리나 지키는 사기꾼들이 아니라면, 현란한 언변은 집어치우고 신들의 대변자답게 신들께서 알려 주시는 꿈과 해몽을 내놓으시오."

점술가들은 입을 굳게 닫은 채 어쩔 줄 몰라 했다. 한참 후에야 니마타가 처절하게 호소하기 시작했다. "위대한 왕이시여" 그의 목소리는 심하게 떨리고 있었다. "저희들은 폐하의 충성된 신하이옵니다. 왕께서 시키시는 일은 무엇이든지 온몸을 바쳐 해왔습니다. 신들께서 표적과 상징을 그들이 총애하는 자에게 드러내시는 것은 사실이오나, 왕께서 요구하고 계신 것은 너무나 어려운 일이옵니다. 저희가 신들께 그 꿈과 해석을 물어볼 시간을 허락해 주옵소서. 이렇게 간절히 바라나이다."

"시간을 끌어보겠다는 수작을 내가 모를 줄 아는가!"

느부갓네살은 소리를 질렀다.

"그대들이 원하는 대로 시간을 준다면 운명의 수레바퀴는 지나가버리겠지. 허나 나는 자비가 많은 왕이니 딱 삼십 분의 시간을 허락하겠소. 그렇지만 그 전에 일러 둘 것이 있소. 만일 이 꿈과 해몽을 알아내지 못한다면 그대들은 만천하가 보는 앞에서 참수를 당하게 될 것이고, 그대들의 집은 잿더미가 될 것이오. 이제 나가 보시오. 그리고 다시 이 자리에 올 때는 꿈과 해몽을 반드시 가져 오시오."

점술가들은 황급히 왕의 집무실을 빠져나왔다. 복도로 나왔을 때 서로를 바라보며 머리를 설레설레 흔들었다. 그들은 모두 충격에 빠져 있었다.

"좋은 생각이 있는가?" 니마타가 물었다.

긴 침묵이 흘렀다. 그러다가 한 사람이 말했다. "왕께서는 우리를 시험하신다고 하시지만 실상은 꿈을 잊어버리신 듯합니다."

"충분히 타당한 의견입니다." 다른 사람이 말했다. "우리가 꿈을 지어낸다 해도 왕은 알아차리지 못하지 않을까요?" 그러나 니마타가 대답했다.

"극도로 위험한 대처일세. 왕께서 꿈을 잊어버리셨다고 해도 그 꿈이 아니라는 것쯤은 금세 알아차리실 거야. 우리의 속임수가 왕을 더 분노하게 만들 수도 있을 테지."

"다니엘이 여기 있었다면 좋았을 텐데요." 슈쿠라가 말했다. "그가 예언하는 모습을 여러 번 목격했었거든요."

"다니엘이라고요?" 마릭이 입을 열었다. "어찌하여 우리 일에 반대만 일삼는 그런 인간과 함께 할 수 있단 말입니까?"

"우리는 다니엘이 개입하는 것을 원치 않는다네." 니마타가 말했다.

"그는 매번 우리 일에 발목을 잡고 왕궁에서는 상상할 수 없는 일을 대안으로 제시하는 인물일세."

"그 말씀이 옳을 수도 있습니다." 슈쿠라가 말했다. "하지만 지금 우리의 목숨을 구하기 위해서는 무엇이든 해야 하기에 말씀 드린 겁니다."

삼십 분이라는 시간은 쓸모없이 흘러버렸고, 점술가들은 다시 왕 앞에 서야만 했다. 왕의 집무실로 들어서는 점술가들의 얼굴은 사색이 되어 있었다.

그들은 각자의 자리에 서서 허리를 굽혔다.

먼저 니마타가 고개를 들며 말했다. "위대하고 자비로우신 느부갓네살 왕이시여, 신들의 총애를 입으셔서 지혜가 넘치고 우리의 수호자 되시며…"

"아첨하는 그 입을 닫으라고 하지 않았는가! 내 꿈에 대해 말할 것이 아니라면 조용히 있으라."

"왕이시여" 니마타는 간청하듯 말했다.

"왕께서 저희에게 분부하신 일은 불가능한 일이옵니다. 이 땅에 있는 어떤 지혜자도 다른 사람의 마음속에 있는 생각을 알아내는 것은 불가능 하옵니다. 오직 신만이 그런 일을 하실 수 있습니다."

점술가들을 물끄러미 바라보던 왕은 집무실 끝에 서 있던 호위병에게 가까이 오라는 신호를 보냈다. "아리옥, 이 자들을 당장 내 눈앞에서 사라지게 하라! 이들을 지하 감옥에 가두고, 나의 녹을 먹고 있는 점술가와 마술사와 무당들을 전부 다 잡아들이라. 내일 정오에 이 어리석은 놈들을 포함하여 모든 술사들을 광장에서 처형할 것이다."

아침 기도를 마친 다니엘은 집에서 왕의 서재에서 가져온 두루마리들을 읽고 있었다. 왕을 알현하여 왕궁에서 지혜자의 임무를 맡게 된 것이 불과 몇 달 전이었다. 그는 제국의 복잡하고 정교한 정치를 배우는 견습생이었다.

다니엘은 많은 시간을 왕궁 도서관에서 보냈기 때문에 선배 지혜자들이나 고위 관리들과 친분을 쌓을 수 있었다. 그 사이 느부갓네살 왕을 몇 차례 알현했지만, 왕은 그를 알아보지 못했고 그에게 말을 걸지도 않았다.

커다란 문소리 때문에 다니엘의 집중력이 깨지고 말았다. 그가 일어나려 하자 더욱 크고 다급한 발소리가 들려왔다. 문을 열자 왕의 경호대장이 서 있었다.

"아리옥! 어쩐 일로 저희 집까지 오셨습니까? 어서 들어오세요."

아리옥이 안으로 들어올 수 있도록 다니엘은 옆으로 비켜섰다.

"고맙네, 친구. 하지만 내가 여기 온 이유를 알게 된다면 맘이 편치 않을 걸세."

"무슨 일이십니까?" 다니엘이 물었다.

"궁전은 지금 난리법석이라네. 왕께서 끔찍한 악몽에 시달리신 후 니마타와 그의 측근들을 불러 꿈을 해석하게 했는데 그들이 해석을 내놓지 못하자 바벨론의 모든 점술가들와 지혜자들을 처형하시겠다고 엄포를 놓으셨지." 아리옥은 잠시 고개를 숙인 채 바닥을 응시했다. "다니엘, 미안한 말이지만 왕이 내린 사형선고에는 자네도 포함되어 있네."

"왕께서 그리 격노하시는 일은 흔치 않은 경우 같습니다."

"아마도 왕께서 꿈을 잊어버리신 모양이야. 그런데도 그 꿈에 대한 두려움은 쉽사리 떨쳐버리지 못하시는 것 같네. 왕께서는 점술가들에게 해몽만을 요구하신 게 아니라 그것이 어떤 꿈이었는지도 알아오라고 하셨네. 그러니 무슨 재간으로 그걸 맞추겠나. 인간에게는 불가능한 일일세."

경호대장의 설명을 들은 다니엘은 침묵했다. 얼마 전 다니엘을 알게 된 아리옥은 이 젊은 유대인의 지혜와 겸손과 인품을 존경하게 되었다.

드디어 다니엘이 조용히 말문을 열었다.

"나리께 부탁드릴 일이 한 가지 있습니다. 저를 지하 감옥에 가두기 전에 느부갓네살 왕을 알현하게 해주십시오."

아리옥은 고개를 저었다. "그런 무모한 행동은 우리 모두를 죽음으로 내몰 수 있어. 왕의 부름이 없었는데 왕 앞에 서는 것 자체가 죽음을 의미한다는 사실을 자네도 알고 있지 않은가.”

“물론 잘 알고 있습니다. 그러나 왕께서 친히 허락하신다면, 그 법도에도 예외가 있을 수 있겠지요. 나리께서 위험을 감수하실 필요는 없습니다. 저를 집무실 문 앞까지만 데려다 주십시오. 제가 혼자 들어가겠습니다.”

“그런데 자네는 왜 그런 위험을 무릅쓰는가?”

다니엘은 얼굴에 미소를 보이며 말했다. “정말 위험한 선택입니까? 제가 가지 않더라도 어차피 죽게 되어 있는 것 아닙니까? 만일 왕께서 제 말을 들어 주신다면 혹시 죽음을 면할 수도 있을 것입니다.”

얼마 지나지 않아 다니엘은 느부갓네살의 집무실 문 앞에 서 있었다. 아리옥은 호위병들에게 그를 들여보내라고 지시했고, 다니엘은 왕의 보좌 앞으로 성큼성큼 다가갔다.

느부갓네살은 다니엘을 바라보며 눈살을 찌푸렸다.

“너는 누구냐? 어찌하여 이리도 무례한 일을 저지르느냐?”

“저는 다니엘이라 하옵고, 바벨론 이름으로는 벨드사살이라고 합니다. 최근에 왕궁 지혜자의 견습생이 되었습니다.”

“그렇다면 히브리 포로들 가운데 한 명이란 말이냐?” 왕이 물었다. 그러나 대답은 필요 없다는 듯 왕은 말을 이어갔다. “너에게 사형선고가 내려졌는데 나를 찾아온 이유가 무엇이냐?”

“어젯밤 왕께서 보신 환상에 대해 말씀드리려 하옵니다. 만일 제게 하루만 준비할 시간을 주신다면 폐하의 꿈과 그것에 대한 해석까지 말씀드리겠사옵니다.”

“너는 간덩이가 큰 모양이구나. 궁중에서 가장 유능하다고 하는 점술가들도 못한 일을 한낱 견습생인 네가 해낼 수 있단 말이냐. 네 말을 믿는 자는 아무도 없을 것이다. 대체 무엇이 너를 그리 만들었느냐?"

"저의 하나님이 왕께서 원하시는 답을 주실 것이옵니다."

"너의 하나님이라고?" 느부갓네살은 코웃음을 쳤다. "하나님이라는 신은 지혜자라고 불리는 너희들만큼이나 쓸모없는 존재가 아니었더냐?"

"옳으신 말씀입니다. 폐하, 신이라고 불리는 존재들은 모두 쓸모가 없습니다. 그러나 유일하고 참된 신이신 하나님은 그렇지 않사옵니다. 하룻밤 동안 하나님께 기도할 수 있는 시간을 허락해 주시옵소서. 그러면 왕께서는 내일 기다리던 답을 얻게 되실 것이옵니다. 만일 답을 가져오지 못한다면 지체 없이 저를 처형하시옵소서."

느부갓네살은 다니엘을 찬찬히 살펴보았다. 그러더니 금으로 만든 자신의 홀을 다니엘을 향해 거칠게 내밀었다. "좋다. 내일 이 시간까지 너의 목숨을 연장해 주지. 그러나 실패할 시엔 네 패거리들 중 가장 먼저 죽임을 당하게 될 것이다. 어서 가 보아라!"

집으로 돌아온 다니엘은 즉시 사드락, 메삭, 아벳느고를 불렀다. "우리 목숨이 경각에 달렸네." "왕의 다른 지혜자들이나 점술가들도 마찬가지야."

"도대체 무슨 일인가?" 미사엘이 물었다.

다니엘은 그동안 있었던 일을 설명해 주었다. 왕의 꿈을 점술가들이 알아내지 못했다는 사실과 다니엘이 직접 왕을 알현하러 찾아간 일까지 전부 이야기했다.

"아리옥이 내게 알려 주기를 니마타가 왕의 꿈을 해몽하지 못하자 왕께서 격노하시며 바벨론의 모든 지혜자들을 내일 아침에 처형하겠다고 하셨네."

"이제 하루의 시간만이 남아 있는 셈이군." 아사랴가 말했다.

"우리가 무엇을 할 수 있겠나?"

"기도해야지. 내가 자네들을 부른 이유가 그 때문이네. 남은 시간 동안 금식하면서 기도를 끊지 말아 주게. 그러면 하나님이 우리에게 응답해 주실 것이네."

네 명의 젊은이들은 해가 질 때까지 엎드려 간절히 기도했다. 기도를 마친 다니엘과 세 친구는 침대로 가 잠을 청했다.

새벽, 다니엘은 깊은 잠에 빠졌고 환상이 그의 마음을 가득 채우기 시작했다. 그가 꾼 꿈은 매우 끔찍하기도 했지만 승리의 꿈이기도 했다. 새벽에 눈을 떴을 때 그의 마음은 경이로움으로 충만했다. 하나님은 다니엘과 그의 친구들뿐만 아니라 망신당한 지혜자들까지도 구할 수 있도록 허락해 주셨다. 다니엘은 느부갓네살 왕이 전날 밤에 보았던 바로 그 환상을 보았던 것이다.

다니엘은 목욕을 하고 가장 좋은 옷으로 갈아입었다. 그리고는 동쪽 창문을 열어 떠오르는 태양의 붉은 햇살을 바라보다가 마루에 엎드려 그가 사랑하는 하나님께 마음을 다해 감사를 드렸다.

다니엘은 유쾌한 마음으로 친구들에게 인사를 하고, 온 세상의 군주 느부갓네살에게로 자신감 있게 걸어 들어갔다.

여덟 명의 점술가들은 느부갓네살의 왕궁 지하 감옥에 앉아 있었다. 어느 누구도 말을 하지 않았다. 죽음에 대한 두려움 때문에 잠을 이룰 수 없었다. 아침 식사가 배달되었지만 아무것도 먹을 수 없었다.

슈쿠라가 먼저 침묵을 깼다. "그들이 왜 아직까지 오지 않는 걸까요? 아리옥의 말대로라면 해가 뜨고 한 시간 후에 처형당했어야 했는데 말입니다."

그때 마침 감옥 문을 두드리는 소리가 들렸다. 순간 모두가 숨을 죽였다. 니마타가 천천히 일어나 문 쪽으로 느릿느릿 걸어갔다. 누군가의 그림자와 몇 분간 대화를 나눈 니마타가 자기 자리로 돌아왔다. "왕궁에서 이상한 소식을 전해 왔네." 그가 말했다.

"왕께서 우리들을 용서해 주신 답니까?" 그들 중 하나가 물었다.

"아닐세, 우리의 운명이 달라지진 않을 거야." 니마타가 말했다.

"다니엘이 왕께 나아가 자신이 왕의 꿈이 무엇인지와 그 해몽까지 말하겠다고 했다는군. 하루의 말미를 받았다고 하네."

"얼간이 같은 놈!" 마릭이 말했다.

"그 녀석은 단지 시간을 끌고 있는 거예요."

"그래도 하루씩이나 받아냈군." 슈쿠라가 말했다.

"우리가 받은 시간보다 훨씬 길지 않은가."

"고통의 연장일 뿐이야." 니마타가 대답했다. "정보원이 전해 주기를 다니엘이 실패 한다면 가장 먼저 처형을 당할 거라고 하는군."

"어쩌면 살 수 있을지도 모릅니다." 슈쿠라가 말했다. "그는 우리에게는 없는, 말로 표현하기 힘든 신비한 뭔가를 갖고 있는 것 같아요."

"우리에게 없는 멍청함이 있지!" 마릭이 따지듯이 말했다.

"그가 하루 세 번 기도한다는 사실을 알고 있는가? 그는 과거 우리 민족이 해오던 의식을 그대로 따라하고 있는 광신도일 뿐일세."

"때로 나는 그가 옳은 게 아닐까 생각하기도 한다네. 우리도 하나님께 기도해야 하나 하고 말이야. 결국 우리 목숨이 그에게 달린 셈이로군."

"슈쿠라! 제발 정신 차리게!" 마릭이 소리쳤다.

"그의 하나님이 진정 능력 있다면 우리 유대인들은 여기가 아니라 예루살렘에 있어야 하지 않은가. 지금 우리가 기대할 수 있는 것은 그 미친 녀석이 우리 눈앞에서 처형당하는 꼴을 보는 거야."

성경과 역사 속으로

오늘날 이 땅에는 거의 이백 개가 넘는 주권국가가 있다유엔에는 현재 193개의 회원국이 소속되어 있다. 국가를 어떻게 정의하느냐에 따라대부분의 정의는 헌법에 따라, 최고 통치자에 의해 통치되는 지역과 사람들을 의미한다 세계 역사 가운데는 수천 개가 넘는 국가가 존재했었다고 말할 수 있다.

오늘날에는 국경이 고정되어 있지만, 고대 시대에는 변동이 심했다. 고대 국가들은 군사력에 근거하여 국토가 확장되기도 하고 축소되기도 했다.

다니엘의 이야기는 고대 근동 지역 가장 강력한 국가의 심장부에서 이루어지고 있다. 바벨론은 이스라엘과 다른 나라들을 정복함으로써 메소포타미아에서부터 지중해에 이르기까지 서쪽으로 경계를 확장시켜 왔다. 다니엘이 포로로 잡혀 왔을 때 바벨론 왕은 느부갓네살 2세였는데, 본인은 알지 못했겠지만 그는 세계사의 흐름에 중요한 한 역할을 감당하고 있었다.

국가가 세워지고 망하는 것이 역사적인 우연처럼 보일지 모르지만, 다니엘서를 통해 우리는 '왕들을 폐하시고 왕들을 세우시는' 분이 하나님이심을 배우게 된다단 2:21, 행 17:26 참고. 이것은 느부갓네살 왕과 같은 절대 군주로서는 받아들이기 힘든 사실이었을 것이다. 당시 느부갓네살 왕이 그의 손에서 통치권을 빼앗겠다는 말을 들었다면 아마도 정신 나간 사람이라고 비웃었을 것이다. 그러나 그것은 진실이었다. 인간의 왕국은 앞으로 다가올 하나님의 왕국, 곧 "영원히 망하지도 아니할"단 2:44 나라에 비하면 연약하고, 순간적이고, 불완전한 모조품일 뿐이다.

느부갓네살 2세는 BC 605년부터 BC 562년까지 통치했는데, 성경에 등장하는 이방국가의 통치자들 중 가장 유명한 왕일 것이다. 느부갓네살의 이름은 성경을 통틀어 아흔 번이나 언급되고 있다. 하나님은 예레미야를 통해 세 번이나 느부갓네살을 "나의 종"렘 25:9, 27:6, 43:10이라고 부르셨지만, 성경의 다른 곳에서는 "지극히 천한 자"단 4:17라고 칭하기도 하셨다. 이처럼 지극히 천한(?) 한 사람의 삶도 하나님의 역사를 위해 사용될 수 있다.

세계 7대 불가사의 중 하나인 바벨론의 공중정원을 건설한 사람도 바로 이 느부갓네살이다. 아내인 아미티스가 고향인 메디아의 푸른 언덕과 골짜기를 너무도 그리워했기 때문에 그녀를 위해 공중정원을 만든 것이라고 역사는 전해 오고 있다.

일반적으로 역사가들은 느부갓네살을 사나운 절대 군주로 표현한다. 모든 존재들이 그의 앞에서 벌벌 떨었던 것에 반해 그는 누구 앞에서도, 무엇 앞에서도 떨지 않았다. 그러나 그를 떨게 하는 한 가지 예외가 있었는데 바로 그의 꿈이었다.

다니엘서 2장은 하나님이 꿈을 통해 그에게 하신 말씀을 기록하고 있다. 왕은 그 꿈에서 하나님의 역할을 인식하지 못했지만, 하나님은 꿈을 통해 이방 나라들에 대한 그분의 계획을 드러내셨다. 성경 교사인 해리.A.아이론사이드는 그 꿈에 대해 이렇게 적고 있다. '우리가 알고 있는 하나님의 말씀 중에서 가장 완벽하면서 가장 단순한 예언이다.'[미주1]

하나님이 느부갓네살에게 계시를 드러내 보이신 것은 꿈을 통해 그와 의사소통하기 위함이었다. 성경학자 레온 우드는 꿈에 대해 이렇게 말한다. '성경을 살펴보면 하나님이 이교도들에게 계시를 드러내실 때 항상 꿈을 사용하신다. 꿈은 개인의 인격을 통하지 않으면서 임시적이고 수동적인 도구가 될 수 있기 때문이다. 이와 반대로 환상은 개인이 직접 참여하여 응답하고 반응해야 하기 때문에 하나님의 자녀들에게만 나타난다."[미주2]

많은 사람들은 다니엘서 2장에 기록된 느부갓네살의 꿈이 성경 전체를 통틀어 가장 경외심을 불러일으키는 꿈이라고 말한다. 그 꿈은 앞으로 이어질 네 개의 왕국인 바벨론, 메대-페르시아, 그리스, 그리고 로마에 대해 예언하고 있다. 또한 마지막 때에 나타날 로마제국의 모습과 그리스도의 왕국이 건설되고 그분이 온 세상을 다스리시게 되는 모습까지 그리고 있다.

그런데 이 꿈은 왕이 이해할 수 없는 강렬한 상징을 사용하여 이상한 형태로 나타났기 때문에 왕을 불안하게 만들었고, 왕이 불안해지자 온 나라가 불안에 떨었다.

다니엘서 2장은 확실히 두 부분으로 나눌 수 있는데, 전반부 삼십 절은 왕의 꿈에 대한 이야기이고, 31-49절은 그 꿈에 대한 해석이다. 또한 다니엘서 2장은 마치 3막으로 구성된 연극처럼 이야기를 풀어 가고 있다.

제1막　느부갓네살의 무대

다니엘서 2장은 다니엘이 왕궁에서 일하게 된 직후에 일어난 사건이다. 그런데 다니엘서 1장 18절은 분명히 다니엘과 선택된 다른 젊은이들이 삼 년간의 교육을 마쳤다고 기록하고 있다.

시간을 계산해 보면 다니엘서 2장은 우리를 다소 혼란스럽게 한다. "느부갓네살이 다스린 지 이 년이 되는 해에 느부갓네살이 꿈을 꾸고 그로 말미암아 마음이 번민하여 잠을 이루지 못한지라"1절. 다니엘과 포로들이 바벨론으로 끌려왔을 때도 느부갓네살이 바벨론의 왕이었고, 그 후로 최소 삼 년의 시간이 흘렀는데 어떻게 느부갓네살의 통치 기간이 이 년밖에 되지 않았다는 것일까?

학자들은 이 의문에 대해 다양한 견해를 내놓고 있지만 가장 간단한 대답은 햇수의 계산방식 차이 때문이라는 것이다. 바벨론은 왕이 '보위에 오른 해'를 왕의 재위 첫 해로 계수했다. 지금 식으로 말하면 햇수로 계산하는 방식과 만으로 계산하는 방식의 차이인 것이다. 다니엘서 1장에서 우리는 아버지의 죽음 이후 왕위에 오른 느부갓네살의 모습을 보았다. 그해가 왕위에 오른 첫 해이지만 실제로 통치한 기간은 만 일 년이 되지 않았다. 그래서 바벨론식 계산대로라면 느부갓네살이 다스린 지 만 이 년째 되는 해였고, 왕위에 오른 지는 햇수로 삼 년째 접어드는 시기였다.

왕의 꿈

> 느부갓네살이 다스린 지 이 년이 되는 해에 느부갓네살이 꿈을 꾸고 그로 말미암아 마음이 번민하여 잠을 이루지 못한지라(다니엘 2:1)

끔찍한 꿈에 시달리기 전까지 느부갓네살의 왕위는 매우 안전했다. 그러나 그 꿈으로 인해 그는 불면의 밤을 보내고 있었다. 모든 적들이 진압되었지만 그는 쉽사리 잠을 이루지 못한 채 고통 받고 있었다. 여기에서 쓰인 '번민하여'라는 말은 매우 강한 단어로, 불안의 원인이 될 만큼 깊은 고민을 의미한다. 느부갓네살은 제국은 정복할 수 있었지만, 자신의 꿈은 정복하지 못했던 것이다.

영국의 성경교사인 제프리.R.킹은 이렇게 적고 있다. '낮의 걱정이 밤의 걱정으로 이어지는 경우는 허다하다. 느부갓네살 또한 자신의 고민을 잠자리에까지 가지고 갔던 것이다.'[미주3]

꿈이 환상과 다른 점은 꿈은 잠을 자고 있을 때만 꿀 수 있다는 것이다. 구약시대에는 하나님이 종종 꿈을 통해 말씀하셨는데, 이에 대한 가장 확실한 묘사는 아마도 욥의 친구 엘리바스가 자신의 꿈에 대해 설명하는 대목일 것이다욥 4:12-21. 엘리바스가 기이하다고 표현한 그의 꿈은 그가 깊이 잠들었을 즈음에 나타났다. 그가 말하기를 '두려움과 떨림이 내게 이르러서 모든 뼈마디가 흔들렸고… 내 몸에 털이 쭈뼛하였다.'고 했다. 또한 그는 '한 형상'을 보았는데 '그 형상을 알아보지는 못하였다.'라고도 했다. 그때에 조용한 중에 한 목소리가 욥이 고난을 받는 이유에 대한 메시지를 전해 준다17-21절. 아마도 느부갓네살 역시 무시무시한 꿈을 꾸었고, 그 꿈을 통해 메시지를 전달받았다는 점에서 이와 유사했을 것이다. 다만 엘리바스는 자신이 받은 메시지를 이해했지만, 느부갓네살은 자신의 꿈이 어떤 의미인지를 이해하지 못했다.

그랄 왕 아비멜렉에게 사라가 아브라함의 아내라는 사실을 알려 주며 경고한 것도 꿈을 통해서였고창 20장, 파라오에게 하나님이 하시고자 하는 일을 나타내실 때도 꿈을 사용하셨다창 41:1-36. 뿐만 아니라 미디안 병사에게도 꿈을 통해 말씀하신 적이 있다삿 7:13-14. 이 모든 예들의 공통점은 하나님이 자신을 섬기지 않는 사람들에게 꿈이라는 수단을 통해 말씀하고 계시다는 사실이다.

그렇다면 하나님은 왜 느부갓네살 같은 이방 왕에서 말씀하시려는 것일까? 그에 대한 답은 느부갓네살이 "이방의 때"눅 21:24의 첫 번째 통치자라는 사실에 있다. 여기에서 말하는 '이방의 때'는 이스라엘의 국가적인 생명이 이방 국가들에 의해 예속되는 시기부터 그리스도의 재림까지의 시기를 말한다. 느부갓네살은 이러한 이방의 때의 포문을 열었다.

왕의 결심

> 왕이 그의 꿈을 자기에게 알려 주도록 박수와 술객과 점쟁이와 갈대아 술사를 부르라 말하매 그들이 들어가서 왕의 앞에 선지라(다니엘 2:2)

끔찍한 악몽을 꾸고 난 후 느부갓네살은 자신의 특별보좌관들을 소집하였다. 그의 보좌관은 박수와 술객, 점쟁이와 술사라는 네 그룹으로 구성되어 있었다. 이 독특한 네 그룹은 다니엘서 전체에서 여러 차례 언급된다2:10, 4:7, 5:11.

왕은 지혜자들이 무시무시한 꿈을 해석해 주리라 기대하며 급히 왕궁으로 불러들였다. 그들이 한자리에 모였을 때 왕은 자신의 번민에 대해 말하였다. "내가 꿈을 꾸고 그 꿈을 알고자 하여 마음이 번민하도다."단 2:3

그러자 지혜자들이 아람 말로 대답하였다. "왕이여 만수무강 하옵소서! 왕께서 그 꿈을 종들에게 이르시면 우리가 해석하여 드리겠나이다 하는지라." 단 2:4 아람어는 다니엘이 삼 년 동안 공부했던 언어로, 당시 바벨론에서 가장 널리 사용되던 말이었다. 실제로 이 부분부터 다니엘서 7장이 끝날 때까지 저자는 히브리어 대신 아람어를 사용한다.

왕의 요구

> 갈대아 술사들이 아람 말로 왕에게 말하되 왕이여 만수무강 하옵소서 왕께서

그 꿈을 종들이게 이르시면 우리가 해석하여 드리겠나이다 하는지라 왕이 갈대아인들에게 대답하여 이르되 내가 명령을 내렸나니 너희가 만일 꿈과 그 해석을 내게 알게 하지 아니하면 너희 몸을 쪼갤 것이며 너희의 집을 거름더미로 만들 것이요 너희가 만일 꿈과 그 해석을 보이면 너희가 선물과 상과 큰 영광을 내게서 얻으리라 그런즉 꿈과 그 해석을 내게 보이라 하니(다니엘 2:4-6)

급히 불려 온 지혜자들은 느부갓네살의 설명을 듣고 난 후, 어떤 꿈을 꾸었는지 알려 준다면 그 꿈을 해석해 주겠다고 말했다. 그러나 왕은 지혜자들에게 그 꿈과 꿈에 대한 해석을 모두 말하라고 요구했다.

왕은 자신의 꿈을 드러내고 싶어 하지 않았다. 어쩌면 지혜자들을 시험하고자 하는 의도가 있었는지도 모르겠다. 만일 그들이 왕의 꿈을 알아내고 해석할 수 있다면 그들에게 '신성한' 영감이 있는 것은 의심의 여지가 없었다.

반면 그들이 느부갓네살의 요구를 충족시키지 못한다면 죽음과 관직 박탈, 불명예를 피할 수 없게 되었다. 그들의 몸은 갈기갈기 찢어지고, 집은 인분더미가 될 위기에 처한 것이다. 사실 느부갓네살의 이런 위협은 허언이 아니었다. 유다의 마지막 왕인 시드기야왕하 25:7나 아합과 시드기야왕이 아님라는 이름의 유대인 변절자렘 29:22, 그리고 다니엘의 세 친구이 책 3장를 무자비하게 다루는 모습으로 미루어 볼 때 왕은 아무런 거리낌 없이 그들을 잔인한 방법으로 죽일 수도 있는 인물이었다.[미주4] 하지만 만의 하나 지혜자들이 왕의 꿈을 알아내고 해석해 낸다면 왕은 그들에게 엄청난 보상을 베풀 것이다.[미주5] 분노에 찬 왕의 요구는 지혜자들을 경악에 빠뜨렸다. 다른 사람이 꾼 꿈의 내용을 알아내고 그것을 해석해야 하는 것이 사람에게 어찌 가능한 일이겠는가?

왕의 실망

다음 구절들은 느부갓네살과 지혜자들의 대화 내용이다.

> 그들이 다시 대답하여 이르되 원하건대 왕은 꿈을 종들에게 이르소서 그리하시면 우리가 해석하여 드리겠나이다 하니(다니엘 2:7)

당황한 지혜자들은 왕의 꿈에 대해 설명해 달라고 다시 한 번 간청했다. 하지만 꿈을 알려 주면 그 꿈에 대한 해석이 그들의 머릿속에서 나온 것인지 신에게서 받은 영감인지를 구별하거나 입증할 수 없었기에 왕은 끝까지 그 꿈과 꿈에 대한 해석을 모두 요구했다. 지혜자들의 해석이 맞는지를 확인하는 유일한 방법은 그들이 그가 꾼 꿈의 내용까지 알아내는 것이었다.

> 왕이 대답하여 이르되 내가 분명히 아노라 너희가 나의 명령이 내렸음을 보았으므로 시간을 지연하려 함이로다 너희가 만일 이 꿈을 내게 알게 하지 아니하면 너희를 처치할 법이 오직 하나이니 이는 너희가 거짓말과 망령된 말을 내 앞에서 꾸며 말하여 때가 변하기를 기다리려 함이라 이제 그 꿈을 내게 알게 하라 그리하면 너희가 그 해석도 보일 줄을 알리라 하더라(다니엘 2:8-9)

다시 한 번 강조하지만 느부갓네살은 자신의 내부 조직을 신뢰하지 않았다. 그는 지혜자들이 사기꾼 집단임을 이미 잘 알고 있었다. 그러나 그것이 자신의 마음을 평안하게 자신의 미래에 영향을 끼치지 않을 때는 개의치 않았다. 하지만 지금은 꿈을 해석하는 그들의 능력과 해석의 진실성이 너무나 중요한 시점이었다.

성경학자 존 워부르드는 이에 대해 이렇게 적고 있다. '느부갓네살이 꿈에 대한 해석을 기꺼이 수용하지 않고 지혜자들이 참으로 신성한 능력을 소유하고 있는지를 확인하고자 했던 것은 정황상 확실해 보인다. 또한 그는 지혜자들이 왕의 불편한 심기가 풀어지기를 바라면서 시간을 벌고자 했던 것도 간파했다. 왕은 그들이 자신의 결심이 얼마나 확고한지를 빨리 깨닫기 원했을 것이다.'[미주6]

> 갈대아인들이 왕 앞에 대답하여 이르되 세상에는 왕의 그 일을 보일 자가 한 사람도 없으므로 어떤 크고 권력 있는 왕이라도 이런 것으로 박수에게나 술객에게나 갈대아인들이게 물은 자가 없었나이다(다니엘 2:10-11)

이에 대해 성경학자 조세프 세이스는 이렇게 적고 있다.

'이 간단한 문장은 나에게 한 가지 사실을 알려 준다. 육천만 년의 세월 동안 모든 이방 세계에 존재했던 점성술과 주술, 신탁과 꿈, 점 등을 통한 예언은 거짓과 어리석음일 뿐이었다. 인간의 종교, 예술, 과학, 철학, 성취, 능력은 하나님의 영감을 받은 예언이나 그리스도의 영광과는 동떨어진 것이고, 여호와 하나님의 목적과 뜻, 인간의 운명에 대한 참된 지식과 비교해 볼 때 부질없고 헛된 것에 지나지 않는다. 그리고 서글픈 체념으로 들리는 그 구절은 세상에서 지혜롭다 여겨지는 모든 이론들은 바벨론의 술사부터 지금 우리 시대의 물질주의적인 무신론자와 범신론자에 이르기까지 전능하신 하나님이 친히 기름 부으신 선지자들에게 내려주신 계시들과 모순이 되는 한 부패하고 쓸모없고 저주받을 거짓에 불과하다는 사실을 증명해 주고 있다.'[미주7]

왕의 꿈을 알아낼 사람은 세상에 존재하지 않을 것이라는 지혜자들의 변명은 맞는 말이었지만 완전히 옳은 주장도 아니었다. 왕의 꿈을 보여줄 수 있는 단 한 분과 연결되어 있는 다니엘이 존재했기 때문이다. 다니엘은 하늘에 계신 분과 소통하고 있었기 때문에 땅의 일들을 위해 하늘을 움직일 수 있는 사람이었다. 나는 이것을 그리스도인에 대한 매우 훌륭한 정의라고 생각한다.

왕의 명령

> 왕이 이로 말미암아 진노하고 통분하여 바벨론의 모든 지혜자들을 다 죽이라 명령하니라 왕의 명령이 내리매 지혜자들은 죽게 되었고 다니엘과 그의 친구들도 죽이려고 찾았더라(다니엘 2:12-13)

느부갓네살은 격노했다. 왕은 지혜자들이 시간을 벌기 위해 술수를 쓰고 있음을 너무나 잘 알고 있었다. 그래서 그들에게 최후통첩을 했다. 선택은 두 가지 중 하나였다. 왕의 꿈과 그에 대한 해석을 내놓지 못한다면 죽게 될 것이다.

뉴 킹 제임스 번역본에서는 지혜자들을 처형함으로써 왕의 학살이 실제로 시작되었다고 말하지만, 대부분의 번역본에서는 처형이 곧바로 이루어지지는 않았다고 기술하고 있다. 예를 들어 영어 표준 번역본에서는 '그 명령이 내려졌으므로 지혜자들은 곧 죽임을 당할 운명이었다'단 2:13라고 적고 있다. 성경학자 스테판 밀러는 이 번역에 대해 이렇게 설명한다. '지혜자들에 대한 처형이 공식적으로는 선포되었지만 아직 실행되지는 않았다.'[미주8] 그래서 시간을 요구했던 다니엘의 간청과 꿈에 대한 그의 정확한 해석으로 인해 지혜자들은 간신히 목숨을 건지게 되었다.

사실 영적인 시각으로 보자면 왕의 명령은 다니엘을 제거하기 위한 사탄의 도발이었다. 생명을 걸고 타협하지 않겠노라고 결단한 사람은 사탄의 주목을 받게 된다. 그러나 다니엘의 생명은 하나님의 손에 있었고, 사탄은 하나님의 주권 앞에서 그의 생명을 끝낼 만한 능력을 가지고 있지 않았다.

느부갓네살은 그 많은 사람들에게 죽음을 엄포하면서도 전혀 주저함이 없었다. 또한 바벨론의 지혜자들은 자신들의 지혜가 보이지 않는 영이나 이방신들에게서 온다고 주장했는데, 그것이 완전히 엉터리였음이 드러났다. 하지만 안타깝게도 이러한 신비한 능력에 대한 오해는 오늘날까지 이어지고 있다. 물질주의와 인생의 허무함에 지친 사람들은 그들의 영적 목마름과 허기를 신비주의나 범신론, 심령론에 빠져 채우려 하고 있기 때문이다.

제2막 _ 다니엘의 무대

다니엘의 곤경

왕의 명령이 내리매 지혜자들은 죽게 되었고 다니엘과 그의 친구들도 죽이려고 찾았더라(다니엘 2:13)

다니엘과 그의 친구들은 느부갓네살의 꿈을 알아내지 못했던 무리의 일원은 아니었지만, 왕의 지혜자들 중에 속해 있었기 때문에 그들 또한 죽음을 면할 수 없었다. 그래서 왕의 근위대장인 아리옥이 그들을 찾아왔던 것이다.

다니엘의 대처법

그때에 왕의 근위대장 아리옥이 바벨론 지혜자들을 죽이러 나가매 다니엘이 명철하고 슬기로운 말로 왕의 근위대장 아리옥에게 물어 이르되 왕의 명령이 어찌 그리 급하냐 하니 아리옥이 그 일을 다니엘에게 알리매(다니엘 2:14-15)

아리옥이 다니엘의 집에 찾아와 왕의 명령을 수행하려 하자, 다니엘은 느부갓네살의 명령이 어찌 그리 성급한지를 물었다. 다니엘은 지도자가 어떻게 위기에 대처해야 하는지를 잘 보여준다. 그는 당황하지 않고 단계적으로 사실을 확인했다. 또한 다니엘은 전에도 아스부나스와 그의 감독관을 설득한 적이 있음을 기억하라. 다니엘은 지금 아리옥도 설득하고 있다. 다니엘은 비록 십대였지만 그의 태도와 말은 아무리 높은 지위에 있는 사람일지라도 그의 요구에 기꺼이 응하게 만드는 매력이 있었다. 다니엘이 근위대장 아리옥의 호의를 이끌어냈던 것은 아주 훌륭한 조치였다. 그는 바벨론 전체를 통틀어 다니엘을 가장 신속하게 왕 앞으로 인도할 사람이었기 때문이다.

다니엘의 설득

다니엘이 들어가서 왕께 구하기를 시간을 주시면 왕에게 그 해석을 알려 드리리이다 하니라(다니엘 2:16)

다니엘은 왕을 배알한 자리에서 왕의 요구를 수행하기 위한 시간을 요청했다. 느부갓네살은 그가 다른 지혜자들처럼 단지 시간을 끌기 위해 꼼수를 부리는 것이 아니라 는 것을 감지했다. 그래서 놀랍게도 왕은 다니엘의 요청을 흔쾌히 허락했다. 이는 사실 신기한 일이었다. 왕은 지혜자들의 동일한 요청을 거절했었기 때문이다.

다니엘의 기도

> 이에 다니엘이 자기 집으로 돌아가서 그 친구 하나냐와 미사엘과 아사랴에게 그 일을 알리고 하늘에 계신 하나님이 이 은밀한 일에 대하여 불쌍히 여기사 다니엘과 친구들이 바벨론의 다른 지혜자들과 함께 죽임을 당하지 않게 하시기를 그들도 하여금 구하게 하니라(다니엘 2:17-18)

다니엘과 세 친구는 왕의 사형선고를 피해갈 수 있게 되기를 간구했다. 바벨론의 지혜자들은 하늘의 별을 보며 해답을 찾은 반면 다니엘과 친구들은 '하늘에 계신 하나님'께 자비를 구했다. 이에 대해 어떤 학자는 이렇게 적고 있다. '하나님이라는 호칭은 이방 나라에서 사용될 때 그 의미가 더욱 분명해진다. 하나님이 이방인들이 섬겼던 태양과 달과 별을 다스리는 분이라는 생각이 그 말 속에 내포되어 있기 때문이다.'[미주9]

유능한 점술가들은 별을 보며 지식을 쌓았지만, 다니엘은 별을 만드신 하나님께 지혜와 지식의 모든 보고가 감추어져 있음을 알았기에 그분께 구했다.

바벨론의 지혜자들이 두려워 떨고 있는 동안 네 명의 유대 젊은이들은 하나님 앞에 무릎을 꿇었다. 다니엘과 친구들은 지금 소리 내어 기도하지 않는다면, 소리 내어 말할 기회를 영영 잃을 수도 있다는 사실을 알았기 때문이다.

그날 밤, 하나님은 다니엘에게 왕의 꿈뿐만 아니라 그 꿈에 대한 해석까지 알려 주셨다단 2:19. 다니엘이 느부갓네살이 꾸었던 꿈과 동일한 꿈을 꾸게 하셨던 것이다!

다니엘의 찬송

> 이에 은밀한 것이 밤에 환상으로 다니엘에게 나타나 보이매 다니엘이 하늘에 계신 하나님을 찬송하느니라(다니엘 2:19)

다니엘은 기도의 응답을 듣고 곧장 왕을 찾아가지 않았다. 그가 가장 먼저 했던 일은 세 친구들과 함께 하나님을 찬송하는 것이었다. 그들의 감사와 찬송은 다니엘서에서 가장 아름다운 기도로 기록되었다. 먼저 그는 하나님이 지혜와 능력의 하나님이심을 찬송했다2:20. 또한 하나님의 힘과 능력을 찬양하면서 주권자이신 하나님은 강한 분이시며 그분이 여전히 모든 일을 주관하고 계심을 인정했다. "그는 때와 계절을 바꾸시며 왕들을 폐하시고 왕들을 세우시며"단 2:21. 다니엘의 찬송은 성경의 다른 구절들과도 연관되어 있다.

> 무릇 높이는 일이 동쪽에서나 서쪽에서 말미암지 아니하며 남쪽에서도 말미암지 아니하고 오직 재판장이신 하나님이 이를 낮추시고 저를 높이시느니라
> (시 75:6-7)
> 왕의 마음이 여호와의 손에 있음이 마치 봇물과 같아서 그가 임의로 인도하시느니라(잠 21:1)

그는 또한 하나님의 지식을 찬송했다. 그분은 '어두운 데에 있는 것'을 아

시며 '빛이 그와 함께 있음'을 인정했다신 29:29, 단 2:22.

마지막으로 다니엘은 그의 인생에 하나님의 손길이 거하심을 찬양했다. 그는 왕의 꿈을 보여주신 하나님의 지혜를 찬양하며 그분께 감사드렸다. "내가 주께 감사하고 주를 찬양하나이다 곧 주께서 왕의 그 일을 내게 보이셨나이다 하니라"단 2:23.

하나님이 개입해 주셨다는 확신을 갖고 다니엘은 바벨론의 지혜자들을 처형하라는 느부갓네살의 명령을 전해 준 아리옥에게로 가서 왕을 알현하게 해 달라고 부탁했다. 바로 다음 장면에서 우리는 다니엘과 느부갓네살 왕의 흥미진진한 대화를 보게 된다.

제3막 _ 다니엘과 느부갓네살의 무대

다니엘이 왕 앞에 대답하여 이르되 왕이 물으신 바 은밀한 것은 지혜자나 술객이나 박수나 점쟁이가 능히 왕께 보일 수 없으되 오직 은밀한 것을 나타내실 이는 하늘에 계신 하나님이시라 그가 느부갓네살 왕에게 후일에 될 일을 알게 하셨나이다 왕의 꿈 곧 왕이 침상에서 머리 속으로 받은 환상은 이러하니이다 왕이여 왕이 침상에서 장래 일을 생각하실 때에 은밀한 것을 나타내시는 이가 장래 일을 왕에게 알게 하셨사오며 내게 이 은밀한 것을 나타내심은 내 지혜가 모든 사람보다 낫기 때문이 아니라 오직 그 해석을 왕에게 알려서 왕이 마음으로 생각하던 것을 왕에게 알려 주려 하심이니이다(다니엘 2:27-30)

마침내 다니엘은 꿈과 해석에 대한 확신을 가지고 느부갓네살 왕 앞으로 나아갔다. 그러나 그는 그 능력이 자신에게서 나온 것이 아니라, 하나님께로부터 나온 것임을 분명히 밝힌다.

다니엘이 당시 세계에서 가장 강한 자 앞에게 드러낸 진리는 그의 나라는 한계가 있다는 사실이었다. 하나님은 이 세상 모든 나라들에 대한 계획을 갖고 계신다. 그분은 당신의 종인 선지자 다니엘을 통해 세상에서 가장 큰 권력을 가진 왕에게 그분의 계획을 드러내신 것이다.

오늘날의 다니엘 요원에게

1. 하나님이 밤에도 깨어 계시기 때문에 우리는 편히 잠들 수 있다

느부갓네살처럼 우리는 종종 걱정거리를 안고 잠자리에 든다. 그래서 침대에 누워서도 쉽게 잠들지 못한다. 그러나 하나님은 사랑하는 자녀들이 편히 잠들 수 있기를 원하신다. 사실 우리 마음과 생각이 온전히 그분을 의지하면 그분의 강력한 주권 아래 평안히 쉴 수 있다. "너희가 일찍이 일어나고 늦게 누우며 수고의 떡을 먹음이 헛되도다 그러므로 여호와께서 그의 사랑하시는 자에게는 잠을 주시는도다"(시 127:2).

2. 미래에 어떤 일이 일어날지는 모르지만, 그 미래를 누가 지배하고 계신지는 안다

전지전능하신 하나님은 우리가 알지 못하는 일들을 알고 계신다. 그분은 암흑 가운데 행한 일도 아시고, 미래에 있을 일도 아신다. 그런 분이 우리를 낮이나 밤에도 보살펴 주신다. 그분은 우리의 문제를 아시고 길을 인도하시며, 우리를 통해 그분의 능력으로 그분의 결정을 성취해 가신다. "그는 깊고 은밀한 일을 나타내고 어두운 데에 있는 것을 아시며 또 빛이 그와 함께 있도다"(단 2:22).

3. 온 세상이 하나님의 손 안에 있듯이 당신의 삶도 하나님의 손 안에 있다

> 너희는 옛적 일을 기억하라 나는 하나님이라 나 외에 다른 이가 없느니라 나는 하나님이라 나 같은 이가 없느니라 내가 시초부터 종말을 알리며 아직 이루지 아니한 일을 옛적부터 보이고 이르기를 나의 뜻이 설 것이니 내가 나의 모든 기뻐하는 것을 이루리라 하였노라(사 46:9-10)

당신 앞에 놓인 문제들과 일상의 스트레스에 압도당하고 있는가? 그 모든 문제를 하나님께 맡길 수 있다는 사실을 기억하라.

3
chapter

거대한 신상

다니엘 2:31-49

이야기 속으로

느부갓네살의 왕궁으로 향하는 다니엘은 서두르거나 허둥대지 않았다. 초조하게 기다리던 아리옥이 문 앞에서 그를 맞아주었다.

"다니엘, 약속대로 와주었군. 내가 어디로 안내해 줘야 하는가? 왕의 집무실인가, 지하 감옥인가?"

다니엘은 미소를 지으며 대답했다. "근위대장님은 왕의 점술가들을 처형할 필요가 없을 것입니다."

장군의 얼굴에 안도감이 스쳐 갔다. "자네가 잘 해내기를 기원하네."

다니엘은 화려한 왕의 집무실로 들어갔다.

느부갓네살 왕은 왕좌에 앉아 있었다. 왕의 앞에는 고급 옷을 입은 지방 수령들과 고위 관리들이 둥글게 서 있었다. 다니엘을 발견한 왕은 그들을 내보냈다. 그들이 모두 나가고 집무실이 텅 비자 다니엘은 왕 앞으로 나아갔다.

"벨드사살, 돌아왔군." 느부갓네살이 말했다.

"중요한 업무를 보고 있었네. 혹시 자비를 베풀어 달라는 식의 말을 한다면 그 말이 끝나기도 전에 끌려 나가게 될 것이야. 하지만 내가 본 환상에 대해 말해 줄 수 있다면 네 말을 경청하지."

"왕이시여" 다니엘이 말했다. "지혜자들의 말이 옳습니다. 왕께서 요구하신 것을 말해 줄 수 있는 자는 이 세상에 없습니다." 그 말을 듣자마자 왕은 눈살을 찌푸렸다. 다니엘은 다시 말을 이어갔다. “그렇지만 하늘에 계신 하나님은 한낱 인간이 할 수 없는 일을 능히 하실 수 있습니다. 자비로우신 하나님은 왕께 보여 주셨던 환상을 제게도 보여 주셨습니다. 그 환상은 시간의 장막을 걷어 젖혀 다가올 미래의 일들을 보여주는 것으로, 인간에게는 한 번도 공개된 적 없는 신비한 비밀입니다.”

왕은 보좌에 기댄 채 의심을 걷어내지 못한 표정으로 그를 바라보고 있었다. “좋아.” 그는 지루하다는 듯 과장된 한숨을 내쉬었다. “일단 자네 말을 들어보기로 하지. 하지만 나를 기만했다가는 어찌되는지 알고 있겠지? 그럼 시작해 보게.”

다니엘은 왕 앞에서 몸을 꼿꼿하게 세웠다. “왕께서는 깊은 밤 그 꿈으로 인해 잠에서 깨셨습니다. 왕의 주변은 완전한 암흑이었죠. 바로 눈앞에 있는 손조차 보이지 않을 정도로 칠흑같이 어두운 밤이었습니다. 왕께서는 좋지 않은 일이 일어날 것 같은 예감에 사로잡혔지만, 그것이 무엇인지는 알지 못하셨습니다. 그러다가 왕께서는 희미한 소용돌이 같은 움직임을 보셨습니다. 그것은 마치 두텁고 자욱한 구름덩어리 같았을 것입니다.”

다니엘의 말에 왕은 다시 꿈속으로 돌아간 듯 등이 욱신거리는 느낌을 받았다. “왕께서 그것을 올려다보셨을 때” 다니엘은 말을 계속 이어갔다. “구름과 안개가 걷히기 시작하면서 광활한 두라 평원이 보였습니다. 또 멀리에 여러 개의 큰 산과 작은 언덕들도 보였습니다. 안개가 사라지자 왕께서는 넓은 고원 위에 있는 두 개의 거대한 발을 보실 수 있었습니다. 그 발은 반짝거리는 쇳조각들과 얼룩덜룩한 회색의 재료로 조각되어 있었습니다. 안개가 점점 사라지자 왕께서는 발목과 다리 아랫부분도 보실 수 있었습니다.”

느부갓네살은 주먹을 불끈 쥐었다. 그는 그 환상을 다시 체험하고 있는 듯 보였다.

"안개와 구름이 완전히 사라지자 왕께서는 왕을 무섭게 내려다보고 있는 거대한 신상을 발견하셨습니다. 멀리 보이는 언덕과 높이 치솟은 산봉우리만큼 우뚝 솟아 있는, 남자의 모습을 한 동상이었습니다. 머리 꼭대기는 너무 높아 하늘을 찌를 듯했고, 얼굴은 고결한 신처럼 보였습니다. 그 형상을 보신 왕께서는 그것이 살아있지는 않을까 두려워하며 심히 떨고 계셨습니다."

왕을 바라보던 다니엘은 지금도 그가 떨고 있다는 것을 느낄 수 있었다.

"오, 왕이시여, 그때부터 왕께서는 그 형상의 기묘한 모습을 살펴보기 시작하셨습니다. 머리는 순금으로 아름답게 만들어졌는데 눈이 부실만큼 빛이 났고, 바벨론 스타일의 턱수염을 갖고 있었습니다. 어깨와 가슴과 팔은 찬란한 은으로 만들어져 반짝이고 윤기가 났습니다. 또한 근육질의 배와 허벅지는 화려한 색깔의 구리로 만들어졌습니다. 무릎과 종아리는 철로 만들어졌고, 두 발은 구리와 흙의 혼합물이었습니다."

왕은 꼼짝도 할 수 없었다. 그는 마치 최면에 걸린 것처럼 뻣뻣하게 앉아 있었다.

"왕께서 신상을 주목하고 계실 때, 산 멀리서 불길한 소리가 메아리쳤습니다. 그러고는 가장 높은 산봉우리에서 어떤 균열이 생기더니 그 갈라진 틈에서 자갈과 바위들이 아래로 굴러떨어지면서 엄청나게 큰 돌이 떨어져 나와 산 아래로 굴러떨어졌습니다. 그때 왕께서는 두려움에 떨며 서 계셨는데, 커다란 돌이 신상에 가까워지자 왕께서는 팔을 들어 그 잔해를 피하려 하셨습니다."

왕은 등을 등받이 쪽으로 바짝 붙여 앉았다.

다니엘은 계속 말을 이어갔다. "커다란 돌이 거대한 신상의 발을 부수자 산산조각이 난 구리와 흙 파편들이 들판 여기저기로 흩어졌습니다. 신상은 붕괴되기 시작했고, 급기야는 거꾸러지고 주저앉아 자욱한 먼지더미가 수십 미터나 피어올랐습니다. 그 순간 동쪽에서 강한 바람이 불어와 여름 타작마당에서 왕겨를 쓸어가듯 먼지를 모두 쓸어갔습니다. 바람이 그쳤을 때 신상은 흔적도 없이 사라졌고 들판은 텅 비어 있었습니다. 왕께서는 신상이 무너진 자리 주변을 둘러보셨는데 들판 여기저기로 흩어졌던 돌들이 사라진 것이 아니라 점점 더 커지고 있었습니다. 그 돌은 순식간에 높아지고 넓어져서 무너진 신상의 크기를 능가했고 급기야 두라 평원 전체를 덮어버렸습니다.왕께서는 이 광경을 보시고는 무서워서 벌벌 떠셨습니다. 구름을 뚫고 온 나라와 바다 전체로 커져가는 돌을 왕은 더 이상 육안으로 보실 수 없게 되었습니다. 결국 산이 된 그 돌은 점점 더 커져서 온 땅 전체를 덮어버렸습니다. 왕께서 그때 소리를 지르며 잠에서 깨어나셨습니다."

느부갓네살 왕은 방금 잠에서 깬 것처럼 어리둥절해 보였다. "그래, 그것이 내가 본 환상이었노라." 그의 목소리는 활기를 잃은 채 두려움으로 가득 차 있었다. "자네는 내가 꾼 꿈을 아주 자세히 설명하는군. 인간에게는 있을 수 없는 능력이야."

"제가 한 것은 아무것도 없습니다." 다니엘이 대답했다. "저에게 왕의 꿈을 계시해 주신 분은 하늘과 땅의 주인이신 하나님이십니다."

"자네의 신이 자네에게 꿈을 알려 준 것이 분명하다면, 틀림없이 그 꿈에 대한 해석도 알려 주었을 테지."

"왕이시여, 그러하옵니다. 이제 그 꿈에 대한 해석을 말씀드리겠습니다. 왕께서 보신 것은 앞으로 세워질 나라들의 흥망성쇠에 관한 미래이옵니다. 금으로 만들어진 머리는 그 나라들 중 첫 번째 나라로, 왕의 나라를 가리킵니다. 왕께서는 지금까지 역사상 없었던 어마어마한 권력을 가지고 온 땅을 지배하고 계십니다. 금으로 만든 머리는 왕의 이러한 권력을 표현한 것이옵니다.

그러나 왕의 나라가 아무리 강하다 할지라도 영원할 수는 없사옵니다. 기한이 다하면 바벨론이 무너지고, 은으로 된 어깨와 가슴과 팔과 같은 나라가 그 자리를 대신하여 일어날 것입니다. 그 나라도 부유하고 강성하겠지만 은이 금보다 못하듯이 왕의 나라보다는 약할 것이옵니다. 세월이 흐르면 신상의 배와 허벅지 부분처럼 구리로 만들어진 세 번째 나라가 두 번째 나라를 대신하여 일어날 것입니다. 그 나라 또한 이전 나라들처럼 세계를 지배하는 강한 나라가 되겠지만 이전 나라들보다는 약할 것이옵니다.

쇠로 만들어진 다리와 같은 네 번째 나라는 강하고 잔혹할 것입니다. 쇠가 모든 것을 부수고 산산조각 내듯이 그 나라는 닥치는 대로 모든 것들을 박살내 버릴 것이옵니다. 그러나 신상의 발이 쇠와 흙으로 불안정하게 혼합되어 있는 것과 같이 그 나라의 백성들은 불안정한 상태로 뒤섞여 있어서, 결국 그 나라는 두 나라로 분열될 것인데 그 나라의 일부는 쇠만큼 강할 것이요, 일부는 흙처럼 깨지기 쉬울 것입니다."

그때 궁중 하인이 다니엘에게 마실 물을 가져다주었고 다니엘은 하던 말을 잠시 멈추었다.

"이야기가 다 끝난 것은 물론 아니겠지?" 왕이 말했다. "그렇다면 산이 된 돌은 무슨 의미인가? 엄청나게 중요한 의미를 갖고 있는 것 같은데 말일세."

"그러하옵니다!" 다니엘이 대답했다. "사실 그 돌이야말로 왕이 꾸신 꿈의 핵심이자 이 세상 역사의 핵심이옵니다." 다니엘은 다시 이야기를 이어갔다.

"인간이 세운 모든 나라들은 멸망하고 다시 세워지기를 수없이 반복할 것이지만, 그 돌이 상징하는 마지막 나라는 이 땅 전체를 가득 채울 것이고, 절대로 멸망하지 않을 것이옵니다. 그 나라는 영원할 것이고, 하나님이 왕이 되어 영원 영원히 다스릴 것이옵니다."

"벨드사살, 왜 그 하나님이 하필 나에게 이 모든 일을 보여주었는가? 일종의 경고인가?"

"아니옵니다. 그 꿈이 보여주는 미래는 단순히 가능성 있는 미래가 아니라 타협이 불가능한 확실한 미래이옵니다. 왕이 보신 환상은 모두 그대로 이루어질 것입니다. 하늘에 계신 하나님이 이 계시로 왕을 영화롭게 하셨고, 인간이 만든 나라들은 언젠가는 무너질 것이며 결국 하나님의 나라가 영광스러운 승리를 얻고 영원할 것임을 온 세상이 알게 될 것이옵니다."

다니엘이 말을 마치자 정복자이자 제국의 통치자이며, 지금까지 건설된 나라 중 가장 거대한 나라를 다스리던 느부갓네살 2세는 예상치 못한 반응을 보였다. 왕좌에서 일어난 왕은 내려와 다니엘에게 절했다! 왕의 행동에 다니엘은 깜짝 놀랐다.

"이러지 마시옵소서!" 다니엘은 큰 소리로 말했다.

"저는 하나님이 아닙니다."

느부갓네살은 일어나 다니엘의 어깨에 손을 얹으며 친구 같은 온화한 눈빛으로 그의 눈을 바라보았다. "이보게 벨드사살, 어떤 방법으로든 자네를 높여주고 싶다네. 궁중 하인을 시켜 자네 앞에 유향을 가져오라 하겠네. 그리고 자네에게…"

"왕이시여, 그러지 마옵소서. 왕 중의 왕이시요, 우주 만물의 비밀을 드러내시는 분은 하나님뿐이십니다. 저는 그저 그분의 종에 지나지 않사옵니다. 모든 영광과 찬양은 제가 아니라 그분께서 받으셔야 하옵니다."

"자네의 말이 옳네." 느부갓네살은 자신의 자리로 돌아갔다.

"자네의 하나님이 모든 신들 중 참된 신이요, 모든 왕 중의 왕이요, 가장 은밀한 비밀을 드러내시는 분이시네. 벨드사살, 자네는 이 모든 사실을 내게 말할 때 확신이 있으면서도 우쭐대거나 무례하지 않았어. 어쩌면 당장 죽을 수도 있는 상황이었지만 굽실거리거나 비굴하지도 않았지. 자네가 처음 내게 찾아와 해석할 시간을 요구했을 때도 두려움의 흔적은 보이지 않았지. 어떻게 그럴 수 있는가?"

다니엘이 입을 열어 대답하려 할 때 느부갓네살이 그의 손을 덥석 잡았다.

"벨드사살, 자네는 훌륭한 지도자가 될 자질들을 갖추고 있네. 방대한 지식과 깊은 지혜, 진실함과 헌신과 충성심까지 어느 것 하나 부족함이 없지. 벨드사살, 나는 자네를 새로운 총리로 임명하네. 바벨론에서 그대의 권위는 군주인 내 다음이 될 것이오."

그 순간 말문이 막혀 다니엘은 어떤 말도 할 수 없었다. 그러다 겨우 정신을 가다듬고서 큰 소리로 외쳤다. "나의 왕이시여!"

"아무 말도 하지 마시오!" 왕이 말문을 막았다. "나는 그대를 격상시켜 왕궁 안에 거할 곳을 마련하게 하고, 지위에 합당한 의복을 내릴 것이오. 그대는 남종과 여종을 거느릴 수 있고, 원하는 대로 금을 소유할 수 있게 될 것이오. 그 외에 달리 원하는 것이 있는가?"

"네, 왕께서 허락하신다면 한 가지 청이 있습니다."

"무엇이든 말해 보시오." 왕은 자기 손을 내저으며 말했다.

"이 나라의 반이라도 주겠소."

"저에게는 절친한 친구 세 명이 있사옵니다. 저희는 함께 교육을 받았고, 왕께서도 그들의 지식을 무척 흡족해 하셨습니다. 그들은 사드락, 메삭, 아벳느고입니다. 그 친구들은 지혜롭고 분별력이 있으며 많은 지식이 있습니다. 청컨대 그들의 지위를 능력에 맞게 격상시켜 주시옵소서."

“그대의 청을 받아들이겠소.” 느부갓네살이 말했다. “그들에게 자네의 보좌관이나 비서관 역할을 맡기겠네. 또한 그들에게도 그 지위에 합당한 선물과 거할 곳을 하사하겠네.”

왕은 웃으면서 자리를 떠났다. 젊은 유대인 포로는 이곳, 바벨론에서도 일하시는 하나님을 느끼며 그분을 찬송했다.

마릭은 다른 점술가들과 함께 웅크린 채 감옥 바닥에 앉아 있었다. 곧 닥쳐올 죽음을 생각하니 창자가 꼬이는 듯 아파왔다. 그때 삐거덕 옥문이 열리는 소리가 났다. 올려다보니 벽에 걸린 횃불 앞에 아리옥이 서 있었다.

“그가 왔다! 죽음의 사자!” 마릭은 정신을 잃고 바닥에 쓰러지고 말았다.

“정신 차리게, 젊은이!” 장군이 말했다. “더 이상 두려워할 필요가 없네. 이제 자네들은 자유의 몸이네.”

“자유의 몸이라고요?” 마릭이 물었다.

“왕께서 저희들에게 자비를 베푸신 것입니까?”

“감사를 올려야 할 대상은 왕이 아니라 바로 다니엘이라네. 그가 왕의 꿈을 해석했고, 그 보상으로 왕께서 지혜자들을 모두 석방시켜 주신 것이라네. 뿐만 아니라 다니엘은 바벨론의 총리로 격상되었다네.”

사형집행이 취소되었다는 말에 잠깐의 기쁨을 누리던 마릭은 금세 시기심에 사로잡히고 말았다. ‘다니엘에게 감사해야 한다고? 내가 왜 그래야 되지? 그 녀석은 운이 좋았을 뿐이야.’ 다니엘은 마릭과 그의 동료들이 못한 일을 해냈을 뿐 아니라, 마릭이 꿈도 꿀 수 없는 높은 지위에까지 오르게 되었다. 마릭은 일어나서 그의 동료들을 따라 감옥 밖으로 나왔다. 그러나 그의 마음속은 마구 뒤틀리고 있었다.

성경과 역사 속으로

다니엘서 2장은 '묵시록의 알파벳'이라고 불리어 왔다. 미래에 대해 성경이 뭐라고 말하는지 알고 싶은 사람은 누구나 다니엘서 2장을 공부해야 했기 때문이다. 이 장은 느부갓네살 왕의 꿈에 등장하는 거대한 신상 이야기가 중심이다. 여러 가지 재료로 만들어진 신상은 머리부터 발까지 점점 더 가치가 떨어지는 재료로 만들어졌다. 신상은 이방 나라들의 흥망성쇠와 연관되어 있었기 때문에 하나님은 특별히 이방 왕을 통해서 그러한 계시를 드러내신 것이다.

어떤 학자들은 거룩한 하나님의 메시지가 악한 자를 통해 전달되었다는 사실에 혼란스러워하기도 한다. 그러나 느부갓네살 왕이 받은 계시에는 바벨론의 멸망에 관한 예언도 포함되어 있어 독자에게 반전의 묘미를 선사한다. 그의 꿈에는 하나님의 예언을 통해 이 땅의 모든 왕들에게 전하는 메시지가 담겨 있다. 즉 인간이 만든 나라는 영원할 수 없고, 하나님의 나라가 도래할 때 그 나라들은 모두 멸망당할 것이라는 메시지이다.

뿐만 아니라 그 예언에는 바벨론에 포로로 잡혀와 있는 하나님의 백성들에 대한 격려의 메시지도 포함되어 있다. 하나님은 자기 백성에게 그들이 상상할 수 없는 놀라운 계획이 있음을 알려 주기 원하셨다. 결국 인류의 미래의 열쇠를 쥐고 있는 분은 느부갓네살이 아니라 하나님이셨다.

계시

다니엘이 왕 앞에 대답하여… 왕이여 왕이 한 큰 신상을 보셨나이다 그 신상이 왕의 앞에 섰는데 크고 광채가 매우 찬란하며 그 모양이 심히 두려우니 그 우상의 머리는 순금이요 가슴과 두 팔은 은이요 배와 넓적다리는 놋이요 그 종아리는 쇠요 그 발은 얼마는 쇠요 얼마는 진흙이었나이다(다니엘 2:27, 31-33)

꿈에서 느부갓네살은 거대한 사람의 형상을 한 조각상을 보았다. 엄청난 크기뿐만 아니라 생긴 모습 또한 무시무시해서 왕은 두려움에 사로잡히고 말았다.

신상은 인류 문명의 역사를 상징하고 있기 때문에 인간의 모습을 하고 있었다. 하나님은 느부갓네살을 통해 세상 모든 나라들의 피할 수 없는 운명을 보여주기 원하셨다. 다시 말해 신상은 인간이 세운 나라들의 불완전한 역사를 상징하고 있다. 이스라엘에 엄청난 고통을 안겨 주었던 이집트나 아시리아 같은 나라들도 끝내 사라지고 말았다. 또한 신상은 예수 그리스도로 말미암아 하나님의 나라가 세워질 때까지 이스라엘에 중요한 역할을 하게 될 나라들을 묘사하고 있다.

신상의 거대함은 그 나라들의 업적을 과시하는 인간의 과장을 상징하고 있다. 인간은 자신의 업적을 위대하게 보이도록 과장하곤 하는데, 거대한 신상이 그런 인간의 허세를 대변하고 있는 것이다. 신상은 인간의 관점에서 본 세상 권력의 위대함을 표현하고 있는 셈이다.

더불어 거대한 신상은 세상의 권력이 하나님의 백성인 유대인의 손에서 이방인 권력자의 손으로 옮겨졌음을 보여준다. 신상의 금으로 된 머리가 상징하는 바벨론은 유다를 멸망시킨 나라로, 이때부터 예수 그리스도께서 영광 중에 다시 오실 때까지 예루살렘은 이방 나라들에게 끊임없이 짓밟히게 될 것이다눅 21:24.

거대한 신상은 나섯 개의 신체 부위로 구성되어 있었다. 금으로 만들어진 머리, 은으로 만들어진 가슴과 팔, 구리 또는 청동으로 만들어진 배와 허벅지, 쇠로 만들어진 다리, 그리고 일부는 쇠, 일부는 흙으로 만들어진 발. 38-40절에 따르면 이 다섯 개의 신체 부위는 세상을 지배할 다섯 나라를 상징하고 있다. 그중 네 나라는 느부갓네살 왕 시대에는 세워지지도 않은 나라였다. 그러나 지금 역사를 되짚어 보면, 그 나라들은 모두 환상이 묘사한 대로 세워지고 세상을 지배했고 또 패망했다.

느부갓네살은 거대한 바벨론 제국을 다스린 군주였는데, 당시 바벨론은 엄청난 문명을 자랑하고 있었다. 그 후 메대와 페르시아가 바벨론을 정복했고, 에스더서에 쓰여진 것처럼 뒤이어 페르시아가 세상을 지배했다. 그리고 다음엔 알렉산더 대왕의 통치 아래 그리스가 페르시아를 정복하여 세상을 지배했다.

또한 그리스도가 탄생하시기 육십 년 전, 그리스를 이어 로마가 세상을 지배하는 힘으로 등장했다. 성경에도 로마제국의 카이사르 아우구스투스가 전국에 호적을 명했다는 사실이 기록되어 있다눅 2:1. 그리고 마지막 때가 되면 다시 권세를 얻은 로마 황제가 열 명의 왕과 연합하여 세상을 지배하려 할 것이다.

왕의 꿈은 세상을 지배하게 될 다섯 나라를 상징하고 있는데, 다니엘이 꿈의 내용을 이야기할 때 느부갓네살은 다시 꿈속으로 빠져들어 가는 것 같았기 때문에 그가 진실을 말하고 있다는 사실은 의심의 여지가 없었다.

왕에게 꿈의 내용에 대해 말한 후 다니엘은 꿈의 뜻을 풀어서 설명하기 시작했다. 그 꿈은 시각적인 형태를 띤 예언으로, 앞으로 세워질 나라들의 순서와 특징에 관한 내용이었다. 37절과 44절 사이에 '나라'라는 단어가 열 번이나 사용되고 있는데, 이 꿈을 통해 하나님이 느부갓네살에게 전하는 최우선 메시지는 하나님이 이방 나라들이 세워지고 멸망하는 모든 과정을 면밀히 지켜보고 계시며, 예수 그리스도의 영원한 나라가 도래할 때까지 그렇게 하실 것이라는 것이다.

바벨론 _ 금으로 된 머리

왕이여 왕은 여러 왕들 중의 왕이시라 하늘의 하나님이 나라와 권세와 능력과 영광을 왕에게 주셨고 사람들과 들짐승과 공중의 새들 어느 곳에 있는 것을 막론하고 그것들을 왕의 손에 넘기사 다스리게 하셨으니 왕은 곧 그 금 머리니이다(다니엘 2:37-38)

다니엘은 거대한 신상의 머리에서부터 뜻을 풀이하기 시작했다. 그는 신상의 금으로 된 머리가 539년까지 막강한 세력을 자랑했던 바벨론 제국을 상징한다고 말했다.

느부갓네살의 꿈에서 바벨론을 금으로 상징한 것은 아주 적절하고 어울리는 묘사였다. 바벨론은 금으로 상징되는 나라였기 때문이다. 그리스 역사학자 헤로도토스는 느부갓네살의 통치 이후 약 백 년 동안의 바벨론 역사를 기록했는데, 그 역사서에서 그는 신전에 엄청난 양의 금이 사치스럽게 장식되어 있었다고 기록했다[미주1]. 선지자 이사야도 "너는 바벨론 왕에 대하여 이 노래를 지어 이르기를 압제하던 자가 어찌 그리 그쳤으며 강포한 성golden city이 어찌 그리 폐하였는고"사 14:4라고 했고, 예레미야 역시 비슷한 내용을 적고 있다. "바벨론은 여호와의 손에 잡혀 있어golden cup un the LORD's hand"렘 51:7

메대-페르시아 _ 은으로 된 가슴과 팔

왕을 뒤이어 왕보다 못한 다른 나라가 일어날 것이요(다니엘 2:39)

두 번째 나라는 은으로 만들어진 나라로 금으로 만들어진 느부갓네살의 나라보다 못한 나라였다. 은으로 만든 가슴과 팔은 메대-페르시아 제국을 상징하고 있는데, 그 나라는 BC 539년부터 BC 331년까지 이백 년 동안 지속되었다. 두 개의 팔은 이 제국이 메대와 페르시아라는 두 개의 나라로 나뉘어져 있음을 상징한다.

그리스 _ 구리로 된 배와 허벅지

셋째로 또 놋 같은 나라가 일어나서 온 세계를 다스릴 것이며(다니엘 2:39)

구리로 만들어진 배와 허벅지는 필립 2세와 그의 아들, 알렉산더 대왕의 그리스를 상징한다. 알렉산더는 세계 원정을 마친 후에 더 이상 정복할 나라가 없다는 사실 때문에 자신의 장막에 앉아 눈물을 흘렸다고 전해진다.[미주2]

알렉산더가 자신의 군대에게 구리로 만든 투구와 흉배, 방패와 칼 등의 무기를 갖추게 하였기 때문에 구리는 그리스를 상징하는 물질로 표현되기에 적절했다.

로마 _ 쇠로 된 다리

> 넷째 나라는 강하기가 쇠 같으리니 쇠는 모든 물건을 부서뜨리고 이기는 것이라 쇠가 모든 것을 부수는 것같이 그 나라가 뭇 나라를 부서뜨리고 찧을 것이며(다니엘 2:40)

성경은 로마를 네 번째 나라로 지목하고 있지 않지만, 역사가 그것을 증명해 준다. 로마는 '강철 군단'으로 알려진 군대를 통해 알렉산더 제국을 정복했다. 다니엘서 2장에는 쇠라는 말이 열네 번이나 사용되고 있다.

헐버트 레오폴드는 이렇게 적고 있다. '로마 군대는 그들에게 저항하는 모든 것들을 군화발로 짓밟아버렸다는 기록이 있다. 로마제국이 로마법과 도로망을 건설했음에도 건설적이라는 표현은 로마제국과 분명 어울리지 않는다. 왜냐하면 로마는 더 많은 것들을 파괴했기 때문이다. 그래서 성경에서도 로마를 '부서뜨리고 찧을 것이며'라는 두 개의 동사를 사용하여 묘사하고 있다.'[미주3]

후에 다니엘은 자신의 꿈에서 이 네 번째 나라를 네 개의 짐승 형상으로 보게 된다. "내가 밤 환상 가운데에 그 다음날 본 넷째 짐승은 무섭고 놀라우며 또 매우 강하며 또 쇠로 된 큰 이가 있어서 먹고 부서뜨리고 그 나머지를 발로 밟았으며… 넷째 짐승은 곧 땅의 넷째 나라인데 이는 다른 나라들과는 달라서 온 천하를 삼키고 밟아 부서뜨릴 것이며"단 7:7, 23

예수 그리스도를 십자가에 못 박은 집단이 바로 이 로마제국이었다. 또한 로마는 신약시대에도 무자비한 통치를 지속하였다. 그러나 분명한 것은 로마 역시 다른 나라에 의해 멸망당하고 말았다는 사실이다.

열 왕의 연합정부 _ 쇠와 흙으로 만든 발

그 발가락이 얼마는 쇠요 얼마는 진흙인즉 그 나라가 얼마는 든든하고 얼마는 부서질 만한 것이며 왕께서 쇠와 진흙이 섞인 것을 보셨은 즉 그들이 다른 민족과 서로 섞일 것이나 그들이 피차에 합하지 아니함이 쇠와 진흙이 합하지 않음과 같으리이다(다니엘 2:42-43)

많은 계시록 학자들은 그 신상의 쇠로된 두 발은 AD 364년, 콘스탄티노플을 수도로 한 동로마비잔틴와 로마를 수도로 한 서로마의 분열을 의미한다고 해석한다. 그리고 신상의 발은 로마제국의 또 다른 분열을 의미하는데, 열 개의 발가락이 그 또 다른 분열을 상징한다는 것이다.

즉 다니엘은 로마제국이 열 개의 나라 또는 열 명의 통치자로 나누어질 것을 예언하고 있다. 이는 다니엘이 열 왕의 연합정부로 이야기를 확장해 가는 부분에서 더 자세히 설명되어 있다. 그런데 여기서 성경 기자의 시선은 신상의 윗부분에서 아랫부분으로 차례로 옮겨가고 있기 때문에 '발과 발가락'은 반드시 '다리' 부분 뒤에 나와야 한다. 하지만 다니엘의 예언을 좇아 역사를 되짚어 보면 열 개의 연합정부와 일치하는 사건이나 나라는 찾을 수가 없다. 이는 다니엘의 마지막 계시가 아직 이루어지지 않았음을 보여준다. 다시 말해 이 예언은 인간의 역사에서 아직 성취되지 않았다.

여기에서 다니엘은 우리에게 느부갓네살의 꿈이 이루어지는 시기에 관하여 중요한 정보를 하나 제공해 준다. 즉 하나님이 이 땅에 그분의 나라를 세우실 때, 이 땅에서 로마제국의 마지막 모습이 재연될 것이라는 사실이다. "이 여러 왕들의 시대에 하늘의 하나님이 한 나라를 세우리니 이것은 영원히 망하지도 아니할 것이요 그 국권이 다른 백성에게로 돌아가지도 아니할 것이요 도리어 이 모든 나라를 쳐서 멸망시키고 영원히 설 것이라"단 2:44

옛 로마제국은 서서히 쇠퇴해 갔지만, 어떤 통치자도 단독으로 이전의 영토를 다 차지하지 못했다. 그러나 다니엘의 예언에 따르면 마지막 날에 로마제국과 유사한 나라가 다시 일어날 거라고 분명히 밝히고 있다.

또한 느부갓네살이 보았던 거대한 신상을 떠올려 보면 이 세상은 허약한 기반 위에 서 있음을 알게 된다. 머리가 육중하고 거대한 이 신상을 쉽게 부서질 수 있는 흙과 쇠로 만든 발이 지탱하고 있기 때문이다. 이는 이 땅에 존재하는 나라들의 불안정하고 위태로운 상태를 잘 묘사해 주고 있다.

그뿐 아니라 신상에 대해 더 깊이 생각해 보면, 우리는 인간이 세운 나라의 도덕성이 단계적으로 퇴보하고 있다는 사실 또한 발견할 수 있다. 따라서 이방 나라의 역사와 문명의 흐름은 타락과 부패의 연속이라 할 수 있겠다.

이 신상에 대해 존 워부르드는 이렇게 기술하고 있다. '신상의 네 부위를 형성하고 있는 재료가 아래로 내려갈수록 점점 더 가치가 떨어진다는 것은 세월을 통해 인류의 타락이 점점 더 심해져 간다는 사실을 암시한다. 이런 생각은 인간의 역사가 진화해 간다는 진화론자의 주장을 반박하는 것이다. 인간은 역사가 흙에서 시작하여 순금으로 진행되는 줄 알지만 하나님은 인간의 역사가 순금으로 시작하여 흙으로 종말을 맞는다고 말씀하고 계신다.'[미주4]

그 신상의 머리부터 발까지 재료의 가치는 점점 더 낮아지지만, 금부터 쇠까지 재료의 강도는 점점 더 강해진다. 다시 말해 나라들이 도덕적으로는 퇴보하지만, 폭력성은 점점 더 강해진다는 의미이다.

그러나 우리는 그 신상이 마지막에 해체되는 장면을 목격하게 된다. "그 발가락이 얼마는 쇠요 얼마는 진흙인즉 그 나라가 얼마는 든든하고 얼마는 부서질만할 것이며"단 2:42. 인간 역사의 흐름에는 두 가지 모순된 재료가 섞여 있다. 인간의 권력 의지를 나타내는 쇠와 인간의 연약함을 대변하는 흙이 바로 그것이다.

세상의 종말이 다가올수록 두 재료의 갈등은 심화되고 그 긴장감은 더욱더 커져 갈 것이다. 이러한 갈등은 결국 적그리스도가 세상을 지배하는 길을 예비하게 될 것이다.

존 워부르드는 이에 대해 다음과 같은 글을 썼다.

'로마제국의 마지막 형태에는 인종, 정치적 색깔, 집단적 이해관계와 상관없는 다른 요소가 포함될 것이다. 그리고 이것은 로마제국이 진정한 연합을 이루지 못하도록 가로막는 역할을 할 것이다. 또한 이것은 마지막 때에 세상 나라들이 패권을 다투기 위해 거대한 전쟁에 돌입할 것이라는 사실을 입증해 주고 있는데, 그 전쟁은 다니엘서 11장 36-45절을 통해 그려지는 동서남북의 세력과 지중해의 통치자와의 싸움이다.'[미수5]

마지막 왕국 _ 산에서 떨어져 나온 돌이 온 세상을 덮다

> 이 여러 왕들의 시대에 하늘의 하나님이 한 나라를 세우시리니 이것은 영원히 망하지도 아니할 것이요 그 국권이 다른 백성에게로 돌아가지도 아니할 것이요 도리어 이 모든 나라를 쳐서 멸망시키고 영원히 설 것이라(다니엘 2:44)

이 말씀에서 다니엘은 그리스도의 영원한 나라를 묘사하고 있다. 그 나라는 아직 이 땅에서 성취되지 않았지만, 느부갓네살, 키루스, 알렉산더 그리고 로마 황제들이 그러했듯이 언젠가는 그리스도께서 온 세상을 다스리실 것이다. 느부갓네살의 꿈에서 그리스도와 그의 나라는 돌과 산이라는 생생한 이미지로 표현되고 있다.

돌 _ 이 땅에 오실 왕

또 왕이 보신즉 손대지 아니한 돌이 나와서 신상의 쇠와 진흙의 발을 쳐서 부서뜨리매 그때에 쇠와 진흙과 놋과 은과 금이 다 부서져 여름 타작 마당의 겨 같이 되어 바람에 불려간 곳이 없었고 우상을 친 돌은 태산을 이루어 온 세계에 가득하였더라(다니엘 2:34-35)

이 말씀이 왕의 환상에서 가장 결정적인 장면이라는 사실에는 의심의 여지가 없다. 커다란 돌이 신상을 쳐서 신상은 완전히 부서졌고, 커다란 돌은 태산을 이루어 온 세상에 가득 차게 되었다.

그렇다면 이 돌이 의미하는 것은 무엇일까? 우리는 이 질문에 대해 의구심을 가질 필요가 없다. 하나님의 말씀은 그분이 바로 메시아로 오신 예수 그리스도임을 분명히 알려 주고 있기 때문이다. 작가이자 목사인 윌리암 헤슬로프는 이것을 이렇게 설명한다. '성경을 보면 예수님을 돌에 비유한 말씀이 일곱 차례 등장한다. 돌은 힘과 견고함과 확고부동함의 상징이다… 그리스도는 돌이시다행 4:10-11. 그리스도는 종의 모습으로 오셔서 이스라엘에게 버린 돌이 되셨다. 그러나 이스라엘은 이 돌 위에 넘어져 깨어졌다마 21:44. 그리스도는 교회의 반석이시다. 그리스도는 신상을 쓰러뜨려서 산산조각으로 만든 돌마

21:44, 단 2:34-35처럼 이 세상을 가득 채우실 것이다.'[미주6]

산 _ 이 땅에 세워질 나라

우상을 친 돌은 태산을 이루어 온 세계에 가득하였나이다(다니엘 2:35)

다니엘의 예언은 다섯 가지 특징을 들어 그리스도의 나라를 설명하고 있다.

1. 그리스도의 나라는 초자연적인 왕국이다.

손대지 아니한 돌이 나와서…손대지 아니한 돌이 산에서 나와서(다니엘 2:34, 45)

다니엘서 2장에서는 산을 이룬 그 돌이 '손대지 아니한 돌'이라고 두 번씩이나 반복하여 말하고 있는데, 이는 그리스도의 나라가 사람이 세운 것이 아님을 강조하고 있는 것이다. 다시 말해 그 나라는 신성한 힘에서 비롯되었다. 헤슬로프는 벽돌을 만드는 것은 사람이지만 오직 하나님만이 돌을 만드실 수 있다고 했다.[미주7] 느부갓네살의 꿈에 등장하는 신상은 사람의 창조물인 것에 반해 그리스도의 나라는 하나님의 창조물이다. 헤슬로프의 표현대로 초자연적인 돌은 '힘과 견고함과 확고부동함의 상징'이다.[미주8]

2. 그리스도의 나라는 갑자기 도래할 것이다.

돌이 나와서 신상의 쇠와 진흙의 발을 쳐서 부서뜨리매(다니엘 2:34)

그리스도의 나라는 단계적이 아니라 갑자기 도래할 것이다. 그 나라는 어느 날 밤, 갑자기 도래할 수도 있다. 이 땅의 모든 나라들이 다른 나라를 멸망시킴으로써 역사 속에 등장했다. 바벨론에서 메대-페르시아, 메대 페르시아에서 그리스, 그리스에서 로마로 이어지는 과정이 그것을 증명해 준다. 그러나 그리스도의 나라는 다른 나라를 정복함으로써 세워지는 것이 아니라 하늘로부터의 결정적인 한 방으로 이 땅에 도래할 것이다. 그리스도의 재림을 말하는 모든 성경구절은 아무런 경고 없이 이 땅에 그리스도가 오실 것이라고 말해 준다슥 14:4-5, 마 24:29-30, 계 1:7.

다니엘의 예언을 공부하면서 나는 그리스도의 나라가 도래할 때 어떤 일이 일어날 것인지에 대해 적어 보았다.

신상을 치는 돌은 점진적인 과정 없이 갑작스런 한 방으로 이방 세계를 무너뜨린다. 그리고 그 돌은 온 세상을 덮는 산이 된다. 이방 국가들의 몰락은 그리스도의 초림에서는 성취되지 않았다. 오히려 그리스도는 당시 권력의 정점에 있었던 네 번째 나라의 관리에게 사형선고를 받아 죽음을 당하셨다. 이방 세계의 권력은 계속될 것이지만, 그것을 무너뜨릴 한 방은 여전히 남아 있다. 마지막 날에 대한 설명은 다니엘서 7장 1-28절과 요한계시록 13-19장에 상세히 기록되어 있는데, 이방 세계의 권력은 1) 갑작스러운 큰 재앙의 심판으로 종말을 맞이하게 될 것이다계 16:14, 19:21. 2) 그 갑작스런 심판에 이어 하나님의 나라가 도래할 것이다. 하늘에 계신 하나님은 이방 세계의 제도가 몰락하고 난 후에 비로소 그분의 나라를 세우실 것이다. 여기에서 우리는 이방 세계의 통치가 거대한 신상 또는 형상과 더불어 시작되고 끝이 난다는 사실에 주목할 필요가 있다단 2:31, 13:14-15.[미주9]

3. 그리스도의 나라는 혹독한 심판이 전제되어 있다.

> 그때에 쇠와 진흙과 놋과 은과 금이 다 부서져 여름 타작마당의 겨 같이 되어 바람에 불려간 곳이 없었고 우상을 친 돌은 태산을 이루어 온 세계에 가득하였나이다(다니엘 2:35)

모든 나라들이 여름 타작마당의 겨와 같이 될 것이라는 본문 말씀을 보면서 우리는 벼를 타작하는 장면을 떠올리게 된다. 타작마당에 있는 곡식을 도리깨질 할 때 곡식보다 가벼운 껍질들은 바람에 흩어지고 만다. 거대한 신상을 구성하고 있는 다양한 재료들은 쓸모없는 껍질처럼 흔적도 없이 사라지게 될 것이다.

이 메시지는 혹독한 심판을 상징한다. 신상을 이루고 있던 나라들은 모두 다음 나라에 의해 멸망당하지만, 이전 나라의 악한 요소들은 그 뒤를 계승한 나라에서도 반복되었다. 그리스도의 나라가 세워질 때 이전 나라의 치명적인 결점들은 그 나라와 함께 사라질 것이다.

4. 그리스도의 나라는 주권적인 왕국이다.

> 우상을 친 돌은 태산을 이루어 온 세계에 가득하였나이다(다니엘 2:35)

산에서 나온 돌은 신상을 무너뜨리는 임무를 마치고 나면 태산을 이루어 온 세계를 가득 채우고 주권적인 통치를 시작할 것이다. 하늘에서 온 그 돌은 궁극적으로 이 땅을 하늘이 되게 할 것이다. "여호와께서 천하의 왕이 되시리니 그 날에는 여호와께서 홀로 한 분이실 것이요 그의 이름이 홀로 하나일 것이라"슥 14:9 그리스도께서 그분의 주권으로 세상 나라들을 정의롭게 통치하실 것이다. 그리스도는 그분의 현존과 능력과 영광으로 이 땅을 가득 채우실 것이고, "뜻이 하늘에서 이루어진 것같이 땅에서도 이루어지이다"마 6:10라는 우리에게 익숙한 기도문이 마침내 완전히 응답 받게 될 것이다.

5. 그리스도의 나라는 영원한 왕국이다.

> 이 여러 왕들의 시대에 하늘의 하나님이 한 나라를 세우시리니 이것은 영원히 망하지도 아니할 것이요… 영원히 설 것이라(다니엘 2:44)

왕의 꿈에서 세상 나라들은 끊임없이 주인이 바뀌었다. 모든 나라마다 전성기가 있었지만 영원하지는 않았다. 그러나 그리스도의 나라는 결코 멸망하지도, 부패하지도 않을 것이다. 그리스도는 정복당하지 않고, 대적할 상대가 없는 왕이 되실 것이다. 그리스도의 나라는 영원할 것이고, 그리스도의 주권은 결코 빼앗기지 않을 것이다.

여기서 하나의 의문은 그렇다면 다니엘이 꿈에서 보았던 마지막 장면은 아직 이 땅에서 이루어지지 않은 것일까? 우리는 역사 속에서 이런 나라를 본 적이 있는가? 다니엘이 환상에서 보았던 나라는 아직 성취되지 않은 것이 분명하다. 역사는 그런 나라가 아직 존재하지 않았다는 사실을 확실하게 증명해 주고 있다. 스탈린도, 무솔리니도, 히틀러도 절대 권력을 쟁취하고자 애썼지만 실패했다.

왕이 다니엘에게 절하다

다니엘은 하늘에 계신 하나님을 찬양하는 것으로 느부갓네살의 꿈에 대한 해석을 마무리했다. "왕께서 보신 것은 크신 하나님이 장래 일을 왕께 알게 하신 것이라 이 꿈은 참되고 이 해석은 확실하니이다 하니"단 2:45

이때 느부갓네살의 반응은 과히 경악할 만했다.

> 이에 느부갓네살 왕이 엎드려 다니엘에게 절하고 명하여 예물과 향품을 그에게 주게 하니라(다니엘 2:46)

당시 전 세계에서 가장 강력한 권력자였던 느부갓네살이 자신의 꿈을 해석한 다니엘의 능력에 감동한 나머지 아직 십대인 이 유대인 청년에게 나아와 절을 했다. 게다가 신에게 바칠 법한 귀한 물건들을 다니엘에게 상으로 내려 주었다.

요세푸스 또한 알렉산더 왕이 유대인 제사장에게 절을 했다는, 이와 유사한 일화를 기록한 바 있다. 그의 부하 한 사람이 알렉산더에게 왕들도 알렉산더 대왕 앞에 엎드려 절하는 이때에 왜 한낱 유대인 제사장에게 그토록 몸을 낮추는지 이유를 묻자, 세계를 정복한 왕이 대답했다. "내가 엎드린 존재는 그가 아니라 대제사장의 영광을 가진 하나님이라네."[미주10]

다음에 이어지는 다니엘의 말을 통해 느부갓네살 역시 같은 이유로 다니엘에게 절을 한 것이 아닐까 짐작해 볼 수 있다.

느부갓네살이 다니엘의 하나님을 찬송하다

> 왕이 대답하여 다니엘에게 이르되 너희 하나님은 참으로 모든 신들의 신이시오 모든 왕의 주재시로다 네가 능히 이 은밀한 것을 나타내었으니 네 하나님은 또 은밀한 것을 나타내시는 이시로다(다니엘 2:47)

느부갓네살이 다니엘의 하나님은 신들의 신이라고 말했을 때, 그 고백에는 자신이 일생동안 섬겨 왔던 바벨론의 신들은 다니엘의 하나님과 견줄 수 없는 존재라는 의미가 담겨 있다. 또한 이때 찬양의 초점이 다니엘이 아니라 하나님이라는 사실에 주목해야 한다. 이는 다니엘이 모든 상황에서 오직 하나님께만 찬송과 영광을 돌리고, 자신에게 돌아오는 어떤 칭찬도 거부했기 때문에 가능한 일이었다.

느부갓네살이 다니엘을 높이다

> 왕이 이에 다니엘을 높여 귀한 선물을 많이 주며 그를 세워 바벨론 온 지방을 다스리게 하며 또 바벨론 모든 지혜자의 어른을 삼았으며(다니엘 2:48)

느부갓네살 왕은 다니엘을 바벨론에서 두 번째로 높은 지위에 올려 그에게 다른 지혜자들을 능가하는 특별한 권위를 부여했다. 또한 왕은 '귀한 선물'로 다니엘을 부유하게 만들어 주었는데, 그 선물들을 묘사할 때 사용된 단어들은 그것들이 아주 귀하고 셀 수 없을 만큼 많았다는 것을 보여준다. 다니엘의 고속 승진이 더욱 놀라운 것은 그가 아직 스무 살도 되지 않은 청년이었다는 사실이다.

느부갓네살이 다니엘의 친구들을 높이다

> 왕이 또 다니엘의 요구대로 사드락과 메삭과 아벳느고를 세워 바벨론 지방의 일을 다스리게 하였고 다니엘은 왕궁에 있었더라(다니엘 2:49)

왕으로부터 엄청난 부와 명예를 얻게 된 다니엘은 자신과 함께 바벨론 생활을 해온 다른 세 명의 친구들을 왕에게 천거했다. 그러자 느부갓네살은 한 치의 머뭇거림도 없이 다니엘의 청을 들어주었다. 그들로 하여금 다니엘 바로 아래 직책을 맡게 했다.

성경 본문에서 "다니엘은 왕궁에 있었더라."는 말은 친구들보다 높은 지위인 다니엘의 거처가 느부갓네살의 왕궁 안에 있었다는 의미이다.

느부갓네살이 꿈을 꾸고 몇 년 후, 다니엘은 환상을 보게 되는데 그 환상은 느부갓네살의 꿈을 더 잘 이해하게 해준다. 다니엘의 환상에서 큰 바람이 바다로 불어오더니 "큰 짐승 넷이 바다에서 나왔는데 그 모양이 각각 다르더라"단 7:3. 그 짐승들은 왕의 꿈에서 본 거대한 사람의 형상 같이 이방 나라들을 상징했지만, 이번에는 그 나라들의 특징이 더 잘 드러나 있었다. 왕의 꿈에서는 세상 나라들이 장엄하고 거대하며, 어마어마하게 압도적인 신상으로 표현되었다면, 다니엘의 두 번째 환상단 7장에서는 난폭하며 서로를 공격해서 죽을 때까지 싸우는 사나운 짐승들로 표현되어 있다. 두 번째 환상은 이방 나

라들이 파괴적이며 잔인하고 분열되어 있다는 하나님의 관점을 우리에게 전달해 준다.[미주11]

이 장을 마무리하면서 성경학자 헐버트 레오폴드의 말을 주목할 필요가 있다. '새로운 권력이나 연합 정부가 자신의 왕국을 지속하기 위해 안간힘을 쓰지만, 그들은 불가피하게 몰락의 길을 걷게 된다. 역사는 실패의 연속일 수밖에 없다. 그러나 전지전능한 하나님을 아는 사람들에게는 소망이 있다. … 그분의 나라는 절대로 정복되지 않을 것이며, 마침내 영원하고 완전한 모습으로 우뚝 설 것이다.'[미주12]

오늘날 우리는 다가올 시대의 출발점에 살고 있다. 이 땅을 지배하는 인류의 날이 거의 끝나간다. 그리고 '손대지 않은 돌'이 등장할 시기가 곧 도래할 것이다. 우리는 이 땅의 나라들이 종말을 맞을 것이라는 사실에 낙담할 필요가 없다. 오히려 그리스도의 영원한 나라를 맞이할 것이라는 사실에 기뻐해야 한다.

오늘날의 다니엘 요원에게

1. 정치적인 상황을 마주할 때 견고한 믿음을 가지라

기도를 통해 변화시킬 수 있음을 기억하라. 위기 가운데서 다니엘과 그의 친구들은 하늘의 계신 하나님께 자비를 구했고, 하나님은 그들의 기도에 응답하셨다(단 3:18)

2. 선거를 할 때 견고한 믿음을 가지라

선거의 결과가 당신의 뜻대로 되지 않았다고 실망스러울 때 하나님은 그것에 영향을 받지 않으시는 분임을 기억하라. 하나님은 그분의 계획에 따라 왕을 세우시기도, 폐하시기도 하는 분이시다(단 2:21).

3. 재난이나 참사의 뉴스를 들을 때 견고한 믿음을 가지라

"하늘에 계신 하나님"(단 2:28)을 기억하라. 세상에서 일어나는 사건 사고들이 당신의 마음을 어지럽게 할 때 흔들리지 말라. 언젠가 하늘에 계신 하나님이 결코 멸망하지 않을 나라를 세우실 것이다(단 2:44).

4. 모든 것을 잃었다는 생각이 들 때 다시 생각하라

"이 꿈은 참되고 이 해석은 확실하니이다 하니"(단 2:45). 우리는 이미 각본의 결말을 알고 있다. 다니엘서 2장을 공부하면서 우리는 역사의 시작과 끝, 그리고 그 과정에 대한 신성한 비밀을 알게 되었다. 그러므로 불안감을 버리라! 두려움에서 떠나라! 이제 우리는 담대할 수 있다. 우리에게 좋은 일을 시작하신 하나님을 확실히 믿어라(빌 1:6). 또한 이제는 우리가 '주님의 나라가 이루어지기를' 기도해야 할 때이다.

4
chapter

불길 속의 사람들

다니엘 3:1-30

이야기 속으로

왕궁의 시종이 사드락과 메삭과 아벳느고를 느부갓네살 왕의 집무실로 안내했다.

"왕이시여, 명하신 대로 저희들이 왔사옵니다." 사드락이 말했다.

왕을 알현하는 것은 오직 선택 받은 소수에게만 허락된 특권이었다. 세 사람은 왕의 지시로 왕의 앞에 앉았다. 총리이자 왕의 가장 가까운 참모인 다니엘은 외교적인 임무를 수행하기 위해 국경 지역에 파견되어 있었다. 다니엘이 자리에 없는 동안 왕은 국사를 의논하기 위해 다니엘의 측근인 세 친구들을 불렀던 것이다.

업무를 마무리 지은 후에 왕이 그들에게 말했다. "자네들과 논의할 문제가 한 가지 더 있네. 여러 지방에서 분쟁이 발생하고 있는데, 카르케미슈와 페니키아와 아라비아에서 특히 더 심각하다네. 분쟁의 근본적인 원인은 종교 문제인데, 정복당한 나라들이 전부 자신들의 고유한 신을 섬기기 때문에 발생하고 있는 문제들이네. 페니키아는 바알과 아스다롯을, 카르케미슈 민족은 히타이트를, 아라비아는 다른 나라들을 합친 것보다 더 많은 신을 섬기고 있다네."

느부갓네살은 그 방에 있는 한 사람 한 사람을 주시하며 말을 이어갔다. "이러한 종교적인 차이가 불화를 일으키며 나라를 시끄럽게 하고 있네. 어떤 민족은 힘이 약한 민족의 신전을 파괴하기도 하지. 자네들은 다니엘만큼이나 지혜가 있으니 이 분쟁을 어떻게 해결하면 좋을지 현명한 의견을 부탁하네."

잠시의 주저함도 없이 메삭이 말했다.

"모든 민족이 온 땅과 하늘의 참되고 유일하신 신이요, 무소불능하신 하나님을 믿는다면 분쟁은 사라질 것이옵니다."

"참되고 유일하신 신이라면 너희들이 믿는 여호와를 말하는 것인가? 하지만 그는 자기 민족조차 구해 주지 못했는데, 어찌 무소불능하다고 말할 수 있는가?"

"저희가 하나님께 불순종하였기 때문에 그분은 이스라엘이 멸망당하도록 허락하셨던 것입니다. 이스라엘이 주변 나라들처럼 우상을 섬겼기 때문에 하나님은 왕을 택하여 그 죄의 대가를 치르게 하셨습니다. 그러나 하나님은 자기 백성을 지켜 언젠가는 그 땅을 되찾게 해주실 것이옵니다."

"모든 백성이 섬길 수 있는 신이 필요하다는 자네의 말이 옳도다." 그러더니 왕은 고개를 흔들었다. "하지만 자네들의 하나님은 그렇게 될 수 없네. 그는 눈에 보이지도 않고, 귀에 들리지도 않지 않은가. 우리에게 합당한 신은 특정 민족이나 문화를 대표해서는 안 되지. 그리고 반드시 눈으로 볼 수 있는 신이어야 해. 신의 모습은 백성들의 뇌리에 깊이 각인될 만큼 황홀해야 해. 내 나라를 그런 신에게 바친다면 어떨 것 같은가?"

"왕이시여!" 아벳느고가 말했다.

"저희는 다른 신에게는 절하지 않을 것이옵니다."

"죽음의 형벌 앞에서는 모든 신념이 무너지지. 결국 무릎을 꿇게 될 걸세. 내가 장담하지."

느부갓네살은 세 사람을 물러가게 했다. 그들이 왕궁 시종을 따라 왕의 집무실을 나올 때 왕의 점술가들과 마주쳤다. 그들 중에는 니마타와 그의 제자인 마릭도 있었다. 마릭은 고개를 돌려 경멸에 찬 눈빛으로 그들을 보았다.

사드락이 다른 두 친구를 돌아보며 말했다. "무슨 일이 벌어지고 있는 것이 분명해." "자네 말이 맞네." 아벳느고가 말했다. "왕이 이야기하실 때 우리와 눈을 마주치치 않더군. 왕은 뭔가를 숨기고 있어."

"몇 달 전에 도시 외곽에 커다란 신전을 건축할 때 우리가 왕께 그 목적이 무엇인지 물었는데 왕께서 그 문제에 대한 답을 회피하셨지." 메삭 또한 같은 생각이었다.

"느부갓네살 왕의 태도가 전반적으로 많이 바뀐 것 같아." 아벳느고가 말했다. "다니엘이 총리가 되고 난 후, 몇 년 동안 왕의 교만이 누그러져 하나님을 경배하기도 했었지. 하지만 다니엘이 자리를 비우자 예전 신하들이 왕을 둘러쌌고 왕은 변했네." "단순히 다니엘의 부재 때문은 아닌 것 같네." 메삭이 말했다. "최근에 왕은 점성술에 깊이 빠지셨네. 다니엘이 떠난 후 왕은 매일같이 점성술사들을 불러 공부를 하고 있지 않은가." "위기가 다가오는 것 같아." 사드락이 말했다.

일주일 후에 세 명의 친구들은 왕의 옥새로 봉해진 초대장을 받았다. 사흘 동안 열리는 잔치에는 바벨론 제국의 모든 고위 관리들과 식민지 총독들이 초대되었다. 행사는 한 달 후에 열릴 예정이었다.

그날이 며칠 앞으로 다가오자 식민지에서 온 총독들과 그들의 수행원들이 타고 온 화려한 마차와 수레들로 바벨론 거리는 온통 난리법석이었다. 값비싼 옷을 입은 수많은 사람들이 충성을 맹세하기 위해 줄을 지어 왕궁을 찾아왔다.

사드락과 메삭과 아벳느고는 바벨론의 고위 인사들에게 널리 알려져 있었다. 문제가 생겼을 때 왕이 그들에게 자문을 구하곤 했기 때문이었다.

그날 저녁 느부갓네살은 호화로운 잔치를 베풀었다. 거대한 홀은 세 번이나 채워지고 비워졌고, 삼천 명이 넘는 손님들이 식사 대접을 받았다. 왕은 손님들이 마음껏 먹고 마시게 했다. 그리고는 성의 외곽인 두라 평원에 새로 건축된 신전으로 그들 모두를 초대했다. 왕의 초대에 응하는 것은 신하로서의 의무였다. 감히 그 초대를 거절할 수 있는 사람은 없었다.

다음날 열 시에 수천 명의 귀족들이 신전이 세워진 평원으로 몰려들었다. 열두 줄로 배열된 탑의 상단에는 화강암으로 만들어진 받침대가 놓여 있었고, 그 받침대 위에는 수천 미터 높이의 조각물이 장막으로 가려져 있었다.

사드락과 메삭과 아벳느고는 뒤편에 서 있었는데, 열 시에 종이 울리자 상아색의 반짝이는, 높은 의자에 앉은 느부갓네살이 나타났다. 그의 의자는 두 쌍의 평행한 기둥 위에 올려져 있었는데, 여덟 명의 건장한 노예들이 받치고 있었다. 그들은 의자에 앉아 있는 왕을 신전 통로로 들고 가서 받침대 아랫부분에 내려놓았다.

그때 니마타가 단상 위로 올라와 사람들을 향해 섰다. 그의 뒤에 있는 거대한 조각상으로 인해 그는 더욱 왜소해 보였다.

"여러분, 이 모임의 목적에 대해 말씀드릴 테니 경청해 주시기 바랍니다. 종교적인 문제로 우리 제국의 여러 지방에서 분쟁과 다툼이 있다는 것은 더 이상 비밀이 아닙니다. 각 민족이 섬겨 오던 신은 몰록, 바알, 아스다롯, 다곤, 이시스, 라, 이슈타르 등등 헤아릴 수 없이 많습니다. 그런 이유로 분쟁이 생기고 그것이 제국의 화합을 위협하는 요인이 되어 왔습니다. 우리 제국에 필요한 것은 모든 백성이 함께 섬길 수 있는 하나의 신입니다. 새로운 신의 자비로운 영도 아래 우리 백성은 하나로 결속될 것입니다."

사드락은 두 친구에게 다가가 낮은 목소리로 말했다. "이제야 어떤 일이 벌어질지 감이 잡히는군. 느부갓네살 왕이 우리에게 종교적으로 화합할 수 있는 방법을 물었을 때 우리의 자문을 구했던 것이 아니었어. 단지 우리를 시험했던 거야. 이 행사는 오랫동안 계획된 것이 분명해. 저 탑 꼭대기에 무엇이 있든 하루아침에 만들어질 수 없었을 테니까."

니마타는 말을 이어갔다. "장막이 제거되면 여러분은 신의 영광스러운 얼굴을 마주하게 될 것입니다. 그때 음악이 흘러나오면 신께 영광과 경배를 올린다는 의미로 절을 하며 충성을 맹세하시면 됩니다."

점술가의 수장인 그의 목소리는 점점 더 엄격해졌다. "이 제국의 두 번째 서열의 통치자로서 말씀드립니다. 여러분 모두는 오늘뿐만 아니라 매일 매일 이 의식을 반복해야 합니다. 누구라도 이를 어길 시에는 왕의 조서를 거역한 형벌을 면치 못할 것이며 그 자는 곧바로 풀무불에 던져질 것입니다."

니마타가 단에서 내려오자 조각상을 가리고 있던 장막이 벗겨졌고, 순금으로 만든 사람의 형상이 모습을 드러냈다.

손님들은 아침 햇살에 금빛으로 반짝이는 그 거대한 조각상을 주시했다.

"저 얼굴 좀 봐." 누군가 말했다.

"느부갓네살의 얼굴이야. 그가 우리의 새로운 신인가 봐."

그 순간 음악이 흘러나왔다. 그러자 군중들은 하나같이 신상 앞에 절을 했다. 평원을 가득 채운 사람들의 옷이 마치 퀼트로 만든 카페트처럼 보였다.

점술가들은 각자 구역을 맡아 의식이 제대로 이루어지고 있는지 감시했다. 세 친구들은 마릭이 담당하던 구역에 속해 있었는데, 마릭은 황금 신상에게 등을 돌리고 있는 세 사람을 발견했다. 그는 화가 치밀어 올랐지만 곧 기뻐했다. 자신이 증오하는 세 명을 파멸시킬 수 있는 기회가 왔기 때문이었다. 의식을 마치자마자 마릭은 자신이 목격한 것을 니마타에게 전했다.

"이 소식을 당장 왕께 보고해야겠네."

그들은 서둘러 이슈타르 문으로 들어서던 느부갓네살에게 다가갔다.

"오, 느부갓네살 왕이시여" 니마타가 숨을 헐떡이며 소리를 질렀다.

왕은 자신을 나르는 자들에게 멈추라고 명령했다. "무슨 일인가?"

"높은 관직에 있는 세 사람이 왕의 신상에 절하는 것을 거부했나이다."

그 순간 왕의 얼굴색이 변했다. "감히 어떤 놈이 그랬단 말인가!"

마릭이 놓치지 않고 말했다. "왕의 신상을 등지고 거만하게 서 있는 자들을 제가 두 눈으로 확인했사옵니다."

"누구냐? 그런 거만한 자가! 아리옥, 당장 그들을 내 앞으로 끌고 오라. 해가 지기 전에 그놈들을 불태워 재를 이 들판에 뿌리겠다."

한 시간 후 왕의 집무실 문이 열리고 아리옥이 세 명의 죄수를 왕 앞으로 데려왔다. 왕은 이글거리는 눈빛으로 자리에 앉아 있었고, 니마타와 마릭이 아리옥을 따라 들어왔다. 그들이 왕 앞에 섰을 때, 느부갓네살의 분노는 경악으로 바뀌고 말았다.

"사드락, 메삭, 아벳느고… 사실이 아니라고 어서 말해 주게."

"왕이시여, 사실이옵니다." 마릭이 말했다. "저는 분명 그들이…"

"그만!" 왕은 죄수들을 바라보았다.

"자네들은 나를 오랫동안 잘 보필해 왔네. 친구처럼 내 식탁에서 함께 먹고 마시기도 했지. 내가 자네들을 얼마나 신뢰하고 아끼는지 알지 않는가. 그런데 어떻게 자네들이 나를 거역할 수 있는가."

"저희들은 왕을 거역하고자 하는 마음이 없나이다." 사드락이 대답했다. "다만 저희는 저희 신앙에 따라 절대 다른 신에게 절할 수 없나이다."

"볼 수도, 만질 수도, 들을 수도 없는 하나님만을 섬기겠다는 말인가?"

"왕이시여" 메삭이 말했다. "사람이 만든 우상은 겉으로는 화려할지 모르나 입이 있으나 말할 수 없고, 눈이 있으나 볼 수 없고, 귀가 있으나 들을 수 없나이다. 그것은 장인이 만든 쇳덩어리에 불과합니다."

"알고 있네. 하지만 자네들은 정치를 모르는가? 내가 원하는 것은 백성들의 화합이네. 그러니 믿는 척이라고 하면 어떻겠나. 왕의 명령을 거역한 신하를 용납할 수는 없는 노릇이네. 자네들이 믿는 하나님이라면 기꺼이 이해하지 않겠나."

"왕이시여, 그럴 수 없나이다." 사드락이 말했다. "저희는 저희 마음의 진실함을 따라 우리 하나님 앞에서 행해야 합니다."

"화를 자초하는구나! 자네들을 당장 풀무불에 집어 넣어야 하지만 지금까지 자네들이 해온 일과 다니엘을 생각해서 기회를 주었건만. 어리석은 믿음으로 마지막 기회를 버리는가. 자, 나는 자네들에게 다시 한 번 기회를 주겠네."

"위대하신 왕이시여" 니마타가 말했다.

"어찌하여 왕께서는 뜻을 굽히려 하시나이까? 저들은 이미…"

"조용히 하시오!" 왕은 그의 말을 중단시켰다. "내 말을 잘 듣게. 사드락, 메삭 아벳느고여. 만일 자네들이 내일부터 내 신상에 절하겠다고 맹세한다면 자네들을 살려주고 오늘 일은 눈감아 주겠네. 내가 이렇게까지 물러섰다면 자네들도 한 발 물러서야 하지 않는가? 어서 말해 보게."

아벳느고가 한 발 앞으로 나아와 말했다. "오, 느부갓네살이시여. 우리가 오직 한 가지 대답밖에 드릴 수 없는 것을 용서하소서. 왕께서 우리를 풀무불에 넣으신다면 우리가 섬기는 하나님이 그 불길에서 우리를 구해내실 것이옵고, 만일 그렇게 하지 않으신다 해도 저희는 다른 신에게 절할 수 없나이다."

그 순간 왕의 얼굴이 벌겋게 달아올랐다. "바보 같은 녀석들!" 그는 크게 소리 질렀다. “어찌하여 나를 욕보이려 하는가? 너희들은 내 호의마저 짓밟는구나! 내 인내심도 여기까지네.”

느부갓네살은 세 친구들에게서 등을 돌렸다. “아리옥!” 그는 근위대장을 불렀다. “은혜도 모르는 이 배신자들을 내 눈 앞에서 치우시오. 그리고 풀무불을 평소보다 일곱 배 더 뜨겁게 하시오. 니마타, 자네는 전갈을 보내어 세 시간 후에 사람들을 광장으로 모이게 하시오. 내 명령을 거역하면 어찌 되는지 모든 사람이 보게 될 것이오. 어서 서두르시게! 지금 당장!”

광장 바닥은 널따란 판석으로 포장되어 있었고, 그 뒤로 앞이 트여진 풀무가 있었다. 그곳은 느부갓네살의 손님들 가운데 일부만 입장할 수 있었다. 예정된 시간보다 이른 시간이었지만 사람들이 발 디딜 틈 없이 몰려들어 호기심어린 눈빛으로 일꾼들이 불이 붙은 석탄으로 풀무의 온도를 높이는 것을 지켜보고 있었다.

풀무는 사방 십 미터 정도의 정사각형 모양으로, 벽 두께는 일 미터가 넘는 석조 구조물이었다. 반원 모양의 나지막한 지붕 한가운데는 환기를 위해 설치된 지름 이 미터 정도의 구멍이 뚫려 있었다. 거기를 통해 죄수들이 이글거리는 불길로 투하되었다. 돌로 만들어진 계단은 환풍구 왼쪽에 있었는데, 간수들이 구멍으로 접근하기 위한 것이었다.

얼마 지나지 않아 불꽃이 타올랐고 지붕의 구멍을 통해 검은 연기가 뿜어져 나왔다. 느부갓네살 왕이 도착하여 풀무 반대쪽 단상에 자리했고, 그 옆으로 지혜자의 수장과 점술가의 수장이 자리 잡고 앉았다. 왕이 풀무의 열기에 만족감을 나타내며 고개를 끄덕이자 니마타가 일어나 군중에게 설명을 시작했다.

"바벨론 제국의 지방 수령이자 관리인 여러분! 우리 동료 사드락과 메삭과 아벳느고가 왕을 배신한 것에 유감의 뜻을 전합니다. 이 세 사람은 왕의 신상에 절하는 것을 거부했습니다."

구경꾼들 사이에서 웅성거리는 소리가 들려 왔다.

"오늘 이 세 사람은 풀무불에 던져질 것입니다. 이처럼 왕의 조서를 거역하는 자는 누구라도 이 같은 형벌을 받게 될 것입니다."

옥문이 열리자 세 명의 죄수들이 끌려 나왔다. 그들의 모습은 당당했고 표정에서는 어떤 두려움도 찾아볼 수 없었다. 죄수들의 팔과 다리를 결박한 후 병사들은 죄수들을 들고 반원 모양의 지붕으로 올라갔다. 풀무의 온도가 너무 뜨거워 환기구를 통해 화염이 솟구쳐 올라왔다. 꼭대기에 도착하기도 전에 간수들은 화상을 입을 것 같아 몸을 움찔거렸다. 그들이 살아남을 수 있는 방법은 열기가 그들을 덮치기 전에 죄수들을 구멍으로 빨리 던져 넣는 것뿐이었다.

하지만 소용없었다. 그들이 메고 있던 죄수를 풀무에 던지려 할 때 고통스런 비명소리가 허공에 울려 퍼졌다. 죄수들에게서가 아니라 간수들에게서 들려온 소리였다. 구경하던 사람들은 병사들의 몸이 벌겋게 타들어가는 모습을 지켜보면서 두려움에 사로잡혔다. 병사들은 지붕 아래로 굴러 떨어져 몸을 비틀며 괴로워하다가 죽어갔다.

느부갓네살은 그 병사들에게는 아무런 관심이 없었다. 그는 신념으로 가득 찬 세 사람을 찾기 위해 풀무 안의 불꽃만을 주시하고 있었다. 그는 이글거리는 불길 속에서 몸을 일으키는 사람의 형체를 발견했다. 그러나 이상했다. 그들의 옷이나 피부가 너무 멀쩡해 보였다. 왕은 눈을 비비고 다시 살펴보았다. 역시나 세 사람 모두 똑바로 서 있었다. 게다가 그들의 손과 발은 결박되어 있지 않았다.

왕은 자신의 눈을 의심하며 또 다시 확인했다. 전혀 해를 입지 않아 보이는 세 사람이 풀무 안에서 걸어 다니며 조용히 이야기를 나누고 있었다. 그 모습은 왕궁 복도에서 만나 담소를 나누는 것처럼 평화로워 보였다. 왕은 놀라움을 금치 못했다. 그런데 불길 한가운데 또 다른 형체가 보였다! 그는 벌떡 일어나 앞으로 다가갔다. '맞아, 풀무 속에 분명 네 사람이 있어.'

"니마타" 그는 잠긴 목소리를 간신히 뱉어냈다.

"우리가 풀무에 던진 사람은 셋이 아니었던가?"

"왕이여… 그러…하옵니다." 점술가는 더듬거리며 대답했다.

"그렇다면 그들과 함께 있는 네 번째 남자는 도대체 누구란 말이오?"

느부갓네살 왕은 답변을 기다리지 않고, 체면도 잊은 채 풀무로 달려갔다.

"사드락, 메삭, 아벳느고! 이리 오라! 풀무에서 어서 나오라!"

잠시 후 세 사람은 타오르는 불길을 뒤로 한 채 광장 한가운데 섰다. 왕은 자신의 눈을 믿을 수 없다는 듯 그들을 바라보고 있었다.

"자네들의 모습을 보라!" 마침내 왕이 입을 열었다. "불꽃이 자네들의 몸을 전혀 해하지 않았네. 머리털 하나, 눈썹 한 올도 상하지 않았어. 자네들의 옷은 불에 그을리지도 않았네. 뿐만 아니라 자네들한테서는 연기 냄새도 나지 않아. 어떻게 이런 일이 가능하단 말인가?"

"하나님이 저희와 함께 하셨기 때문입니다." 메삭이 간단하게 대답했다.

"그래, 나도 알지." 그는 조용히 말했다. "내가 그분을 직접 보았다네."

느부갓네살은 군중을 향해 말했다. "모두 들어라. 계획을 수정하겠다. 잔치는 끝났으니 모두 자신의 지역으로 돌아가라. 그리고 각자의 지역에 다음과 같은 왕의 조서를 전달하라. 내 제국에서 앞으로 사드락과 메삭과 아벳느고의 하나님 여호와에 반하는 말을 금한다. 누구라도 이 명령을 어기는 자는 형벌을 면치 못할 것이다."

무죄를 입증 받았을 뿐 아니라 영웅이 된 세 사람은 각자의 집으로 돌아가기 위해 서둘러 발걸음을 옮겼다.

"멈추시오." 느부갓네살이 그들을 불렀다.

세 사람은 왕이 있는 쪽을 바라보았다.

"내가 물러가라고 한 사람들 중에 자네들은 예외라네. 지금까지 이 나라를 통치하는 동안 자네들처럼 불굴의 용기를 보여준 사람은 딱 한 사람밖에 없었지. 그 사람이 누구인지는 굳이 밝히지 않겠네. 우리나라는 오직 하나 그런 진실함이 부족하다네. 그래서 자네들 세 사람을 더 높은 지위로 승진시키고 싶은 것이 나의 바람이라네." 왕은 그들을 향하여 두 팔을 내밀었다.

"궁전으로 가서 함께 저녁을 먹으면서 못다한 이야기를 나누세."

성경과 역사 속으로

16세기의 영국 평민들은 아마도 귀족들의 돈과 명예와 권력을 부러워했을 것이다. 그러나 헨리 8세의 여섯 명의 아내 중 두 명이 참수형을 당했고, 다른 두 명은 버림을 받았다. 헨리의 첫 번째 총리였던 울지는 경질되어 반역죄로 고소당했고, 두 번째 총리였던 토마스 모어는 참수형을 당했다. 헨리의 세 번째 총리이자 신임 받던 법률가 토마스 크롬웰도 몇 년 후 참수형을 당했다. 헨리의 딸이자 독실한 가톨릭 신자였던 메리는 삼백 명 이상의 개신교와 성공회 신자들을 처형함으로써 '피의 메리'라는 오명을 얻기도 했다.

당시 왕궁에서는 인간의 생명이 가느다란 실에 매달려 있는 것처럼 위태로웠는데, 그 실은 왕이나 왕비의 보좌에 묶여 있었다. 바벨론 왕 느부갓네살 역시 그의 가장 소중한 지혜자였던 세 사람을 잔인하게 처형하려고 했었다. 이들 세 사람은 왕을 기쁘게 할 것인지, 하나님을 기쁘게 할 것인지를 선택해야 했다.

믿기 어렵겠지만 이와 유사한 일이 오늘날에도 있다. '이슬람 국가'ISIS 또는 ISIL는 2014년에 북부 이라크 약탈을 시작하면서 그리스도인들에게 최후통첩을 보냈다. 이슬람으로 개종을 할 것인지, 떠나거나 죽을 것인지를 선택하라는 것이었다. 이와 같은 선택이 아니더라도 오늘날 대부분의 그리스도인들은 직장에서 그리스도의 편에 설 것인가, 믿지 않는 동료들의 압력에 타협할 것인가 같은 문제들에서 선택해야 한다. 다니엘서 3장을 시작하며 가장 먼저 발견하게 되는 것은 그 어디에서도 다니엘을 찾아볼 수 없다는 사실이다. 다니엘이 어디에 있는지에 대해서는 학자들 사이에서 많은 추측이 있지만, 대부분의 학자들은 느부갓네살 왕을 내신하여 다른 나라에 가 있었을 것으로 추측한다.

다니엘서 3장은 사드락과 메삭과 아벳느고가 주인공인 친숙한 이야기이다. 앞의 두 장에서 이들은 다니엘의 친구라고만 소개되었었다. 그러나 이 장에서는 그들이 무대 중앙을 차지하고 있다.

학자들은 다니엘서 2장과 3장 사이의 시간차가 적어도 이십 년 이상이었을 것으로 추측한다. 2장 후반부에서 느부갓네살 왕은 다니엘의 하나님을 향해 경의를 표했다. "너희 하나님은 참으로 모든 신들의 신이시요 모든 왕의 주재시로다 네가 능히 이 은밀한 것을 나타내었으니 네 하나님은 또 은밀한 것을 나타내시는 이시로다"47절.

그러나 3장이 시작되면서 우리는 이 권력자의 마음속에 상당한 변화의 조짐이 있음을 엿볼 수 있다. 왕은 다니엘의 하나님을 더 이상 높이지 않았다. 그는 백성들이 동일한 신을 섬기게 하기 위해 두라 평원에 거대한 신상을 만들기로 결심했다. "느부갓네살 왕이 금으로 신상을 만들었으니 높이는 육십 규빗이요 너비는 여섯 규빗이라 그것을 바벨론 지방의 두라 평지에 세웠더라"단 3:1.

자신의 부와 영광을 시험해 보기 위해 느부갓네살 왕은 금으로 어마어마한 신상을 축조했다. 그러나 바벨론이 순금으로 신상을 세울 정도로 부유했을지라도 신상은 당시 방식대로 먼저 나무로 모양을 만들고 그 위에 도금을 하는 식으로 제작되었을 것이다. 이사야서와 예레미야서에도 이런 방식으로 만든 우상이 소개되어 있다사 40:19, 41:7, 렘 10:3-9.

본문에서 말하는 '신상'은 인간의 모습을 본뜬 거대한 조각상을 말한다. 그런데 이 특이한 신상의 비율이 참으로 기괴하고 이상했다. 성경은 그 신상의 높이가 육십 규빗3km이고, 넓이가 여섯 규빗3m이라고 말하고 있다. 즉 높이와 넓이의 비율이 10:1이라는 뜻이다. 보통 사람의 경우 가로 세로의 비율이 5:1이라고 한다. 즉 이 신상은 키는 엄청나게 크지만 체격은 깡마른 비대칭적인 모습을 하고 있다는 뜻이다.

느부갓네살은 바벨론 제국의 모든 관리와 지도자에게 자신의 신상에 절을 하라는 조서를 내렸다. 이는 분명 종교적인 행위를 의도한 것으로, 3장에서만 '절을 하라'는 단어가 열한 번이나 사용되었다.

그렇다면 하나님을 경외하던 느부갓네살의 마음이 돌변한 이유는 무엇일까? 성경을 면밀히 살펴보면 적어도 세 가지 이유를 찾아볼 수 있다.

첫째, 느부갓네살은 하나님이 꿈을 통해 보여주신 신상에 대한 트라우마가 있었던 것 같다. 꿈에서 신상의 머리는 바벨론 제국을 상징했었다. 그리고 그 꿈은 바벨론 제국에 한계가 있음을 깨닫게 해주었다. 이제 기간이 차면 바벨론 제국의 자리를 바벨론보다 못한 나라가 대신 차지할 것이다. 느부갓네살이 나이가 들수록 그 예언이 마음 한 구석을 무겁게 짓눌렀으리라 예상해 볼 수 있다.

자신과 똑같이 생긴 신상에 절하지 않는 사람을 처형하겠다는 위협은 어쩌면 자신의 몰락으로 이어질 수 있는 내부의 배신을 차단하려는 의도였을 것이다. 그 신상 전체를 금으로 도금한 이유도 꿈에서 본 머리만 금으로 만들어진 신상과 차등을 두기 위함이었을 것이다. '내 형상을 본뜬 신상은 머리뿐 아니라 온몸을 금으로 만들 거야. 그래서 은이나 구리나 쇠로 만들어진 나라가 내 나라를 넘보지 못하게 할 거야.' 이런 생각이 그의 생각을 지배했을 것이다.

둘째, 느부갓네살의 초기 집권 기간인 이십이 년 동안 바벨론은 빠른 속도로 부강해졌다. 이 과정에서 많은 민족들이 바벨론의 속국이 되었는데, 그들은 각각 자신들의 신을 섬기고 있었다. 느부갓네살은 모든 속국들의 종교를 하나로 합침으로써 분열된 제국을 통일시킬 수 있을 것이라고 생각했다.

W.G.헤슬로프는 이를 이렇게 해석하고 있다. "니므롯은 스스로를 신격화시킴으로써 종교를 통일하고자 했던 첫 번째 인물이었다. 느부갓네살 역시 거의 비슷한 정책을 시도했는데, 두 사람 모두 경배를 강요할 이방 세계의 마지막 우두머리인 '짐승'의 모습을 암시하고 있다계 13:11-15, 19-20."[미주1]

이에 대해 존 워부르드도 이렇게 적고 있다. '느부갓네살은 그 신상을 신적인 능력을 가진 존재의 상징으로 여겼을 것이다. 그래서 그 신상에 절을 하는 것은 그의 개인적인 능력을 인정한다는 의미로 받아들였을 것이다. 4장에서 다루고 있는 그의 교만함을 볼 때 이는 충분히 타당한 설명이다.'[미주2]

셋째, 당시 느부갓네살은 다니엘과 세 친구를 싫어하는 고위 관리들과 자주 교류하고 있었을 것이다. 그들은 이 유대인들을 제거하기 위한 계략을 꾸몄고단 3:12, 왕은 세 친구가 신상에 절하지 않을 것임을 알면서도 신상을 세운 후, 왕의 명령을 어기는 자는 처형해야 한다는 그들의 의견을 못이기는 척 수용했을 것이다.

낙성식

느부갓네살 왕이 사람을 보내어 총독과 수령과 행정관과 모사와 재무관과 재

판관과 법률사와 각 지방 모든 관원을 느부갓네살 왕이 세운 신상의 낙성식에 참석하게 하매(다니엘 3:2)

자신의 신상 낙성식을 위해 느부갓네살은 바벨론의 모든 관리들에게 초대장을 보냈다. 한 성경학자는 그 행사에 초대 받은 고위 관리들에 대해 이렇게 기록했다.

'총독은 행정직의 수장 왕의 수석 대리인을 말한다. 수령은 사령관 또는 군대 책임자, 행정관은 식민지 정부의 수장으로 추측할 수 있다. 또 자문기관에 속한 모사는 지혜자나 점술가의 수장, 재무관은 왕실의 금고를 맡고 있는 관리자, 재판관은 법률가 또는 법을 집행하는 사람, 법률사는 지역의 명망가로 옳고 그름을 판결해 주는 사람들, 관원은 하위 관리직으로 수령보다 작은 단위의 지방 행정관으로 추정된다.'미주3

2절초대받은 사람과 3절참석자은 동일한 목록이다. 바벨론에서 왕의 초대를 받은 사람은 무조건 그 자리에 참석해야 했다.

명령

선포하는 자가 크게 외쳐 이르되 백성들과 나라들과 각 언어로 말하는 자들아 왕이 너희 무리에게 명하시나니 너희는 나팔과 피리와 수금과 삼현금과 양금과 생황과 및 모든 악기 소리를 들을 때에 엎드리어 느부갓네살 왕이 세운 금 신상에게 절하라 누구든지 엎드려 절하지 아니하는 자는 즉시 맹렬히 타는 풀무불에 던져 넣으리라 하였더라 모든 백성과 나라들과 각 언어를 말하는 자들이 나팔과 피리와 수금과 삼현금과 양금과 및 모든 악기 소리를 듣자 곧 느부

갓네살 왕이 세운 금 신상에게 엎드려 절하니라(다니엘 3:4-7)

18세기 중반 헨델의 "메시아"에서 '할렐루야'가 연주될 때 청중들은 다 같이 자리에서 일어났다. 이러한 전통은 1743년 메시아의 영국 초연에서부터 유래되었다고 한다. 초연 당시 '할렐루야' 합창이 시작되자 청중석에 앉아 있던 조지 2세가 자리에서 일어섰고 그러자 모든 청중이 자리에서 일어섰다고 한다. 왕이 일어서면 모두 일어서야 했다.

이와 마찬가지로 두라 평원에 있던 고위 관리들은 느부갓네살 왕의 신상 앞에서 모두 동시에 절을 해야 했다. 절을 할 시간이 되면 왕실 악단이 음악으로 신호를 보냈다. 네온 우드는 이에 대해 이렇게 말한다. '그 행사의 웅장함을 극대화시키기 위해 참석자들은 화려한 색깔의 옷을 입고 계단식으로 꾸며진 자리에 앉아 있었다.'[미주4]

3장에는 궁중 악단의 악기 목록이 네 번이나 기록되어 있다5절, 7절, 10절, 15절.

어떤 이는 낙성식에 참석하기 위해 바벨론 전역에서 모여든 인원이 삼십만 명 정도라고 추산하기도 한다. 상상해 보라. 궁중 악단의 연주가 시작되면 삼십만 명의 참석자들이 동시에 신상 앞에 절을 하는데, 단 세 명만이 절을 하지 않고 서 있었다.

저항

그때에 어떤 갈대아 사람들이 나아와 유다 사람들을 참소하니라… 이제 몇 유다 사람 사드락과 메삭과 이벳느고는 왕이 세워 바벨론 지방을 다스리게 하신 자이거늘 왕이여 이 사람들이 왕을 높이지 아니하며 왕의 신들을 섬기지 아니

하며 왕이 세우신 금 신상에게 절하지 아니하나이다(다니엘 3:8, 12)

이십 년 전에 왕의 꿈을 해석한 다니엘 덕분에 죽음을 피할 수 있었던 갈대아 사람들이 이제는 이들을 고소하고 나섰다. 그들은 뻔뻔하게 왕 앞으로 세 사람을 데리고 나오면서 죄목을 열거했다. 먼저 그들은 세 사람이 느부갓네살 왕을 무시했다고 고소했다. "그들은 왕을 높이지 아니하며" 두 번째 죄목은 "왕의 신들을 섬기지 아니하였다"는 것이었다. 그리고 마지막 죄목이 가장 왕을 분노하게 했다. "왕이 세우신 금 신상에게 절하지 아니하나이다."

두 번째 기회

느부갓네살 왕이 노하고 분하여 사드락과 메삭과 아벳느고를 끌어오라 말하매 드디어 그 사람들을 왕의 앞으로 끌어온지라 느부갓네살이 그들에게 물어 이르되 사드락 메삭 아벳느고야 너희가 내 신을 섬기지 아니하며 내가 세운 금 신상에게 절하지 아니한다 하니 사실이냐 이제라도 너희가 준비하였다가 나팔과 피리와 수금과 삼현금과 양금과 생황과 및 모든 악기 소리를 들을 때 내가 만든 신상 앞에 엎드려 절하면 좋거니와 너희가 만일 절하지 아니하면 즉시 너희를 맹렬히 타는 풀무불 가운데에 던져 넣을 것이니 능히 너희를 내 손에서 건져낼 신이 누구이겠느냐 하니(다니엘 3:13-15)

느부갓네살은 고발당한 세 사람에게 왕의 명령을 따를 수 있는 두 번째 기회를 주었다. 이 장면에서 우리는 사드락, 메삭, 아벳느고를 향한 느부갓네살의 호의를 느낄 수 있다. 그들은 이십 년 이상 왕을 훌륭하게 보필해 왔다.

만일 왕의 명령을 어긴 신하가 이 세 사람이 아니었다면 왕은 즉시 그들을 처형했을 것이다. 그러나 느부갓네살은 그들에게 두 번째 기회를 주었다. 이것은 그에게는 보기 드문 관용이었다.

존 F. 워부르드는 이에 대해 이렇게 적고 있다. '왕의 조서를 다시 한 번 확인하는 과정은 매우 소란스러웠을 것이다. 왕은 갈대아 사람들이 세 사람을 시기하여 고소했다는 사실 또한 알고 있었을 것이다. 하지만 그들이 신상 앞에 절하는 것 외에는 구제할 방법이 없었을 것이다.'[미주5]

왕은 두 번째 기회를 주었음에도 신상 앞에 절하지 않는다면 풀무불에 던져지게 될 것이라고 단호하게 경고했다. 이런 경고의 배경에는 왕의 교만이 숨겨져 있었다. 왕의 마지막 대사가 그것을 증명해 준다. 왕은 틀림없이 속으로 비웃었을 것이다. "능히 너희를 내 손에서 건져낼 신이 누구이겠느냐?"15절

이러한 왕의 명령에 사드락과 메삭과 아벳느고는 성경을 통틀어 가장 멋있는 믿음의 고백을 한다. 그 고백을 보기에 앞서 그들이 이렇게 까지 신상에 절하기를 거절하는 이유를 알 필요가 있다. 그들은 구약의 율법에 대해 알고 있었다. 또한 율법이 우상숭배에 대해 얼마나 엄격하게 금하고 있는지도 알고 있었다. "너를 위하여 새긴 우상을 만들지 말고 또 위로 하늘에 있는 것이나 아래로 땅에 있는 것이나 땅 아래 물속에 있는 것의 어떤 형상도 만들지 말며"출 20:4

신학자 존 캘빈은 이렇게 적고 있다. '진정한 하나님의 형상은 세상 어느 곳에서도 찾을 수 없다. …하나님이 우리 눈앞에 가시적인 형태로 보일 때마다 그분은 더렵혀지고, 그분에 대한 진실은 거짓으로 변질된다. …그러므로 하나님의 형상을 고안해 내는 것은 그 자체로 불결한 것이다. 왜냐하면 이러

한 변질로 인해 그분의 전능함이 훼손되고, 그분은 다른 존재로 왜곡되어 버리기 때문이다."[미주6]

세 친구는 인간의 손으로 만들어진 우상을 섬기는 것은 전지전능하신 하나님을 거역하고 욕되게 하는 일임을 잘 알고 있었던 것이다.

위대한 종교개혁가인 마틴 루터는 1521년 로마 교회법을 어긴 것에 대해 해명하라고 독일 국회에 불려 갔다. 그 자리에서 루터는 다음과 같은 말로 자신의 증언을 마무리했다.

"나는 어떤 것도 철회할 수 없거니와 하지도 않을 것입니다. 그렇게 하는 것은 안전하지도 않고 양심에 비추어 정의롭지도 않기 때문입니다. 저는 여기에 서 있습니다. 그리고 제가 할 수 있는 일은 아무 것도 없습니다. 하나님이시여, 저를 도와주시옵소서."

1517년 비텐베르크 대학 성당 정문에 95개의 반박문을 붙였던 루터의 용기는 사드락과 메삭과 아벳느고의 믿음의 고백과 흡사하다. '여기 우리가 있습니다. 지난 이십 년 동안 우리는 아브라함과 이삭과 야곱의 하나님 외에는 어느 누구에게도 절하지 않았고, 왕의 신상에도 절하지 않을 것입니다.'

사드락과 메삭과 아벳느고는 최대한 예의를 지키며 세상에서 가장 강력한 권력을 지닌 왕에게 대답했다. 그들의 마음은 이미 결정되어 있었기 때문에 느부갓네살의 두 번째 제안에 대해 고심할 필요도 없었다.

> 사드락과 메삭과 아벳느고가 왕에게 대답하여 이르되 느부갓네살이여 우리가 이 일에 대하여 대답할 필요가 없나이다 왕이여 우리가 섬기는 하나님이 계시다면 우리를 맹렬히 타는 풀무불 가운데에서 능히 건져내시겠고 왕의 손에서도 건져내시리이다 그렇게 하지 아니하실지라도 왕이여 우리가 왕의 신들을

섬기지도 아니하고 왕이 세우신 금 신상에게 절하지도 아니할 줄을 아옵소서 (다니엘 3:16-18)

여기에서 "그렇게 하지 아니하실지라도"라는 말은 자신들을 구해 주실 수 있는 하나님의 능력에 대한 의심이 아니라 하나님의 주권에 대한 굴복을 의미한다. 이는 몇 세기 후에 겟세마네 동산에서 기도하시던 예수님의 고백과 비슷하다. "아버지여 만일 아버지의 뜻이거든 이 잔을 내게서 옮기시옵소서 그러나 내 원대로 마시옵고 아버지의 원대로 되기를 원하나이다 하시니"눅 22:42. 그들을 풀무불에서 구원해 내는 것이 하나님의 뜻이 아니라면, 그들은 겸허히 그 뜻을 받아들이고 그것으로 인해 하나님께 영광을 돌리겠다는 것이다.

20세기의 구약학자 헐버트 레오폴드는 그들의 믿음에 대해 이렇게 적고 있다. '세 사람이 보여준 조용하고 겸손하며 긍정적인 신앙의 태도는 하나님의 뜻을 완전히 수용하는 가장 훌륭한 모범 가운데 하나이다. 그들은 기적을 요구하지도 않았고, 다른 어떤 것을 기대하지 않았다. 그들의 믿음은 욥의 믿음과 닮아 있다. '그가 나를 죽이시리니 내가 희망이 없노라 그러나 그의 앞에서 내 행위를 아뢰리라'그가 나를 죽이실지라도 나는 그를 의지하리라 욥 13:15.[미주7]

스투덜트 캐네디는 1차 세계대전 중 군목으로 활동하고 있었다. 그는 자신이 맡은 역할 때문에 종종 전투가 가장 치열한 사지로 들어가야 했다. 어느 날 전쟁으로 피폐해진 프랑스를 거쳐 이동하면서 그는 어린 아들에게 다음과 같은 편지를 썼다.

"아들아, 아빠가 간절히 바라는 기도는 '아빠를 안전하게 지켜주세요.'가 아니란다. 아빠는 아들에게 이런 기도를 부탁하고 싶구나. '하나님, 아빠에게 용기를 주셔서 고된 일이 주어지더라도 그것을 담대히 해낼 수 있게 해주세요. 아빠를 강하게 붙들어 주세요.' 살고 죽는 것은 중요한 것이 아니란다. …옳고 그름이 중요할 뿐이란다. 죽은 아빠는 여전히 아빠지만, 하나님 앞에서 비겁해진 아빠는 끔찍해서 말로 표현하기도 어려울 것 같구나. 너는 아빠의 안전을 위해서 기도하고 싶을 테지. 오랜 친구들도, 엄마도 마찬가지 마음일 거야. 그래, 그 기도는 나중에 부탁하마. 지금은 그것이 그다지 중요한 문제가 아니란다."[미주8]

왕의 분노

> 느부갓네살이 분에 가득하여 사드락과 메삭과 아벳느고를 향하여 얼굴빛을 바꾸고 명령하여 이르되 그 풀무불을 뜨겁게 하기를 평소보다 칠 배나 뜨겁게 하라 하고(다니엘 3:19)

신상에 절하지 않겠다는 대답을 들은 느부갓네살 왕은 크게 분노했다. 아무리 신임 받던 신하라 할지라도 세상에서 가장 위대한 왕의 제안을 단번에 거절할 때는 혹독한 대가를 치러야 했다. 왕은 풀무불의 온도를 평소보다 칠 배나 더 뜨겁게 할 것을 명령했다.

이에 대해 제프리 R. 킹은 이렇게 적고 있다. '이때 왕은 이성을 잃고 말았다. 그것은 평범한 사람의 당연한 반응이었다. 왕의 풀무는 뜨거웠지만, 왕의 분노는 그보다 더 뜨거웠다! 사람의 마음에 분노가 가득하면 어리석은 판단을 하게 된다. 세상에서 이성을 잃은 사람만큼 어리석은 자가 없다. 느부갓네살은 그런 어리석은 행동을 했다. 만일 세 사람에게 상처만 주고 싶었다면, 그는 풀무불을 평소보다 일곱 배 덜 뜨겁게 해야 했다. 그러나 분노에 휩

싸인 왕은 풀무불을 일곱 배나 더 뜨겁게 하라는 명령을 내렸다."[미주9]

> 군대 중 용사 몇 사람에게 명령하여 사드락과 메삭과 아벳느고를 결박하여 극렬히 타는 풀무불 가운데에 던지라 하니라 그러자 그 사람들을 겉옷과 속옷과 모자와 다른 옷을 입은 채 결박하여 맹렬히 타는 풀무불 가운데에 던졌더라 왕의 명령이 엄하고 풀무불이 심히 뜨거우므로 불꽃이 사드락과 메삭과 아벳느고를 붙든 사람을 태워 죽였고 이 세 사람 사드락과 메삭과 아벳느고는 결박된 채 맹렬히 타는 풀무 가운데에 떨어졌더라(다니엘 3:20-23)

느부갓네살은 가장 힘 센 병사들을 시켜 사드락과 메삭과 아벳느고를 풀무에 던져 넣고자 했다. 그런데 이상하게도 세 사람은 옷을 제대로 갖춰 입고 있었다. '성경은 그들이 겉옷과 속옷과 모자와 다른 옷까지 갖춰 입고 있었다고 적고 있다. 보통 죄수들은 처형을 하기 전에 옷을 벗기는 것이 관례인데, 일이 서둘러 시행되었기 때문에 죄수들의 옷을 벗길 틈이 없었다. 이는 나중에 하나님의 구원의 능력이 훨씬 더 확연하게 나타나는 증거가 된다."[미주10]

풀무의 열기가 너무나 뜨거웠기 때문에 그 열기가 병사들의 살을 태웠고 화상을 입은 병사들은 쓰러져 죽어 갔다. 마침내 손과 발이 결박된 세 명의 유대인은 이글거리는 풀무로 떨어지고 말았다.

왕의 심적 변화

> 그때에 느부갓네살 왕이 놀라 급히 일어나서 모사들에게 물어 이르되 우리가 결박하여 불가운데에 던진 자는 세 사람이 아니었느냐 하니 그들이 왕에게 대

답하여 이르되 왕이여 옳소이다 하더라 왕이 또 말하여 이르되 내가 보니 결박 되지 아니한 네 사람이 불 가운데로 다니는데 상하지도 아니하였고 그 넷째의 모양은 신들의 아들과 같도다 하고(다니엘 3:24-25)

풀무가 어떤 모양으로 지어졌는지에 대해 정확한 정보는 없지만, 윗부분은 뚫려 있고 정면은 개방되어 있어 사람들이 처형 장면을 눈으로 볼 수 있게 했음을 짐작할 수 있다. 느부갓네살은 줄곧 풀무의 안쪽을 들여다보고 있었는데, 그는 자신이 목격한 것으로 인해 심히 놀라고 있었다.

왕은 신하들을 불러 물었다. "저 불에 던져진 사람이 셋이 아니더냐? 보라. 풀무불 안에 네 사람이 걸어 다니고 있다. 게다가 불꽃이 그들을 해하지 않고 있어. 그중 하나는 신의 아들인 것 같구나."

그분은 신의 아들인 것 같은 게 아니라, 분명 신의 아들이셨다. 곧 구약에서 주님이 현현하신 장면이다. 동정녀 마리아에게서 나시기 580년 전, 느부갓네살은 풀무에서 그리스도를 보았던 것이다!

…사드라, 메삭, 아벳느고야 나와서 이리로 오라 하매 사드락과 메삭과 아벳느고가 불가운데에서 나온지라 총독과 지사와 행정관과 왕의 모사들이 모여 이 사람들을 본즉 불이 능히 그들의 몸을 해하지 못하였고 머리털도 그을리지 아니하였고 겉옷 빛도 변하지 아니하였고 불 탄 냄새도 없었더라 느부갓네살이 말하여 이르되 사드락과 메삭과 아벳느고의 하나님을 찬송할지로다 그가 그의 천사를 보내사 자기를 의뢰하고 그들의 몸을 바쳐 왕의 명령을 거역하고 그 하나님 밖에는 다른 신을 섬기지 아니하며 그에게 절하지 아니한 종들을 구원하셨도다(다니엘 3:26-28)

느부갓네살은 사드락과 메삭과 아벳느고의 이름을 부르며 풀무에서 나오라고 소리쳤다. 그들의 모습을 본 왕과 신하들은 머리털 하나도 상하지 아니하고 옷도 그을리지 않았다는 사실에 대해 경악을 금치 못했다. 게다가 그들한테서는 연기 냄새도 나지 않았다. 유일하게 바벨론의 소유였던 밧줄만이 불타 없어지고 말았다.

> 그러므로 내가 이제 조서를 내리노니 각 백성과 각 나라와 각 언어를 말하는 자가 모두 사드락과 메삭과 아벳느고의 하나님께 경솔히 말하거든 그 몸을 쪼개고 그 집을 거름터로 삼을지니 이는 이같이 사람을 구원할 다른 신이 없음이니라 왕이 드디어 사드락과 메삭과 아벳느고를 바벨론 지방에서 더욱 높이니라(다니엘 3:29-30)

2장 끝부분에서 느부갓네살이 다니엘의 하나님을 야단스럽게 인정하는 장면을 기억하는가? 3장 마지막 부분에서도 똑같은 반응을 보이고 있다. 그리고 4장을 통해 우리는 왕의 또 다른 고백을 보게 될 것이다.

세 친구의 용기 덕분에 교만하고, 변덕이 심하며, 허영 덩어리인 왕이 하늘에 계신 하나님을 찬송하게 되었다. 앞에서 그는 교만에 가득 찬 물음을 던진 적이 있었다. "능히 너희를 내 손에서 건져낼 신이 누구이겠느냐?" 이 질문에 대해 그는 스스로 답을 얻었다. 그분은 아브라함과 이삭과 야곱 하나님이셨다!

오늘날의 다니엘 요원에게

1. 성경 속 신앙의 모범을 따르라

다니엘서는 생명의 위협 앞에서도 믿음 위에 굳게 선 사람들에 관한 이야기이다. 다니엘의 세 친구 이야기는 흥미진진하면서도 성경을 통틀어 가장 멋진 믿음의 고백과 용기를 보여주는 명장면이다. 그리고 우리에게 감동적인 신앙의 모범이 되고 있다.

2. 시련을 어떻게 대처할 것인지를 미리 결정하라

이 땅에서 우리는 하나님을 위해 어떤 태도를 취해야 할지를 선택해야 할 순간과 마주치게 된다. 겉치레뿐인 비겁한 믿음이 통하는 시대는 빠르게 막을 내리고 있다. 이제 머지않아 진정한 그리스도인이 되기 위해 더 많은 것들을 희생해야 할 시대가 올 것이다. 그때 당신은 신앙을 굳건히 지킬 수 있는가? 다니엘과 세 친구처럼 어떤 희생이 있어도 하나님만 경배하겠다고 말할 용기가 있는가?

3. 예언의 약속을 기대하라

아르노 C. 게벨레인은 이렇게 말했다.

'적그리스도는 성경에서 본 것처럼 짐승의 신상을 세워 놓고 그것에 절하지 않으면 죽음으로 보복할 것이다. 그러나 그런 두려운 순간에도 그곳에는 신실한 유다 청년들처럼 믿음을 지키는 사람들이 존재할 것이다. 그들은 신상에 절하는 것을 단호히 거부할 것이다. 그들 가운데 많은 사람이 순교를 당할 것이고, 주님의 전능하신 능력으로 하나도 해를 입지 않는 기적을 체험하는 사람도 있을 것이다. …그러나 어떤 경우든 하나님은 우리와 함께 계신다. 그리고 불길이 우리의 결박을 태워 없애버림으로써 우리를 자유하게 할 것이다.'[미주11]

이 장에 나오는 세 영웅들은 130년 전 이사야 선지자를 통해 주셨던 하나님의 약속을 먼저 경험했다. 그 약속은 우리에게도 똑같이 적용될 것이다.

> 야곱아 너를 창조하신 여호와께서 지금 말씀하시느니라 이스라엘아 너를 지으신 이가 말씀하시느니라 너는 두려워하지 말라 내가 너를 구속하였고 내가 너를 지명하여 불렀나니 너는 내 것이라 네가 물 가운데로 지날 때에 내가 너와 함께 할 것이라 강을 건널 때에 물이 너를 침몰하지 못할 것이며 네가 불 가운데로 지날 때에 타지도 아니할 것이요 불꽃이 너를 사르지도 못하리니 대저 나는 여호와 네 하나님이요 이스라엘의 거룩한 이요 네 구원자임이라(사 43:1-3)

5
chapter

늑대인간

다니엘 4:1-37

이야기 속으로

스무 살 청년 아니쿠는 잠든 양들을 바라보며 달빛이 비치는 풀밭에 앉아 있었다. 오늘 저녁은 그에게 매우 특별한 날이었다. 아버지가 그를 믿고 처음으로 한밤중에 양을 맡긴 날이기 때문이다. 위험한 일은 거의 없었다. 그들 마을은 바벨론의 튼튼한 성벽으로부터 그리 멀지 않았고, 짐승들이 덮치는 경우도 드물었다.

아니쿠가 맡은 시간이 거의 끝나가고 있었다. 조금만 있으면 아버지가 교대하기 위해 올 것이다. 그는 느긋하게 귀뚜라미가 찌르륵 대는 소리와 개울가에서 들려오는 개구리들의 합창소리를 감상하며 별이 빛나는 바벨론의 밤 풍경을 물끄러미 바라보았다. 그런데 그때 "이게 무슨 소리지?" 쉰 걸음 정도 떨어진 곳에서 무언가가 개울 속으로 '풍덩' 소리를 내며 뛰어 들어갔다. 아니쿠는 벌떡 일어나 활에 화살을 끼우고 개울을 따라 덤불 쪽으로 낮게 기어들어 갔다.

아니쿠가 가까이 다가갔을 때 또 첨벙거리는 소리가 들려왔다. 아니쿠는 조심스럽게 개울 쪽을 살펴보았다. 그의 심장은 거칠게 뛰고 있었다. 그런데 그곳에 큰 몸집에 털이 많은 한 생명체가 몸을 구부린 채 물속에서 무언가와 격투를 벌이고 있었다. 그러다가 그 생명체는 갑자기 퍼덕거리는 물고기를 잡아 올렸다.

그 순간 아니쿠는 몇 발자국 뒤로 물러섰다. 호흡이 목구멍까지 차올랐다. 바로 그때 그 생명체가 벌떡 일어나더니 소리가 들리는 쪽을 돌아보았다. 다시마 같은 머리카락 사이로 노려보는 거친 눈빛, 얼굴과 어깨에 이끼처럼 달려 있는 수염, 기다란 갈고리처럼 끝이 튀어나와 있는 손을 제외한다면 거의 사람과 흡사했다.

그때 그 생명체가 으르렁 소리를 내며 입을 크게 벌렸다. 순간 아니쿠는 공포심으로 몸이 얼어버리는 것 같았다. 그러나 그 생명체는 갑자기 휙 돌아서더니 네 발로 성큼성큼 숲으로 사라져버렸다.

아니쿠는 후들거리는 다리를 겨우 진정시키며 가능한 한 빨리 양이 있는 곳으로 달려갔다. 아버지가 도착했을 때 아니쿠는 떨리는 목소리로 그가 본 괴물에 대해 이야기했다. "아버지, 그런 짐승은 생전 처음 봤어요. 늑대 같기도 했지만 사람이랑도 비슷하게 생겼어요. 이상한 소리를 내면서…"

"얘야, 아빠는 네 말을 믿는다. 나도 으르렁거리는 소리를 들은 적이 있어. 그뿐 아니라 이웃들도 비슷한 얘기들을 하고 있단다. 마을 사람들이 악마거나 신령일 거라고 하는데 보안대에는 신고하지 않을 거라고 하더구나. 보나마나 바보 같은 소리라고 할 테니까 말이야. 하지만 이제 신고할 때가 된 것 같구나. 날이 밝는 대로 보안대로 가서 신고해야겠다."

바벨론 군대의 총책임자가 된 아리옥이 느부갓네살의 왕궁 안에 있는 다니엘의 방으로 들어왔다. 두 사람은 몇 년 사이에 친구가 되었다. 아리옥은 초대가 없어도 총리대신인 다니엘의 방에 들어와 그와 마주보며 앉을 수 있었다.

"총리께서 찾아달라고 부탁했던 야생 인간을 드디어 찾았습니다."

"양치기의 신고를 받고 갔다가 숲에서 그를 발견했다고 합니다."

다니엘은 펜을 내려놓았다. "그를 어떻게 하셨습니까?"

"병사들이 총리의 지시대로 했습니다. 상처를 입히지 않기 위해 그물을 이용하여 생포한 다음 수비대에 있는 방에 가둬놓았습니다. 말씀대로 그를 잘 보호하고는 있지만 감금을 하니 더 미쳐버린 것 같습니다. 쉴 새 없이 울부짖으면서 여기저기 서성거리고 있습니다. 옷도 입지 않고 제공해 준 음식도 먹지 않습니다."

"가둬 놓으면 살 수 없을지도 모릅니다." 다니엘이 말했다.

"안전한 곳을 봐 두었으니 내일 그쪽으로 이동시켜 주십시오."

"정말 이해가 안 가는군요. 왜 그 미치광이를 왕처럼 대접하시는 겁니까?"

"음… 아리옥, 그분은 왕이십니다." 다니엘이 대답했다.

장군은 믿을 수 없다는 눈빛으로 다니엘을 바라보았다. "총리대신의 말씀대로라면 제가 느부갓네살 왕을 옥에 가두었다는 뜻입니까?"

"그렇습니다. 장군께 모든 것을 설명해 드리지요." 다니엘이 말했다.

"장군의 도움이 절실합니다." 다니엘은 하인에게 빵과 과일과 물을 가져오라 했다. 그리고 다른 약속들을 모두 취소하고는 아리옥에게 모든 이야기를 들려주었다.

다니엘은 느부갓네살 왕이 모든 수령과 방백들을 소집했던 3년 전으로 거슬러 올라가 이야기를 시작했다. 왕이 그들을 소집한 목적은 자신이 만든 도시를 자랑하기 위함이었다. 왕은 계속해서 잔치를 열면서 바벨론을 둘러보게 하며 자신의 권세와 부를 과시했다.

화려한 마차들이 줄 지어 다니며 느부갓네살이 건축한 바벨론의 신전들, 유프라테스 강을 가로지르는 긴 다리와 터널, 바벨론의 높은 성벽들, 도금한 소와 용 모양으로 장식된 아치형의 아슈타르 문까지 구경하느라 정신이 없었다.

그 행사가 정점에 달했을 때, 느부갓네살은 미디안 왕 키악사레스의 딸인 왕비 아미티스에 관한 이야기를 들려주었다. 혼인식을 올린 지 얼마 지나지 않아 신부는 미디아의 울창한 숲이 그리워 향수병에 걸리고 말았다. 그래서 느부갓네살은 왕비를 위해 정원과 같은 산을 만들었다.

"다들 와서 구경해 보시오."

다양한 꽃으로 만든 테라스와 계단, 그리고 대리석 기둥으로 세워진 낭실을 보면서 손님들은 입을 다물지 못했다. 지방의 한 수령이 경이로움에 가득 찬 목소리로 말했다. "마치 정원이 하늘에 매달려 있는 것 같습니다."

손님들이 모두 돌아갔을 때 느부갓네살은 다니엘을 저녁 식사에 초대했다. 왕은 손님들이 자신의 업적에 대해 칭찬을 아끼지 않은 것으로 인해 한껏 고무되어 있었다.

"벨드사살, 자네는 나의 진정한 친구 아닌가. 다른 사람들은 모두 아첨꾼이지만 자네는 감히 아무도 하지 못하는 말을 내게 해주지 않는가. 그래서 나는 자네를 믿을 수 있다네."

"왕이시여, 감사하나이다."

"오늘도 그렇게 해주게나. 내 업적에 대한 손님들의 반응이 어떠한가?"

"모두 깊은 감동을 받은 것 같았습니다."

"벨드사살, 자네 생각이 궁금하네. 도시를 둘러보는 동안 자네는 한 마디도 하지 않더군. 자네는 내 업적에 대해 어떻게 생각하는가?"

"왕이시여, 바벨론은 아름답고 멋진 도시입니다. 그렇지만 약 이십 년 전에 하나님이 왕께 주신 환상을 기억하시기 바랍니다. 왕의 기한은 정해져 있습니다."

"오, 벨드사살, 어찌하여 내 즐거움에 찬물을 끼얹는가? 어찌하여 내 영광을 함께 기뻐하지 않느냔 말이다."

"저는 왕이 교만해져서 높이 올라간 만큼 아래로 떨어질까 심히 두렵습니다. 왕의 모든 권력과 영광은 하늘에 계신 하나님께로부터 온 것입니다. 왕께서 그 모든 것의 주인이라고 주장하신다면 왕의 추락은 피할 수 없을 것입니다."

식사를 마칠 때까지 왕은 거의 말을 하지 않았다. 그는 다니엘을 일찍 물러가게 한 뒤 다니엘과 국정을 상의해야 할 일정들을 모두 취소시켜 버렸다.

"마릭이시여! 어서 일어나소서." 시종이 점술가의 새로운 수장 마릭의 몸을 흔들어 깨웠다. "무슨 일이냐?" 마릭은 램프에서 흘러나오는 빛 때문에 눈을 가늘게 뜬 채 물었다. "왕의 호출입니다. 왕께서 점술가들과 지혜자들과 마술사들을 당장 소집하라 하셨습니다."

마릭은 침대에서 벌떡 일어났다. 마릭과 동료들은 왕의 집무실 앞에서 부름을 기다리고 있었다. 그는 주변을 둘러보다가 다니엘이 없다는 사실을 확인하고는 흡족한 미소를 지었다. '다니엘이 부름 받지 못했군. 드디어 내 별이 뜨고 그의 별이 지고 있어.'

마릭과 동료들은 집무실로 들어가 허리를 굽혀 왕에게 절을 했다. 먼저 마릭이 왕에게 말했다. "우리의 영광스런 군주시여, 저희가 왕을 다시 뵈올 수 있도록 기회를 주시오니 그것 또한 저희에게는 영광…"

"그만 중얼거리게." 왕이 끼어들었다. "내가 간밤에 꿈을 꾸었는데, 그 꿈은 신께 받은 것이 분명한 것 같소. 자네들이 그 꿈을 해석해 주길 바라네."

마릭은 심장이 덜컥 내려앉는 것 같았다. 오래 전 왕의 꿈을 해석하라는 명령을 받았던 때가 떠올랐기 때문이다. "왕께서 저희에게 그 꿈에 대해 말씀해 주신다면 그렇게 하겠나이다."

"내가 두라 평원에 서 있었네." 느부갓네살이 말했다. "내 앞에 있는 땅에서 갑자기 살아있는 나뭇가지가 뻗어 나왔는데 그것이 점점 더 자라 울창한 숲을 이루었지. 그것은 끊임없이 자라 새로운 가지를 내고 내가 한 번도 본적 없는 푸른 잎을 키웠다네. 곧 그것은 구름을 뚫고 하늘의 지붕까지 닿았네. 그 나무는 세상을 먹일 만큼 열매가 풍성했지. 새들이 가지로 날아왔고, 짐승들이 나무 그늘에서 쉼을 얻었네. 그때 나는 하늘에서 내려온 거룩한 자를 보았는데 그가 이렇게 소리 질렀네. '나무를 베고 그 가지들을 찍어내고 잎사귀들을 떨어버리고 그 열매들을 흩어지게 하라. 그러나 뿌리의 그루터기는 내버려 두되 이슬에 젖을 것이니 쇠와 구리로 감아 두라.' 또 천사가 말하기를 사람이 짐승으로 변하여 칠 년 동안 소처럼 풀을 뜯게 될 것이라고 했네. 그가 결국 인간의 나라를 다스리시는 가장 높으신 분을 알게 될 것이라고도 했다네. 자, 꿈을 들었으니 이제 해석해 보게."

점술가들은 의견을 모으기 위해 잠시 물러갔다. 삼십 분 후 돌아온 마릭은 신들이 그 꿈에 대한 해석을 가르쳐 주었다고 말했다.

"가지가 많고 풍성한 열매가 맺힌 나무는 온 세상을 다스리는 위대하신 왕을 상징하옵니다. 모든 나라를 정복하신 전능하신 분, 느부갓네살 왕 만큼 부요하고 강하신 분은 없사옵니다. 나무를 쓰러뜨린다는 것은 다른 나라를 또 진압하게 된다는 뜻이옵니다. 쇠로 감긴 그루터기는 왕의 지배 아래 있는 나라들을 의미하고, 짐승이 된 사람은 다른 민족을 상징한다고 알려 주셨습니다. 그들은 왕에게 사로잡힌 짐승과 같사옵니다."

마릭을 노려보던 왕의 얼굴은 분노로 가득 찼다. "이 어리석은 아첨꾼 같으니라고! 내 시종도 너희보다 잘 꾸며낼 것이다! 너희는 지금 말도 안 되는 소리를 지껄이고 있구나. 썩 물러가거라! 여봐라, 어서 가서 벨드사살을 불러오라."

집무실이 비워지고 얼마 있지 않아 다니엘이 왕 앞에 홀로 서 있었다. 느부갓네살은 다니엘에게 자신의 꿈 이야기와 점술가들의 거짓 해석을 들려주었다. "믿을 사람은 벨드사살 자네뿐이네. 자네는 하나님의 영을 가졌으니 그분이 이번에도 꿈에 숨겨진 뜻을 알려 줄 거라 믿네." 다니엘은 머리를 숙인 채 아무 말이 없었다.

잠시 후 왕이 말했다. "침묵은 꿈의 해석이 좋지 않다는 뜻이군. 내 귀가 즐겁기만 원했다면 마릭의 거짓말에 속아 주었을 것이네. 나는 진실을 원하니 주저하지 말고 꿈의 뜻을 말해 보게."

다니엘의 두 눈은 눈물로 가득 차 있었다. "왕이시여, 왕의 꿈에 대한 해석이 왕이 아니라 왕의 적들에게 이루어지기를 원하나이다. 하나님이 드러내주신 일들을 왕께 사실대로 고하겠나이다. 나무는 왕이십니다. 왕의 위대함은 하늘에 닿았고, 왕의 나라는 세상 끝까지 광대해졌습니다. 그러나 교만이 왕의 마음을 파고들어 왕께서는 나무처럼 베어져 칠 년 동안 사람보다 못한 짐승으로 살아가셔야 할 것입니다. 말도 못하고 이성도 없는 짐승이 되어 들판에서 풀을 뜯게 되실 것이옵니다. 쇠와 구리로 감긴 그루터기가 의미하는 것은 그럼에도 왕께서는 보호를 받을 것이고, 왕의 나라 또한 왕이 돌아오실 때까지 온전히 지켜질 것이라는 뜻이옵니다. 나중에야 왕께서는 하나님이 그분의 뜻대로 권세 받은 자를 세우기도 하시고 폐하기도 하는 분이심을 깨닫게 될 것입니다."

느부갓네살은 깊은 한숨을 내쉬었다. "이루어질 일은 결국 이루어질 것이네. 내가 할 수 있는 일은 아무것도 없지."

"어쩌면 있을지도 모르옵니다." 다니엘이 대답했다. "그 꿈은 자비로운 하나님의 경고입니다. 지금이라도 왕이 교만을 뉘우치시면 하나님이 그분의 뜻을 꺾으시고, 왕이 그런 굴욕을 당하지 않게 해주실 것이옵니다."

느부갓네살은 천천히 고개를 끄덕였다. "자네 말을 깊이 생각해 보겠네."

그러나 다음 해까지도 느부갓네살이나 바벨론은 아무 일 없이 평온했다. 그러던 어느 날, 다니엘이 왕을 찾았을 때 누군가가 "필경사들이 있는 방에 가보십시오. 왕께서 최근에 그곳에서 많은 시간을 보내십니다."

다니엘은 그 방으로 들어가 아무 말 없이 왕을 바라보았다. 느부갓네살은 높은 의자에 앉아 쉰 명쯤 되는 필경사들을 내려다보고 있었고, 필경사들은 두루마리를 펼쳐 놓고 왕이 불러주는 말을 부지런히 받아 적고 있었다.

"내가 바벨론을 다스린 지 스무 해 되던 해에, 나는 바벨론의 수도에 세계 첫 번째 불가사의를 만들었고, 이 땅의 어떤 왕도 상상하지 못했던 궁전을 내 힘으로 지었노라. 벽과 바닥과 천정을 삼나무와 구리와 금과 은과 온갖 희귀하고 값비싼 돌로 만들었으니 온 세상이 그것을 부러워하고…"

"왕이시여" 다니엘이 왕의 말을 가로막았다. "어찌하여 이런 일을 하고 계시나이까?" 느부갓네살은 깜짝 놀라 뒤를 돌아다보았다. "벨드사살… 나는 내 나라가 약한 나라에게 정복당할 것이라는 자네의 말을 들은 후부터 후세에 내 업적을 알리기 위해 이렇게 기록을 남기고 있다네."

다니엘은 슬픈 표정을 지으며 고개를 저었다. "왕이시여, 왕께서는 하나님의 경고를 가볍게 여기셨군요. 왕의 파멸이 눈앞에 다가왔나이다."

"하지만 내 업적은 기록에 남길 만큼 훌륭하다네." 느부갓네살은 항변했다. 왕은 다니엘을 데리고 필경사들의 방을 나와 바벨론이 한눈에 보이는 궁전 꼭대기의 테라스에 섰다. "참으로 위대한 바벨론이 아닌가. 나는 이곳을 내 막강한 힘으로 건설하였다네." 그 순간 하늘로부터 큰 목소리가 들려왔다. "느부갓네살아, 그 나라가 이제 너에게서 떠나갈 것이다!"

그때 갑자기 왕의 목소리가 아무도 알아듣지 못하는, 으르렁거리는 소리로 변해 버렸다. 왕은 사나운 눈빛으로 다니엘을 바라보더니 몸을 비틀고 울부짖으며 자신이 입고 있던 로브를 찢기 시작했다. 한순간에 왕은 벌거숭이가 되었고, 네 발로 발코니를 훌쩍 뛰어넘어 두 층 아래에 있는 분수로 풍덩 뛰어들었다. 다니엘은 느부갓네살의 모습을 두려움이 가득한 눈빛으로 바라보았다. 왕은 분수 모서리로 기어오르더니 수로로 들어가 유프라테스 강으로 사라져버렸다.

"아리옥, 이것이 지금까지의 이야기입니다." 다니엘은 책상 너머로 장군을 바라보았다. "장군께 알리고 싶었지만, 거의 일 년 동안 이집트에 계셔서 그럴 수 없었습니다. 저는 누구도 믿을 수 없었기에 이 사실을 지금까지 혼자만 알고 있었지요. 그래서 장군께서 돌아오자마자 왕을 찾아달라고 요청한 것입니다."

"어떻게 그런 일이…" 아리옥이 말했다.

"그렇다면 이제부터 어떻게 해야 할까요?"

"도시 외곽에 불모지가 있다는 것을 장군께서도 알고 계시지요. 예전에 제사장들이 제물로 사용할 짐승들을 방목하던 장소 말입니다."

"삼 면이 철벽으로 막혀 있고 한 면은 가파른 낭떠러지인 그곳 말입니까? 느부갓네살 왕께서 마르두크 신전을 새로 짓기 전에 그곳에서 짐승들을 방목하곤 했지요."

"바로 그곳입니다." 다니엘이 대답했다. "그곳에 왕을 모셔다 놓으세요.

아무도 출입하지 못하도록 경비병을 세우시고, 왕실에서 나오는 음식을 날마다 그 안에 놓아두십시오. 왕께서는 그 음식을 드시지 않겠지만, 그렇게 하는 것이 좋을 것 같습니다. 그리고 주변에 따뜻한 이불도 갖다 놓으시고요."

"왕의 부재는 어떻게 해결해야 합니까?" 아리옥이 물었다. "야망이 있는 귀족이나 적국의 왕들이 이 사실을 알면 안 될 텐데요."

"지금까지 왕께서 잠시 왕궁을 떠나 홀로 휴식을 취하고 계신다고 말해 왔습니다. 왕의 인장과 옥새는 제가 가지고 있습니다. 저는 장군께서 돌아오신 것이 너무나 기쁩니다. 우리 두 사람이 왕의 보좌를 지켜야만 합니다."

"혹시 있을지 모를 반란을 막기 위해 왕궁에 병사를 추가로 배치하고, 바벨론 성읍에 군사력을 강화하겠습니다." 아리옥이 말했다.

아리옥과 대화를 나누고 있을 때 다니엘은 마릭이 찾아왔다는 전갈을 받았다. "옆방에 가서 기다리십시오." 다니엘이 아리옥에게 말했다. "대신 문을 약간 열어놓고 제가 마릭과 나누는 대화를 함께 들으세요."

마릭이 방으로 들어오자 다니엘은 자신을 방문한 목적이 무엇인지 물었다. 점술가의 수장인 마릭은 손가락으로 총리를 가리키며 말했다.

"자네는 왕궁에서 일어나고 있는 중요한 일을 숨기고 있지. 왕실에 있는 내 정보원의 말에 따르면 이 년 동안 느부갓네살 왕의 침실에 아무도 들어가지 않았다더군. 왕이 왕궁에 계시지 않는 것이 분명해."

"그렇다면 왕께서 어디에 계시다고 생각하는가?" 다니엘은 마릭이 왕의 상황을 눈치 챈 것이 아닐까 하는 두려운 생각이 들었다.

"우리 둘 다 느부갓네살 왕이 어디에 있는지 알고 있지." 마릭이 말했다.

"이 년 전 궁전 꼭대기 테라스에서 큰 물체가 비명을 지르며 분수로 떨어지는 것을 본 사람이 있더군. 그 후로 왕은 보이지 않았고. 자네가 왕을 살해한 후 시체를 분수에 던져 버린 것이 분명해. 시체는 유프라테스 강으로 떠내려갔을 테지. 그리고 지금 혼자 이 나라를 다스리고 있지."

"내게 왜 그런 말을 하는가?"

"자네가 내 요구에 응하지 않는다면 그 죄를 만천하에 알리고 말거야!"

"내게 원하는 것이 있는가?"

자리에서 일어나 다니엘에게 천천히 다가가는 마릭의 눈빛은 욕망으로 번뜩이고 있었다. "이 나라를 나와 나눈다면 생각이 달라질 수도 있지. 그러면 자네가 한 짓을 아무도 모르게 덮어 주겠네. 바벨론 제국은 나눠 가질 만큼 광대하지 않은가."

"비밀을 절대 발설하지 않겠다고 약속할 수 있는가?"

"물론이지!" 마릭은 손을 내밀었다. "난 그리 탐욕스러운 인간이 아니야. 이 나라의 반이라면 충분하다네."

"하지만 자네가 탐하는 것을 끝내 얻지 못하겠군." 다니엘이 말했다. "아리옥 장군, 들어오시오." 아리옥이 문을 열고 들어왔다. "바벨론 왕에 대한 반역죄로 이 자를 체포하시오. 그는 이 나라를 원했습니다. 왕이 돌아오실 때까지 왕궁 지하 감옥에 하옥시키시오."

아침 햇살에 눈을 뜬 느부갓네살은 시종을 불렀다. 아무도 들어오지 않자 왕은 일어나 주변을 둘러보았다. "여기가 어디지?" 그는 혼자 중얼거렸다. 땅바닥에 깔린 것은 먼지투성이의 이불이었다. 그 순간 왕은 자신이 어디에 있는지 깨달았다. 커튼 사이로 무언가를 보고 있다고 생각했는데 그것은 자신의 헝클어진 머리카락이었다. 머리를 빗어보려고 했지만 날카로운 손톱 때문에 이마에 상처만 나고 말았다.

혼란스러운 마음으로 동굴 밖을 물끄러미 바라보고 있자니 지난 일들이 기억나기 시작했다. '다니엘의 하나님이 말씀하신 대로 나를 치셨다. 그렇지만 나를 죽이지는 않았잖아.' 그는 의아한 생각이 들었다. '혹시 그분이 나를 보호해 주신 것일까? 그분은 얼마든지 더 엄하게 징계하실 수도 있는 분인데….'

느부갓네살은 자신의 알몸에 이불을 걸치고는 밖으로 나왔다. 그때 담장 밖에서 한 사람을 발견했다.

"다니엘!" 왕은 그를 향해 소리쳤다. "나의 친구여, 내가 돌아왔다네! 내 모습으로 다시 돌아왔어. 자네의 하나님을 찬송하네!"

왕의 모습이 예전으로 돌아온 것을 확인한 다니엘은 곧바로 왕을 자신의 집으로 데리고 갔다. 그리고는 하인을 시켜 왕을 목욕시키고, 머리카락과 손톱을 다듬게 하고, 좋은 옷을 입힌 다음 풍성한 음식을 대접했다.

다음날 다니엘은 왕을 왕궁으로 모셨고, 다니엘과 아리옥은 차례로 지난 칠 년간의 중요한 일들을 왕에게 보고했다.

"내 왕권이 전혀 쇠퇴하지 않았다는 사실이 놀랍군." 느부갓네살이 말했다. "자네 두 사람은 정말 충성스러운 신하들이네. 지금까지 이런 충성심과 진실함은 본 적이 없었어. 두 사람에게 마음 깊이 감사하네."

느부갓네살은 복귀했다. 다니엘의 증언을 근거로 왕은 마릭을 흑해 가까이에 있는 스키타이로 유배 보냈다. 그 후로 왕은 중요한 결정을 내리거나 조언과 지혜가 필요할 때마다 다니엘을 찾았다.

어느 날, 다니엘이 왕을 만나기 위해 찾았는데 왕이 어디에서도 보이지 않았다. 그런데 하인 하나가 왕이 필경사들의 방에 있다고 전해 왔다. '또? 안 돼! 절대로 안 돼! 그 수모를 당하고도 왕은 교훈을 얻지 못하셨단 말인가?'

다니엘은 무거운 마음을 안고 그 방으로 발걸음을 옮겼다.

아니나 다를까. 느부갓네살은 높은 의자에 앉아 필경사들이 쓸 말을 불러주고 있었다. "왕이시여!" 다니엘이 큰 소리로 외쳤다.

"어찌하여 이런 일을 하시옵니까?"

"나에 대한 기록을 미완성으로 남겨 놓을 수는 없지 않은가? 훌륭한 군주는 시작한 일을 마무리 지어야 한다네. 하지만 나는 지난 번 기록들을 모두 소각해 버리고 다시 기록하고 있다네. 지난 번 기록이 별로 만족스럽지 않았거든."

다니엘은 아무 말도 할 수가 없었다.

"내 기록을 들어보고 싶지 않은가?" 왕이 물었다. 왕은 두루마리를 펴서 기록을 읽기 시작했다. "느부갓네살 왕은 이 땅의 모든 백성과 나라와 민족들에게 고하노라. 그대들에게 평화가 두 배로 넘치기를 바라노라. 나는 가장 높으신 하나님이 내게 역사하신 징표와 기적들을 온 땅에 선포하는 것이 마땅하다고 판단했노라. 그분의 징표는 참으로 거룩하고, 그분의 기적에는 엄청난 능력이 있도다! 그분의 나라는 영원한 왕국이요, 그분의 영토는 대대로 이어지리라."

성경과 역사 속으로

C.S 루이스는 그의 저서 〈〈순전한 기독교〉〉에서 이것을 '가장 큰 죄'라고 말한다. '이 세상에 누구도 자유로울 수 없는 악이 하나 있습니다. 그러면서도 다른 사람에게서 나타나면 누구나 혐오하는 악, 그리스도인 말고는 자신에게 그런 악이 있다는 것을 생각조차 못하는 악이 있습니다. …사람들이 이보다 더 싫어하는 악이 없으면서도, 이보다 더 스스로 깨닫지 못하는 악도 없습니다. 이 악이 많은 사람일수록 다른 사람에게 나타나는 이 악을 싫어합니다.'[미주1]

이것은 그가 교만에 대해 묘사한 것이다. 교만은 하나님이 싫어하시는 죄 중에서 가장 으뜸이다. "여호와께서 미워하시는 것 곧 그의 마음에 싫어하시는 것이 예닐곱 가지이니 곧 교만한 눈과 거짓된 혀와 무죄한 자의 피를 흘리는 손과 악한 계교를 꾀하는 마음과 빨리 악으로 달려가는 발과 거짓을 말하는 망령된 증인과 및 형제 사이를 이간하는 자이니라"잠 6:16-19

교만은 과장되고 정직하지 못한 자기 평가이다. 우리는 우리 자신의 장점을 심하게 부풀리고 사람들이 그대로 믿어 주기를 바란다. 교만은 자신에게 합당하지 않은 명예와 평판을 추구하는 것이며, 우리 내면의 실상을 감추려는 이기적인 술수이다. 마가복음 7장 20-23절에 따르면 교만은 '사람에게서 나오는 그것이 사람을 더럽게 하는 죄'이다.

느부갓네살의 죄는 자신을 유능하다고 여긴 사실이 아니라 그 유능함의 근원이 자기 자신에게 있다고 생각한 것이다. 그는 전 세계에 자신의 유능함과 위대함을 알리기 위해 바벨론 도시를 건설하는 데 집중했다. 하나님께 능력과 은사를 받는 것보다 예수님처럼 겸손한 것이 더 어렵다. 교만이라는 죄는 모든 능력이 하나님께로부터 왔다는 사실을 인정하지 않을 때 고개를 내밀기 시작한다. 교만은 우리를 자랑과 과시와 자아도취로 유인하여 결국에는 추락시켜 버린다. 그래서 성경은 교만에 대해 많은 경고를 주고 있다. 잠언의 말씀들을 살펴보자.

> 나는 교만과 거만과 악한 행실과 패역하 입을 미워하느니라(잠 8:13)
> 교만이 오면 욕도 오거니와 겸손한 자이게는 지혜가 있느니라(잠 11:2)
> 무릇 마음이 교만한 자를 여호와께서 미워하시나니 피차 손을 잡을 지라도 벌을 면하지 못하리라(잠 16:5)
> 교만은 패망의 선봉이요 거만한 마음은 넘어짐의 앞잡이니라(잠 16:18)
> 눈이 높은 것과 마음이 교만한 것과 악인이 형통한 것은 다 죄니라(잠 21:4)
> 사람이 교만하면 낮아지게 되겠고 마음이 겸손하면 영예를 얻으리라(잠 29:23)

그러나 성경을 통틀어 다니엘서 4장에 나오는 느부갓네살 왕의 이야기만큼 교만으로 인한 패망의 좋은 본보기는 없는 듯하다.

하나님이 징계를 거두셨을 때 느부갓네살은 이런 기록을 남겼다.

> 그러므로 나 느부갓네살은 하늘의 왕을 찬양하며 칭송하며 경배하노니 그의

일이 다 진실하고 그의 행하심이 의로우시므로 교만하게 행하는 자를 그가 능히 낮추심이라(다니엘 4:37)

다니엘서 4장은 다른 장들과 두 가지 차이점이 있다.

1. 느부갓네살 왕에 의해 쓰여 진 바벨론 제국의 기록이다.
2. 느부갓네살 왕이 경험한 하나님에 관해 일인칭 시점으로 기록되었다.
   즉 이 장은 지극히 '개인적인 증언'이다.

이 장은 느부갓네살 왕의 두 번째 꿈에 대해 이야기하고 있다. 첫 번째 꿈 이후 최소한 이삼십 년이 흘렀을 것이다. 어떤 학자는 이 꿈을 기록한 시기에 대해 '느부갓네살의 통치 30-35년 사이의 기록으로 다니엘의 나이가 45-50세 정도였고, 세 친구들이 풀무불에서 건짐을 받은 지 25-30년의 시간이 흐른 뒤였다.'고 추측한다.[미주2] 다니엘서 1장부터 하나님은 느부갓네살 왕에게 자신을 나타내셨다. 이 장면은 바벨론 왕이 자신을 만드신 분을 세 번째로 찬양하는 장면이다.

느부갓네살 왕은 천하에 거주하는 모든 백성들과 나라들과 각 언어를 말하는 자들에게 조서를 내리노라 원하노니 너희에게 큰 평강이 있을지어다 지극히 높으신 하나님이 내게 행하신 이적과 놀라운 일을 내가 알게 하기를 즐겨 하노라 참으로 크도다 그의 이적이여 참으로 능하다 그의 놀라운 일이여, 그의 나라는 영원한 나라요 그의 통치는 대대에 이르리로다(다니엘 4:1-3)

다니엘서 4장의 처음 세 절은 서문 형식을 취하고 있는데, 이 구절들은 이 이야기가 느부갓네살 왕이 직접 쓴 글이라는 사실을 알려 준다. 일인칭대명사를 사용함으로써 느부갓네살 자신이 이 글의 저자임을 증명하고 있다.

왕은 자신의 증언이 만방에 알려지기 원했다. 이것은 "모든 백성들과 나라들과 각 언어를 말하는 자들"단 4:1에게 내리는 조서로서 다니엘서 3장 29절에 사용된 것과 동일한 형식이었다. 당시 근동 지방에서는 이런 방식이 널리 사용되었다.

왕의 진술은 지극히 개인적이었다. "지극히 높으신 하나님이 내게 행하신 이적과 놀라운 일을 내가 알게 하기를 즐겨 하노라" 느부갓네살은 자신이 자리를 비운 칠 년 동안 있었던 일을 설명할 필요도 있었을 것이다. 그러므로 이 기록은 그러한 목적에도 매우 효과적이었다.

3절에서 왕은 하나님을 향한 자신의 마음을 간략하게 설명하고 있다. 이는 4장의 사건이 일어난 후에 일어난 왕의 태도 변화였다. 시간의 흐름상으로 본다면 4장의 첫 세 구절은 4장의 맨 마지막에 와야 할 것이다. 그러나 왕은 자신의 변화를 가장 먼저 선포하고자 했다. 그는 이제 하나님의 영원한 왕국에 비하면 바벨론은 한 번 반짝하는 일시적인 나라에 불과하다는 사실을 진심으로 깨달았기 때문이다. 그는 칠 년 동안 자기 나라를 잃어버렸었지만, 하나님은 결코 그분의 왕국을 잃어버리지 않으실 것이며 그분의 나라는 영원할 것이다. 느부갓네살의 고백은 다윗의 시를 생각나게 한다. "주의 나라는 영원한 나라이니 주의 통치는 대대에 이르리이다"시 145:13.

꿈으로 인한 근심

> 나 느부갓네살이 내 집에 편히 있으며 궁에서 평강할 때에 한 꿈을 꾸고 그로 말미암아 두려워하였으니 곧 내 침상에서 생각하는 것과 머리 속으로 받은 환상으로 말미암아 번민하였었노라 이러므로 내가 명령을 내려 바벨론의 모든 지혜자들을 내 앞으로 불러다가 그 꿈의 해석을 알게 하라 하였더라 …내가 그 꿈을 그들에게 말하였으나 그들이 그 해석을 내게 알려주지 못하였느니라 그 후에 다니엘이 내 앞에 들어왔으니… (다니엘 4:4-8)

느부갓네살은 왕궁에서 편한 삶을 누리고 있었지만, 그 안락함이 마음의 평안과 편안한 잠을 주지는 않았다. 그는 꿈으로 인해 깊이 근심하였고, 예전에도 만족스런 답을 주지 못했던 지혜자들을 불러 다시 꿈에 대해 묻고 있었다.

왕은 이번에는 꿈의 내용을 알려 주면서 해석을 요구했다. 그럼에도 지혜자들은 느부갓네살에게 만족할 만한 답을 주지 못했다. 설사 그들이 꿈에 대한 올바른 해석을 알고 있었을지라도 감히 그것을 전할 수는 없었을 것이다. 자신을 즉시 처형할 수 있는 사람 앞에서 그의 어두운 미래를 말하기란 쉽지 않기 때문이다. 그러나 왕의 지혜자들 중에는 왕을 두려워하지 않는 다니엘이 있었다.

결국 느부갓네살은 다니엘을 불러야만 했다. 왕이 그렇게 했던 이유는 4장에만 세 번 언급되어 있다. 다니엘은 "거룩한 신들의 영이 있는 자"였기 때문이다단 4:8-9, 18. 두 사람이 함께 일한 지 삼십 년이 넘었기 때문에 느부갓네살은 다니엘에게 거룩한 영으로 가득 찬 사람에게서 나타나는 특별함이 있음을 이미 잘 알고 있었다. 그래서 그는 다니엘을 불러 "내 꿈에 본 환상의 해석을 내게 말하라"단 4:9고 부탁했던 것이다.

느부갓네살의 꿈

거대한 나무

내가 침상에서 나의 머릿속으로 받은 환상이 이러하니라 내가 본즉 땅의 중앙에 한 나무가 있는 것을 보았는데 높이가 높더니 그 나무가 자라서 견고하여지고 그 높이는 하늘에 닿았으니 그 모양이 땅끝에서 보이겠고 그 잎사귀는 아름답고 그 열매는 많아서 만민의 먹을 것이 될 만하고 들짐승이 그 그늘에 있으며 공중에 나는 새는 그 가지에 깃들이고 육체를 가진 모든 것이 거기에서 먹을 것을 얻더라(다니엘 4:10-12)

느부갓네살의 꿈은 나무에 대한 구체적인 묘사로 시작한다. 그 나무는 모든 면에서 최고였는데, 이는 매우 중요한 암시였다. 다니엘이 들은 나무의 특징은 다음과 같다.

전략적인 위치: 땅의 중앙

강함: 높이가 높더니, 자라서 견고하여지고

확장: 그 높이는 하늘에 닿았으니

전 세계: 그 모양이 땅끝에서 보이겠고

풍성함: 그 잎사귀는 아름답고 그 열매는 많아서

공급: 만민의 먹을 것이 될 만하고

보금자리: 들짐승이 그 그늘에 있으며

서식지: 공중에 나는 새는 그 가지에 깃들이고

성경에서 나무가 상징으로 사용되는 경우는 드물지 않다왕하 14:9, 시 1:3, 37:35, 52:8, 92:12, 겔 17장. 다니엘서 4장에서도 나무는 중요한 의미를 지니고 있었다.

하늘로부터 온 메시지

내가 침상에서 머리 속으로 받은 환상 가운데에 또 본즉 한 순찰자, 한 거룩한 자가 하늘에서 내려왔는데 그가 소리 질러 이처럼 이르기를 그 나무를 베고 그 가지를 자르고 그 잎사귀를 떨고 그 열매를 헤치고 짐승들을 그 아래에서 떠나게 하고 새들을 그 가지에서 쫓아내라 그러나 그 뿌리의 그루터기를 땅에 남겨두고 쇠와 놋줄로 동이고 그것을 들풀 가운데에 두어라 그것이 하늘 이슬에 젖고 땅의 풀 가운데에서 짐승과 더불어 제 몫을 얻으리라 또 그 마음은 변하여 사람의 마음 같지 아니하고 짐승의 마음을 받아 일곱 때를 지내리라

(다니엘 4:13-16).

다음으로 느부갓네살이 꿈에서 본 것은 하늘로부터 내려온 사자였는데, 그 사자는 순찰자 곧 거룩한 자라고 명시하고 있다. 즉 느부갓네살은 이 사자가 가장 높으신 분의 명령을 전하러 왔다는 사실을 분명히 인식했다. 나무는 베어져 그루터기만 남겨질 것이고, 쇠와 구리줄로 묶일 것이며 매일 아침 이슬에 젖을 것이다. 그런데 이때 그루터기를 가리키는 말로 인칭대명사 'he'가

사용되었다. 즉 나무의 그루터기를 인격적인 존재에 비유했다는 뜻이다. 느부갓네살은 베어진 나무처럼 칠 년 동안 이성을 잃고 짐승처럼 풀을 뜯으며 살게 될 것이다.

그러나 비록 나무가 베어졌을지라도 회복의 가능성이 있었다. 그래서 다니엘은 느부갓네살이 징계 속에서도 하나님의 보호를 받을 것이라고 말한다. 가혹하면서 희망적인 꿈이었다. 고대 문화에서 밑동이 잘린 나무는 심판의 상징이었지만, 보호받는 그루터기는 그 나무의 희망적인 미래를 예고해 주고 있었다단 4:26. 다시 말해 그 나무는 심판과 회복의 메시지를 한꺼번에 담고 있었다.

다니엘서 4장 17절에서 천사는 이러한 사건들의 이유를 선포한다. "이는 순찰자들의 명령대로요 거룩한 자들의 말대로이니 지극히 높으신 이가 사람의 나라를 다스리시며 자기의 뜻대로 그것을 누구에게든지 주시며 또 지극히 천한 자를 그 위에 세우시는 줄을 사람들이 알게 하려 함이라 하였느니라."

놀라운 해석

우리는 다니엘이 꿈을 해석하기 전 "한동안"단 4:19 놀라움을 금치 못하는 모습을 보게 된다. 꿈을 해석할 수 없어서가 아니라 그 꿈의 암울한 상징과 의미에 충격을 받아 말문이 막혀 버렸던 것이다.

19세기 신학자 C.F.케일은 이에 대해 이렇게 적고 있다.

'다니엘은 꿈이 의미하는 바를 알게 되었을 때 너무 놀라 그 충격으로 인해 한동안 아무 말을 할 수 없었다. 그는 왕에게 하나님의 엄중한 심판을 선포해야 했다. 그래서 쉽게 말문을 열 수 없었던 것이다.'[미주3]

다니엘이 머뭇거리자 느부갓네살은 용기를 북돋우며 다시 한 번 해석을 부탁했다. 그러자 다니엘은 꿈을 해석하기에 앞서 그 꿈이 느부갓네살 왕이 아닌 왕을 대적하는 자들에게 일어나기를 원한다는 말로 해석을 시작했다단 4:19.

그것은 암울한 메시지를 받는 사람에 대한 일종의 배려였다. 다니엘처럼 심판에 관한 메시지는 항상 아픈 마음으로 전달해야 한다. 마침내 다니엘이 왕에게 해석을 말하기 시작했다. "왕이여 그 나무는 곧 왕이시라 이는 왕이 자라서 견고하여지고 창대하사 하늘에 닿으시며 권세는 땅 끝까지 미치심이니다"단 4:22.

이 말을 들은 느부갓네살 왕은 그 꿈이 무슨 의미인지를 금방 알아차렸다. 그가 바로 꿈속에 등장하는 나무였다.

다니엘은 계속 해석을 이어갔다. 다니엘은 왕이 왕좌에서 물러나 짐승과 같은 비정상적인 삶을 살게 될 것인데, 하나님이 모든 인간의 나라를 다스리시는 분이심을 깨닫게 되기까지 칠 년 동안 그런 생활을 하게 될 것이라고 말했다. 그러나 가혹한 메시지 속에도 깊은 하나님의 은혜가 있었다. 하나님은 느부갓네살 왕의 생명을 지켜주시고 칠 년 동안의 비정상적인 시간 동안에 그의 나라를 돌보아주실 것이다. 다니엘은 왕에게 말했다.

> 또 그들이 그 나무뿌리의 그루터기를 남겨두라 하였은즉 하나님이 다스리시는 줄을 왕이 깨달은 후에야 왕의 나라가 견고하리이다(다니엘 4:26)

또한 하나님은 심판에 앞서 왕에게 경고를 보내셨다. 하나님은 항상 심판에 앞서 경고를 보내는 분이시다단 4:13. 왕에게 회개할 시간, 열두 달을 허락하셨다단 4:29. 더불어 하나님의 마음을 돌이킬 방법도 알려 주셨다. "그런즉 왕이여 내가 아뢰는 것을 받으시고 공의를 행함으로 죄를 사하고 가난한 자를 긍휼히 여김으로 죄악을 사하소서 그리하시면 왕의 평안함이 혹시 장구하리이다"단 4:27. 그러나 늘 그렇듯이 하나님이 인간에게 돌이킬 시간을 허락하셔도 인간은 그 은혜의 시간을 하나님을 대적하는 마음이 더욱 완고해지는 데 악용해 버리고 만다.

현실이 된 꿈

왕의 교만

이 모든 일이 다 나 느부갓네살 왕에게 임하였느니라 열두 달이 지난 후에 내가 바벨론 왕궁 지붕에서 거닐새(다니엘 4:28-29)

왕의 이야기는 일 년 후 바벨론 왕궁에서 다시 시작된다. 그는 자기가 만든 도시를 내려다보고 있었다. 뉴 제임스 킹 성경에는 느부갓네살 왕이 왕궁 '주변'이 아니라 왕궁 '위'를 거닐었다고 번역되어 있다. 그가 왕궁의 지붕을 걷고 있었다는 뜻이다. 즉 그는 바벨론 도시 전체를 내려다보고 있었던 것이다.

바벨론은 고대 사회에서 가장 유명한 도시였을 것이다. 도시의 거대한 벽은 높이가 십이 미터, 너비가 이십사 미터에 달했을 것으로 추정된다. 또한 마차 여러 대가 한꺼번에 도시 꼭대기까지 직진할 수 있을 만큼 도로가 넓게 잘 정비되어 있었다. 뿐만 아니라 바벨론에는 쉰 개 이상의 신전과 셀 수도 없을 만큼 많은 공공건물들이 뽐내고 있었다. 거기다 거대한 유프라테스 강이 도시를 관통하고, 정원과 야자 숲과 농지가 도시 외곽에 자리 잡고 있어

도시로 충분한 음식을 공급해 주고 있었다. 그리고 도시의 아름다움의 정점에는 향수병에 걸린 왕비를 위해 지어진 공중정원이 있었다.

공중정원은 세계 7대 불가사의 중 하나로, 상당히 높은 지대에 계단식으로 테라스를 쌓아 그 안에 아름다운 정원을 가꾸어 놓은 것이었다. 가까이에 유프라테스 강이 있어서 물을 끌어와 울창한 식물원에 물을 공급해 줄 수 있었다.

궁전 테라스를 거닐며 멋진 도시의 풍경을 감상하면서 느부갓네살은 교만한 마음에 압도되었다. "이 큰 바벨론은 내가 능력과 권세로 건설하여 나의 도성으로 삼고 이것으로 내 위엄의 영광을 나타낸 것이 아니냐"단 4:30.

느부갓네살의 말에 사용된 인칭대명사를 주목해 보라. 한 마디 한 마디가 교만과 자랑과 자기 영광으로 가득 차 있다. 타락한 천사 루시퍼처럼 느부갓네살 역시 "하나님은 교만한 자를 물리치신다"약 4:6는 교훈을 배워야 할 시간이 다가왔다.

징계

> 바로 그때에 이 일이 나 느부갓네살에게 응하므로 내가 사람에게 쫓겨나서 소처럼 풀을 먹으며 몸이 하늘 이슬에 젖고 머리털이 독수리 털과 같이 자랐고 손톱은 새 발톱과 같이 되었더라(다니엘 4:33)

교만한 말들이 왕의 입에 머물러 있는 동안 하늘로부터 어떤 목소리가 들려와 왕의 운명을 선포했다. 그때부터 갑자기 느부갓네살이 이상하게 행동하기 시작했다. 그의 정신병명은 낭광lycanthropy으로 알려져 있는데, 그리스어로 '리코스'lycos는 '늑대'를 뜻하고 '안트로포스'anthropos는 '사람'을 의미한다.

몇 세기 전 사람들은 사람이 늑대로 변할 수도 있고, 늑대로 변했던 사람이 다시 인간의 모습으로 되돌아올 수도 있다고 믿었다. 그러나 현대 의학적으로 볼 때 이 병은 심리적으로 인간이 자기 자신을 인간이 아닌 동물반드시 늑대가 아니어도 상관없음이 되었다고 믿는 질병을 말한다. 다니엘서 4장에서 느부갓네살이 어떤 짐승의 모습이 되었는지는 자세히 알 수 없지만, 중요한 것은 왕의 정신 상태는 그 원인이 하나님의 심판에 있다는 사실이다. 칠 년에 걸친 고난의 결과 교만했던 왕은 하나님 앞에서 겸손해졌다. 다니엘과 세 친구에게 왕의 식탁에서 나온 금지된 음식을 먹으라고 유혹했던 왕이 이제는 소처럼 풀만 먹게 되었다.

회복

그 기한이 차매 나 느부갓네살이 하늘을 우러러 보았더니 내 총명이 다시 내게로 돌아온지라 이에 내가 지극히 높으신 이에게 감사하며 영생하시는 이를 찬양하고 경배하였나니 그 권세는 영원한 권세요 그 나라는 대대로 이르리로다… 그때에 내 총명이 내게로 돌아왔고 또 나라의 영광에 대하여도 내 위엄과 광명이 내게로 돌아왔고 또 나의 모사들과 관원들이 내게 찾아오니 내가 내 나라에서 다시 세움을 받고 또 지극히 위세가 내게 더하였더라 그러므로 지금 나 느부갓네살은 하늘의 왕을 찬양하며 칭송하며 경배하노니 그의 일이 다 진실하고 그의 행하심이 의로우시므로 교만하게 행하는 자를 그가 능히 낮추심이라(다니엘 4:34-37)

다니엘서 4장의 서른세 절은 교만한 자를 물리치시는 하나님을 그리고 있는 반면 마지막 네 절은 겸손한 자에게 은혜를 베푸시는 하나님을 보여주고 있다. 왕은 칠 년 동안 들판에서 제정신이 아닌 상태로 살았지만 그가 눈을 들어 하늘을 바라보자 그의 정신이 다시 돌아왔다. 느부갓네살은 모든 왕 중의 왕이요, 이 세상의 절대적인 군주이신 하나님을 찬양하지 않을 수 없었다. 그는 하나님이 자기에게 행하신 위대한 일을 다시 한 번 강조하면서 하나님의 자비와 은혜를 조목조목 나열하였다.

하나님은 왕의 이성을 회복시켜 주셨다.

하나님은 왕위를 회복시키셨다.

하나님은 지혜자들과 관리들을 왕에게 돌아오도록 회복시키셨다.

하나님은 칠 년의 공백기 동안 그의 나라를 지켜주셨다.

하나님은 왕에게 위엄과 영광을 더하여 주셨다.

사실 하나님은 긴 시간 동안 느부갓네살에게 경고하셨다. 하나님은 느부갓네살에게 삼십 년 이상 다니엘의 삶과 증언을 직접 보고 들을 수 있는 특권을 주셨지만, 왕은 하나님을 인정하지 않았고 교만했다. 하나님은 심판을 통해 느부갓네살에게 교훈을 주셨는데, 느부갓네살은 그 교훈을 이렇게 적고 있다. "교만하게 행하는 자를 그가 능히 낮추심이라"단 4:37.

인류에게 일어나는 모든 일을 다스리시는 하나님의 위엄은 다니엘서 4장의 가장 큰 교훈이다. 다니엘서 4장에서는 이 메시지가 다섯 차례 선포되어 있다.

지극히 높으신 이가 사람의 나라를 다스리시며 자기의 뜻대로 그것을 누구에게든지 주시며 또 지극히 천한 자를 그 위에 세우시는 줄을 사람들이 알게 하려 함이라 하였느니라(단 4:17)
지극히 높으신 이가 사람의 나라를 다스리시며 자기의 뜻대로 그것을 누구에게든지 주시는 줄을 아시리이다(단 4:25)
하나님이 다스리시는 줄을 왕이 깨달은 후에야 왕의 나라가 견고하리이다(단 4:26)
지극히 높으신 이가 사람의 나라를 다스리시며 자기의 뜻대로 그것을 누구에게든지 주시는 줄을 알기까지 이르리라 하더라(단 4:32)
지극히 높으신 이에게 감사하며 영생하시는 이를 찬양하고 경배하였나니 그 권세는 영원한 권세요 그 나라는 대대에 이르리로다(단 4:34)

찰스 콜슨은 리차드 닉슨 미국 대통령을 최측근에서 보좌했던 특별 보좌관이었다. 그는 닉슨의 오른팔로서 닉슨을 위해서는 어떤 궂은일도 마다하지 않았다. 그러나 그만큼 엄청난 권력을 휘둘렀던 교만하고 무신론적인 사람이었다. "닉슨 대통령의 재선을 위해서라면 우리 할머니라도 밟고 가겠다."는 그의 유명한 말이 지금까지도 회자되고 있다.[미주4] 한때 그는 시위하는 학생들을 공격하기 위해 이백 명의 노조원에게 쇠몽둥이로 무장할 것을 선동했고, 정치적인 손해를 끼칠 문서를 훔쳐내기 위해 브루킹스 연구소에 폭탄을 설치하자는 제안을 하기도 했다.

워터게이트 사건이라는 거대한 파도로 닉슨은 결국 대통령직에서 물러났고, 그 스캔들의 주동자 중 한 명인 콜슨은 실형을 선고 받게 되었다. 콜슨이 감옥에 수감되어 있는 동안 한 친구가 C. S 루이스의 《순전한 기독교》를 건네주었는데, 콜슨은 이 책을 읽고 회심하였고 그의 인생은 완전히 변화되었다. 수감생활을 마친 후에 그는 미국에서 가장 헌신적이고 역동적이며, 영향력 있는 크리스천 리더가 되었다. 그는 교도소 선교회와 척 콜슨 센터 같은 선교재단이나 봉사단체를 여러 개 설립하였고 '전환점'breakpoint이라는 라디오 방송도 시작했다. 그는 기독교적인 세계관에 관한 가장 인기 있는 강사였고, 2012년 사망하기 전까지 신앙적인 주제로 서른 권의 책을 출판했으며 수없이 많은 사설을 쓰기도 했다.

찰스 콜슨은 느부갓네살 왕처럼 교만은 패망의 선봉이요, 하나님이 모든 나라를 다스리시며 넘어진 자에게 은혜와 자비를 베푸시는 분이라는 교훈을 체험하여 깨달았던 인물이다.

성경에 등장하는 가장 유명한 이방 왕 느부갓네살에 관해 그래함 스크로기 박사는 이렇게 말한다. '우리는 여기에서 느부갓네살에게 작별 인사를 고해야 한다. 그의 마지막 모습은 어떻게 기록되어 있는가? 그는 정신이 정상으로 돌아왔을 뿐 아니라 회심하여 하나님을 찬양하였다. 그의 마지막 모습은 사람들 앞에서 겸손히 하나님을 증거 하는 모습이었다. 그의 정신이 회복되어 왕궁으로 돌아갔을 때 그의 영혼까지도 회생되었다. 성경에서 느부갓네살의 고백보다 더 숭고한 간증은 찾아보기 힘들 것이다. 그에게 비춰진 빛은 온 나라에 그런 간증을 남기게 만들었다.'[미주5]

오늘날의 다니엘 요원에게

1. 마음으로 겸손하라

당신을 보살펴 주시는 주님을 그리스도로 인정하라. 주님이 마음의 중심에 계시면 교만하지 않을 수 있다. 겸손은 자기 자신을 낮게 생각하는 것이 아니라 자기 자신을 덜 생각하는 것이다. 로마서 12장 3절은 마땅히 생각할 그 이상의 생각을 품지 말고 하나님이 각 사람에게 나누어 주신 믿음의 분량대로 지혜롭게 생각하라고 가르치고 있다. 우리 모두는 자신 만의 특별한 능력과 깊이 뉘우쳐야 할 약점과 다른 사람을 유익하게 하는 은사를 소유하고 있다. 그리스도를 우선으로 삼고 자기 자신에 대해 골몰하지 말라. 이것이 마음으로 겸손한 태도이다.

2. 행동으로 겸손하라

다른 사람을 향한 섬김의 자세가 몸에 베이게 하라. 겸손을 배우는 가장 좋은 방법은 다른 사람의 필요를 채워 주기 위해 조용히 노력하는 것이다. 성경은 이렇게 말하고 있다. "아무 일에든지 다툼이나 허영으로 하지 말고 오직 겸손한 마음으로 각각 자기보다 남을 낫게 여기고 각각 자기 일을 돌

볼 뿐더러 또한 각각 다른 사람들의 일을 돌보아 나의 기쁨을 충만하게 하라"(빌 2:3-4). 오늘도 누군가를 돕기 위한 방법을 조용히 찾아보기 바란다. 이것이 행동으로 겸손한 것이다.

3. 말로 겸손하라

대화할 때 상대방에 대한 주제로 화제를 옮기라. 당신의 여행이나 질병, 직업이나 가족에 대해 너무 많은 말을 하지 말고 상대방에 대해 질문을 던지라. 경청하는 방법을 배우라. 그리고 다른 사람이 당신에게 들려준 말을 기도제목으로 삼아 그 사람을 위해 힘써 기도하라. 느부갓네살이 마음과 행동과 말로 겸손했다면 그런 가혹한 병에 걸리지 않았을 것이다. 그 병에서 회복되기까지 칠 년의 시간이 걸렸다. 다니엘처럼 하나님 앞에서 겸손하자. 그것이 정상적(?)으로 사는 법이다.

6
chapter

하나님의 손가락

다니엘 5:1-31

이야기 속으로

키가 크고 당당한 체격을 가진 키루스가 말을 타고 망가진 인형처럼 땅바닥에 흩어져 있는 시체들 사이를 지나 다가오자 일곱 명의 장수가 그를 둘러쌌다. 키루스는 곧 고개를 돌려 부사령관인 고브리아스에게 말했다. "나보니두스 왕은 찾았는가?"

"그는 겨우 살아남아 달아났습니다."

"그는 영원히 명예롭지 못한 왕으로 남겠군. 허술한 지휘능력뿐 아니라 비겁함까지 갖추었으니 말이야. 목숨을 바쳐 싸워도 모자랄 텐데 도망가 버리다니."

"병사 대부분을 잃었으니 바벨론을 포위하라고 명령하겠습니다. 장군."

고브리아스가 말했다.

"그래, 단시간 안에 바벨론을 끝내 버려야 하네." 키루스가 대답했다.

"하지만 그것이 가능하겠습니까? 바벨론에는 거대한 식량창고도 있고, 도시 심장부에는 강이 흐릅니다. 그것만으로도 몇 년을 버틸 수 있을 것입니다."

"나한테 좋은 작전이 있네. 이쪽으로 따라와 보게."

키루스는 낮은 언덕에 가려진 강의 협곡 쪽으로 장군들을 데리고 갔다.

"오른쪽을 보게. 무엇이 보이는가?"

"악취 나는 습지 외에는 아무것도 없습니다." 고브리아스가 대답했다.

"병사들을 동원하여 강에서 습지 쪽으로 수로를 파도록 하게. 그러면 습지와 연결된 두라 평원이 범람할 것이고, 여기 바벨론으로 흐르는 강물은 현저히 줄어들겠지."

"탁월한 작전입니다. 장군!" 고브리아스가 말했다. "물의 공급을 막아버리면 한 달 안에 항복하지 않고는 못 베길 것입니다."

"그보다 훨씬 더 빨리 항복을 받아낼 수 있을 거야." 키루스는 얼굴에 묘한 웃음을 띠고는 말을 타고 막사로 되돌아갔다.

왕의 어머니인 왕비는 왕궁 발코니에 서서 바벨론 성벽을 둘러싸고 진을 치고 있는 페르시아 군대를 물끄러미 바라보았다. 왕비는 생각에 잠겨 벨의 대제사장인 나람이 걸어와 허리를 숙여 인사하는 것조차 발견하지 못했다.

"왕비님, 참으로 걱정스러운 광경이옵니다." 제사장이 말했다. "선왕께서는 위대한 바벨론이 더렵혀지는 것을 결코 허락하지 않으셨을 것이옵니다."

"물론 그러셨을 테지." 왕비가 대답했다.

"느부갓네살 왕은 키루스가 성문에 도달하기도 전에 상대하셨겠지. 그런데 나람, 무슨 일로 나를 찾아왔는가?"

"폐하를 뵙기로 하여 기다리면서 왕궁을 배회하는 중이옵니다."

"그 말은 폐하께서 아직 일어나지 않으셨단 말인가? 벌써 정오를 한 시간이나 넘겼는데 말이야. 왜 나보니두스 왕은 술취한 게으름뱅이 아들을 그냥 내버려두시는지 도저히 이해할 수 없군. 여기서 기다리시게."

입술을 꽉 깨문 알리툼 왕비의 눈빛이 이글거렸다.

시종은 왕을 깨우기를 꺼려했다. "폐하께서 한 번 더 깨우면 벽에 던져버리겠다고 소리를 지르셨습니다."

왕비는 왕의 침실 문을 쾅쾅쾅 두들겼다.

"이런 개만도 못한 시종 놈!" 침실 안에서 큰 소리가 들려왔다.

"알리툼 왕비오. 침대에서 나와 속히 왕의 집무실로 가시오. 벨의 대제사장이 세 시간째 왕을 기다리고 있소. 신들의 종을 욕보이는 것은 좋은 징후가 아니에요."

얼마 후 벨사살이 비틀거리며 밖으로 나왔다. 그의 얼굴은 퉁퉁 부어 있었고 눈은 벌겋게 충혈되어 있었다. 알리툼 왕비는 성격이 강해서 벨사살은 어린 시절부터 할머니를 무서워했는데 왕이 된 지금도 마찬가지였다. 알리툼 왕비는 느부갓네살 왕의 미망인이었고, 왕의 친모는 느부갓네살의 아들 나보니두스의 여러 아내들 가운데 한 명이었다.

벨사살은 포도주를 가져오라고 고함을 질렀다. 하인이 도착하여 그의 머리와 수염을 정리해 주었다. 그 와중에도 그는 포도주 한 잔을 더 요구했다. 진수성찬으로 차려진 식사를 마치고 난 후에야 그는 집무실로 터벅터벅 걸어 들어갔다.

집무실에는 총리대신인 우락이 벌써부터 왕을 기다리고 있었다. 벨사살은 집무실로 들어와 왕좌에 앉았다. 곧이어 나람이 들어와 총리대신 옆에 자리를 잡고 섰다.

"오, 위대하신 왕이시여, 곧 다가올 벨의 연례행사에 왕께서 어떤 계획을 갖고 계신지 듣고 싶어 이 자리에 왔나이다."

"내 계획은 그 행사를 전부 건너뛰는 것일세." 벨사살이 대답했다. "종교 행사는 아주 질색이야. 여자들도 없고, 왕은 술도 마실 수 없지 않은가. 자네 마음대로 계획을 잡게나. 어차피 나는 참석하지 않을 테니."

제사장은 왕을 차가운 눈빛으로 바라보았다. "왕께서 그 잔치에 참석하지 않으시는 것은 벨을 모욕하는 것이옵니다. 왕의 이름인 벨사살은 '벨이 왕을 지켜주신다'는 뜻이 아니옵니까? 왕을 지키시는 벨께서 왕에 대한 보호를 철회하는 것을 원치 않으신다면 저의 청을 들어주옵소서."

벨사살은 어금니를 꽉 깨물었다. "지금 나를 협박하는가?"

"왕이시여, 제 말을 들어보소서." 우락이 재빨리 끼어들었다. "두 분의 요구를 전부 충족시킬 방법이 있나이다. 왕이시여, 제사장의 원대로 벨의 만찬에 참석하시옵소서. 그리고 나람, 왕을 위해 원칙을 약간 수정하는 것이 좋겠네. 여자들을 부르고 폐하께서 포도주를 드시도록 허용해 드리게."

"아주 멋진 해결책이로군!" 벨사살이 환호성을 질렀다. "우락이 제안한 대로 한다면 만찬에 참여하겠네."

"하지만 그것은 신성모독입니다. 벨을 욕보이고 전통을 거역하는 것이옵니다."

"전통이라고?" 벨사살이 코웃음을 치며 말했다. "전통이란 틀에 박힌 규칙 아닌가? 지금은 새로운 생각이 필요한 때야!"

그러자 우락이 말했다. "대신 왕께서 축하객들 앞에서 벨이 다른 모든 신들보다 우월하다는 것을 입증해 보이면 벨의 마음이 풀어지지 않겠습니까?

"어떻게 말인가?"

"선왕이신 느부갓네살 왕께서 예루살렘에 있는 여호와의 전에서 금그릇과 포도주잔과 촛대와 다른 귀한 물품들을 가져와 보물함에 보관해 놓으셨습니다. 만찬 때 우리가 그 성물들에 음식과 포도주를 담아 벨 앞에 바치는 것이 어떨까요?"

제사장의 입가에 미소가 번졌다. "폐하, 아주 멋진 방법이옵니다. 그렇게 한다면 벨의 분노를 가라앉힐 수 있을 것이옵니다. 하지만 벨의 심기를 완전히 달래기 위해서는 그 성물들을 벨의 신전에 바치는 것이 좋겠나이다."

"그렇다면 십분의 일을 벨에게 바치겠네."

"절반은 되어야지요." 제사장이 대꾸했다.

벨사살은 사분의 일로 타협을 했고, 제사장은 수천 명의 귀족들과 정부 관료들과 여인들이 참여할 만찬을 준비하기 위해 급히 집무실을 빠져나갔다. 만찬에 필요한 포도주는 왕의 식탁에서 공짜로 제공될 것이었다.

그날 저녁, 벨사살은 여느 때처럼 왕족들과 저녁 식사를 했다. 돼지고기와 포도주를 실컷 먹고 난 후에 그는 나람과 함께 계획했던 만찬에 대해 자랑삼아 떠벌리기 시작했다. "만찬에 여자들도 초대하고, 결정적인 순간에 예루살렘 성전에서 가져온 황금 잔으로 포도주를 마시기로 했습니다."

순간 알리툼 왕비의 얼굴이 창백해졌다. "그러지 마시오. 벨사살!" 그녀의 목소리는 다급한 듯했다. "히브리의 하나님은 강한 신이오. 왕께서는 잘 모르겠지만 선왕이신 느부갓네살 왕도 참되고 유일하신 히브리의 하나님을 인정했어요. 선왕의 실수를 다시 반복하지 마세요. 여호와의 보물은 금고 안에 그대로 있어야 합니다."

"할머니, 할머니는 벨을 섬기지만 여호와를 두려워하시는군요. 설마 신들이 진짜 능력이 있다고 생각하시는 건 아니죠?"

"왕께서는 신을 믿지 않으시오?"

"물론 믿지요!" 벨사살은 포도주 한 잔을 단숨에 들이켜고는 입을 닦았다. 그러자 시종이 바로 포도주 잔을 다시 채웠다.

"저는 쾌락의 신을 믿습니다. 쾌락, 돈, 권력, 이런 것들이야말로 실제로 존재하는 것이지요. 돈은 쾌락을 살 수 있을 때만, 권력은 쾌락을 강제로 얻을 수 있을 때만 의미가 있는 겁니다."

두려움이 알리툼 왕비의 뼛속까지 스며들었다. 그녀는 조용히 저녁 식사를 마치고는 자신의 방으로 돌아왔다. 그리고 그 만찬에는 절대로 참석하지 않겠다고 다짐했다.

드디어 벨의 연회 주간이 시작되었다. 바벨론의 모든 사람이 축하하고 기념하는 축제였다. 낮에는 신전에서 거룩한 의식이 치러졌고, 밤에는 거리마다 흥청거리는 사람들로 가득 찼다. 왕궁은 만찬에 참여하기 위해 모여든 손님들로 북적이고 있었다.

커다란 홀이 손님들로 가득 채워졌다. 언뜻 보아도 남자들보다는 여자들이 많아보였다. 만찬이 시작되기 전부터 식탁마다 사람들이 빈틈없이 자리하고 있었다.

만찬이 시작되자 벨사살이 등장했고, 뒤이어 왕비들과 왕의 첩들, 총리대신 우락과 최측근인 여섯 명의 지혜자들이 들어왔다. 가장 높은 단 위에 놓인 높은 식탁에 그들이 앉자 만찬의 시작을 알리는 징이 울렸다.

벨의 여사제가 홀의 중앙으로 나와 거룩한 화로 안에 있는 향에 불을 붙이고 의식에 따라 바벨론의 신들을 찬양했다. 그러고 나서 대제사장이 자기 자리에 앉자 본격적으로 축제가 시작되었다. 하인들이 고기, 치즈, 과일 등 진수성찬으로 가득 찬 커다란 쟁반을 들고 연회장으로 들어왔다.

연회장은 순식간에 시끌벅적해졌다. 손님들의 웃음소리와 술 취한 사람들의 고함소리, 잔 부딪치는 소리가 홀 안을 가득 채웠다. 얼마 지나지 않아 사람들이 술에 취해 식탁이나 바닥에 쓰러졌다. 벨사살 왕은 연거푸 술잔을 비우며 아내들과 첩들과 여종들을 닥치는 대로 희롱하며 즐기고 있었다.

나람은 지금 당장 실행하지 않는다면 벨사살이 만취가 되어 약속을 이행하지 못할 거라는 생각이 들었다. 그래서 왕이 앉은 식탁으로 다가가 왕에게 귓속말을 했다. 그러자 벨사살은 고개를 끄덕이며 예루살렘에서 가져온 성물들을 가져오라고 명령했다.

커다란 황금 촛대가 왕이 앉은 식탁의 왼쪽 벽 쪽에 놓였고 일곱 개의 등잔에 모두 불이 붙여졌다. 수백 개의 황금 잔이 귀족들에게 나누어졌고, 정교하게 세공된 황금 그릇은 왕의 식탁에 놓여졌다. 그 그릇에는 곧바로 포도주가 가득 채워졌다. 왕은 비틀거리며 일어나서 시종에게 징을 울리라고 했다. 시끌벅적하던 소음이 순식간에 잠잠해지고 모든 손님이 왕을 주목했다.

그는 술 취한 목소리로 말했다. "존경하는 바벨론의 귀족과 대신들이여, 바벨론의 신들 중 히브리의 하나님보다 혐오스러운 신은 없습니다. 그가 기적을 일으켰다는 헛소문이 바벨론 곳곳에 퍼졌고, 유대인들은 여전히 그를 유일한 신이라고 믿고 있으니 한심하지 않습니까?" 여기저기에서 웅성거리는 소리가 들렸다.

"그러나 오늘밤에," 그는 말을 이어갔다. "우리는 여호와가 아닌 벨이 모든 신들 중 가장 으뜸임을 증명하고자 합니다. 지금 벨의 발이 여호와의 목을 세게 누르고 있습니다. 왜냐하면 벨이 여호와의 신전과 그의 거룩한 도시를 완전히 무너뜨렸고, 그의 약해빠진 손에서 황금으로 만든 성물들을 모조리 빼앗아왔기 때문입니다. 오늘 밤 벨을 찬양하면서 이 성물들을 술잔 삼아 실컷 마셔봅시다."

벨사살이 황금 그릇을 높이 들어 포도주를 단숨에 들이켜자 모든 사람이 환호성을 지르며 화답했다.

그때 갑자기 왕의 눈이 휘둥그레 해지며 황금 그릇이 그의 손에서 미끄러져 큰 소리를 내며 바닥으로 떨어졌다. 포도주가 수염으로 흘러내렸지만 성전 촛대가 놓인 벽을 끔찍한 표정으로 바라보며 털썩 주저앉고 말았다.

연회장 안의 모든 눈이 그의 시선을 따라갔다. 그 순간 여자들은 비명을 지르고 남자들은 겁에 질려 입을 벌렸다. 사람의 손과 같은 모양으로 황소만큼이나 커다란 손이 나타나 집게손가락으로 하얀 회벽 위에 글씨를 쓰고 있었다. 몸과 연결되어 있지 않은 손은 벽 위를 떠다니는 듯했다. 네 개의 큰 글자를 쓰고 난 후에 그 손은 천정 쪽으로 사라져버렸다.

“나람, 저 글자들이 무슨 뜻이오?” 벨사살이 물었다.

“어서 말해! 무슨 뜻이냐고?”

“실은… 잘 모르겠나이다. 이해할 수 없는 글자들이옵니다.”

“우락, 자네는 알고 있겠지.”

“글자들이 수수께끼 같사옵니다. 신들이 주는 메시지가 분명하옵니다.”

“그렇다면 점술가들을 부르시오!” 왕이 고함을 질렀다. “당장 데려오라!”

시종이 점술가들을 불렀지만 그들도 식견이 모자랐다. 그러자 벨사살은 이성을 잃고 말았다. 그는 고래고래 소리를 지르며 포도주 잔을 집어던지고 황금 그릇까지 내동댕이쳤다. 지혜자들도 그를 달래지 못하고 있었다.

그때 우락이 옆에 있던 시종에게 말했다. “빨리 가서 알리툼 왕비를 모셔오라. 왕비는 왕을 잠잠케 할 방법을 알고 계실 것이네.”

잠시 후에 시종의 안내를 받으며 왕비가 연회장 안으로 들어왔다. 시종은 벽에 쓰인 글자를 가리키며 조금 전에 있었던 일을 왕비에게 자세히 설명했다. 왕비는 고개를 끄덕이더니 단 위에 올라가 혐오감이 가득 찬 눈빛으로 벨사살을 바라보았다. “왕이여, 만수무강하소서.” 그녀의 입에서 나오는 모든 말에 야유가 섞여 있는 듯했다. “왕의 질문에 대답해 줄 수 있는 유일한 사람이 왕궁과 멀지 않은 곳에 살고 있습니다. 왕의 선친이신 나보니두스 왕께서 어리석게도 가장 지혜로운 신하를 자리에서 물러나게 하셨지요. 그의 이름은 다니엘입니다. 그는 거룩하신 하나님의 영을 소유한 자로서 꿈과 신비한 일들을 해석할 수 있는 지혜와 판단력을 가지고 있습니다. 확신하건대 이 세상에서 오직 그만이 왕께 해답을 드릴 수 있을 겁니다."

왕은 사람을 보내 다니엘을 데려오게 했다. 다니엘이 도착하기만을 기다리던 손님들은 불길한 글자에 대해서는 금세 잊고 다시 방탕하게 즐기기 시작했다. 그러나 연회장에 한 노인이 등장하자 분위기가 완전히 얼어붙었다. 홀 안에 있던 모든 사람의 시선이 다니엘에게로 향했는데, 그의 눈은 분노로 불타오르고 있었다. 그는 술 취한 남자들과 반 벌거숭이의 여자들을 무시한 채 통로를 지나 왕 앞으로 걸어갔다.

그리고는 단 위로 올라가 왕 앞에 섰다. 다니엘을 보자 벨사살은 떨리는 손가락으로 벽을 가리켰다. "히브리의 촛대가 서 있는 위쪽에 새겨진 저 글자들을 보시오. 이 바보들은 아무도 저 말의 뜻을 해석하지 못했소. 당신이 해석을 해준다면 이 나라에서 세 번째로 높은 벼슬을 내리고 좋은 옷과 금 목걸이를 하사하겠소."

"그 보상은 왕이 가지셔도 좋습니다." 다니엘이 말했다. "그래도 이 글자들의 뜻을 해석해 드리겠나이다. 그런데 그보다 앞서 왕께 들려 드릴 이야기가 있습니다. 왕께서도 선왕이신 느부갓네살 왕의 이야기를 잘 알고 계실 것입니다. 하나님은 그를 온 세상의 통치자로 삼으셨습니다. 하지만 그는 하나님을 경외하지 않았고 자신이 성취한 모든 것으로 인해 교만에 사로잡히고 말았습니다. 그래서 하나님은 그를 낮춰 들짐승처럼 풀을 뜯고 아침 이슬에 젖은 채 눈을 뜨게 하셨습니다. 이 일로 느부갓네살 왕은 하늘에 계신 하나님이 이 땅의 모든 왕들과 나라를 다스리는 분이심을 깨닫고 하나님 앞에서 스스로 겸손해지셨습니다."

다음 순간 다니엘은 손가락으로 그의 얼굴을 가리키며 말했다.

"하지만 당신, 벨사살은 돌과 나무와 은으로 만들어진 우상들을 신이라 칭하며 절했고, 오늘 밤 스스로를 높여 거룩한 성물에 술 취한 입술을 대고 왕의 신들 앞에서 하나님을 무능한 신으로 선포했습니다. 그래서 하나님은 왕을 심판하기로 작정하셨습니다. 왕이 오늘 보신 손은 하나님의 사자였습니다. 그리고 그 손이 쓴 글자들은 하나님의 메시지를 담고 있습니다."

다니엘은 벽에 적힌 글자를 바라보았다. "왕이 보고 계신 글자는 '메네 메네 데겔 우바르신'으로 다음과 같은 뜻입니다. '하나님은 이미 왕의 나라의 때를 계수하여 끝내기로 결정하셨습니다. 왕을 저울에 달아 보니 무게가 충분치 않았기 때문입니다. 왕의 나라는 곧 메대와 페르시아로 나뉘게 될 것입니다.'"

말을 마치고 다니엘은 인사도 없이 뒤돌아 단을 내려왔다.

"기다리시오." 벨사살이 불렀다. 다니엘이 걸음을 멈추자 왕은 우락을 손짓하여 불러서 귀에 대고 작은 목소리로 속삭였다. "이 많은 사람들 앞에서 한 약속이니 지켜야 할 것 같소. 일단 자네가 입고 있는 겉옷과 목걸이를 그에게 주게. 내가 내일 자네에게 갚아 주지."

우락은 겉옷과 금목걸이를 벗어 다니엘에게 건네주었다. 예언자 다니엘은 감사인사는커녕 왕을 돌아보지도 않았다. 그는 홀 안에 있던 사람들의 시선에는 아랑곳없이 걸어 나오면서 겉옷과 목걸이를 벗어 던졌다. 금목걸이가 찰랑거리는 소리를 내며 바닥에 떨어졌다.

왕궁 안에서 한 편의 드라마가 진행되고 있는 동안 고브리아스 장군은 바벨론 성 바로 옆에 있는 유프라테스 강 강둑 위에 서서 어둠을 노려보고 있었다. 평민 옷으로 변장한 페르시아 병사들이 무장한 채 그의 뒤에 서 있었다. 흥청거리는 만찬의 소음이 성벽 안의 넓은 터널을 통해 떠나갈 듯이 울려 퍼졌다.

성의 정문은 강 아래까지 깊숙이 내려오게끔 만들어진 무거운 쇠창살문으로 굳게 닫혀 있었다. 그러나 오늘 밤 그 쇠창살은 강물 위로 50센티나 떠 있었다. 강의 수심이 얕아졌기 때문이었다. 키루스가 신호를 보내자 고브리아스 장군은 군사들을 이끌고 강이 흐르는 터널을 통해 도시로 입성했다.

술에 절어 있던 바벨론 사람들은 누구도 침략자들이 강에서 나와 자신들과 뒤섞여 함성을 지르고 있다는 사실을 알아채지 못했다. 그러나 곧 페르시아 병사들은 왕궁으로 향하는 길목에서 사람들을 무자비하게 공격하기 시작했다. 길거리는 피와 시체가 즐비했고 흥청거리는 소리는 비명소리로 바뀌었다. 사람들은 침략자들을 피해 도망가기에 바빴고 수많은 사람들이 페르시아 군대의 칼에 쓰러졌다.

고브리아스 장군이 술에 취해 있는 성문지기들을 처리하고 성 안으로 들어가자, 그때서야 사람들의 비명소리가 만찬에 참여한 손님들의 귀에까지 들렸다. 벨사살은 근위대장을 보내 원인을 알아오게 했다. 근위대장이 성문에 도착했을 때 놀라움을 금치 못했다. 성문지기 중 한 사람이 유일하게 살아남아 피투성이가 된 채 신음소리를 내며 쓰러져 있었는데, 그에게 다가가는 순간 숨어 있던 고브리아스가 나와서 근위대장을 죽이고 열린 문을 통해 만찬이 열리고 있는 연회장으로 들이닥쳤다. 페르시아 병사들은 피로 물든 칼을 들고 문을 박차고 홀 안으로 들어갔다.

일순간에 대혼란이 일어났다. 놀란 손님들은 비명을 지르며 달아나려고 허둥대다 시체와 의자에 걸려 넘어졌다. 살육자들 앞에서 그것은 의미 없는 시도일 뿐이었다.

고브리아스가 정예부대를 이끌고 단으로 올라올 때 벨사살은 공포에 사로잡혀 겨우 서 있을 뿐이었다. 벨사살은 손을 덜덜 떨면서 자신의 검을 집어 들었지만 그 순간 고브리아스가 자신의 칼로 왕의 배를 찔렀다.

해가 돋을 무렵 바벨론은 고브리아스의 손에 들어갔다. 그가 이슈타르 문을 열라고 명령하자 메대와 페르시아, 통일 왕국의 황제인 키루스 대왕이 보무도 당당하게 도시에 입성했다.

성경과 역사 속으로

다니엘서 5장의 이야기를 읽으면서 우리는 몇 가지 사실을 짚어볼 필요가 있다. 다니엘이 십대의 나이로 포로로 잡혀 온 지 칠십 년의 시간이 흘렀다. 그리고 4장에 기록된 사건 이후로도 25년 이상이 지난 것으로 추측된다. 느부갓네살 왕이 사십사 년을 통치한 후에 죽었고 다니엘의 나이는 80대 초반이 되었다.

느부갓네살 왕 사후에 바벨론에는 여러 명의 왕이 뒤를 이었다. 그리고 대부분은 때 이른 죽음을 맞게 되었다. 어떤 왕은 동생에게 살해당했고, 또 어떤 왕은 전쟁에서 전사했으며, 또 다른 왕은 메대와 페르시아 군대에 생포되어 전쟁포로로 잡혀갔다. 그 뒤를 이어 포도주와 여자와 음주가무에 중독된 불한당 벨사살이 왕위를 계승하게 되었던 것이다.[미주1]

벨사살은 아버지인 나보니두스 왕과 공동 집권 체제를 유지하다가 나보니두스 왕이 페르시아 왕 키루스에게 포로로 잡혀가자 홀로 바벨론을 통치하였다. 페르시아의 키루스에 의해 바벨론이 갑작스럽게 정복된 사실은 다니엘의 예언대로였다.

다니엘서 5장의 이야기는 왕이 천 명 이상의 손님들을 초대하여 주최한 만찬에서 시작되고 있다. 같은 시간에 페르시아 병사들은 바벨론 성을 포위하고 있었고, 키루스는 공격 명령을 준비 중이었다.

벨사살의 만찬

벨사살 왕이 그의 귀족 천 명을 위하여 큰 잔치를 베풀고 그 천 명 앞에서 술을 마시니라(다니엘 5:1)

벨사살이 주최한 만찬은 여러 가지 이유에서 성대했다. 첫째, 천 명이나 되는 벨사살의 신하들이 만찬에 참석했다. 사실 참석자들의 보좌관이나 근위대, 아내와 첩, 관리인들과 하인들까지 숫자에 포함시킨다면 만찬에 참석한 실제 인원은 훨씬 더 많았을 것이다. 20세기 구약학자인 H.C. 레오폴드는 고대 역사학자 크테시아스의 말을 인용하여 페르시아 왕들은 보통 천오백 명 정도의 사람들과 날마다 저녁 식사를 함께했다고 적고 있다.[미주2]

둘째, 만찬이 열렸던 연회장은 엄청나게 큰 장소였다. 고고학자들에 의해 발굴된 흔적을 보면 가로 16미터, 세로 50미터 정도로 추정할 수 있는데 이는 미국 백악관 전체 면적과 맞먹는다.

벨사살 왕이… 천 명 앞에서 술을 마시니라(다니엘 5:1)

벨사살은 품위 있고 고급스러운 저녁 식사를 주최한 것이 아니었다. 만찬은 한마디로 음란한 술 파티였다. 벨사살은 만찬에 여자들을 초대하고 신하들과 술을 마심으로써 스스로 왕궁의 규율을 위반했다. 대부분의 고대 근동 문화에서 남성과 여성의 공적 교류는 극히 드물었다. 심지어 사회적인 행사에서도 남녀를 엄격히 분리시키는 풍습이 있었다. 페르시아의 왕 아하수에로 크세르크세스가 관리들과 연회를 열 때, 성경은 "왕후 와스디도 아하수에로 왕궁에서 여인들을 위하여 잔치를 베푸니라"에 1:2-3, 9라고 기록하고 있는데, 이런 규율이 훼손될 때는 주로 음란함이 개입되어 있음을 의미했다. 성경에서 보듯이 아하수에로가 그 규율을 위반하려 했을 때, 왕후 와스디는 남자들의 만찬에 가지 않고 여자들의 만찬 자리에 남아 있고자 했다. "왕후 와스디를 청하여 왕후의 관을 정제하고 왕 앞으로 나아오게 하여 그의 아리따움을 뭇 백성과 지방관들에게 보이게 하라 하니 이는 왕후의 용모가 보기에 좋음이라"에 1:11.

고대 왕들은 손님들이 보는 자리에서 권위와 절제를 보이기 위해 포도주를 마시는 것을 엄격히 금하였다. 그래서 고대 근동 지방의 문화와 연관되어 있는 구약성경에서는 왕의 술 취함에 대해 엄격한 경고를 보내고 있다. "르무엘아 포도주를 마시는 것이 왕들에게 마땅하지 아니하고 왕들에게 마땅하지 아니하며 독주를 찾는 것이 주권자들에게 마땅하지 않도다 술을 마시다가 법을 잊어버리고 모든 곤고한 자들의 송사를 굽게 할까 두려우니라"잠 31:4-5.

포도주와 여자와 음주가무가 타락의 주된 요인이 되어 왔기 때문이다. 벨사살의 만찬은 이 세 가지를 고루 갖춘 음란함의 극치라 해도 과언이 아니었다.

> 벨사살이 술을 마실 때에 명하여 그의 부친 느부갓네살이 예루살렘 성전에서 탈취하여 온 금, 은 그릇을 가져오라고 명하였으니 이는 왕과 귀족들과 왕후들과 후궁들이 다 그것으로 마시려 함이었더라 이에 예루살렘 하나님의 전 성소 중에서 탈취하여 온 금 그릇을 가져오매 왕이 그 귀족들과 왕후들과 후궁들과 더불어 그것으로 마시더라 그들이 술을 마시고는 그 금, 은, 구리, 쇠, 나무, 돌로 만든 신들을 찬양하니라(다니엘 5:2-4)

벨사살은 포도주를 마시면서 느부갓네살이 예루살렘 성전에서 약탈해 온 성물들을 가져오라고 명령했다. 벨사살과 그 자리에 있던 손님들은 그 신성한 그릇에 술을 들이켜면서 "금, 은, 구리, 쇠, 나무, 돌로 만든 신들을 찬양하였다."4절

조셉 세이스 박사는 자신이 쓴 책 《바벨론으로부터 온 목소리》Voices from Babylon에서 이렇게 적고 있다. '시기적절하지 않은 때의 흥청거림과 관습으로 내려오는 규례의 말살, 뿐만 아니라 가장 높으신 하나님에 대한 불경스러움과 모독이 가식적인 우상숭배로 은폐되고 가려지고 있다! 이는 인간이 범할 수 있는 무모함과 어리석음의 극치였다. 하늘에 계신 하나님이 잠잠히 참아내실 수 있는 범위를 벗어났다. 그러므로 그 즉시 거룩한 분노가 현장에서 분출되었던 것이다.'미주3

벨사살은 미처 깨닫지 못했겠지만 그는 자기 자신의 장례식을 기념하고 있었다. 선지자 예레미야는 이 사건이 일어나기 오십 년 전에 바벨론의 몰락에 대해 자세히 기록해 놓았다.

북쪽 나라가 그 도시를 정복할 것이다(렘 50:1-3, 9).

이 나라는 메대와 연합할 것이다(렘 51:11, 28).

바벨론은 높은 성벽으로 요새화가 잘 되어 있었다(렘 51:53, 58).

바벨론은 속임수나 함정에 빠질 것이다(렘 50:24).

그 도시는 물이 고갈될 것이다(렘 51:36).

성대한 만찬이 진행되는 동안 이 일이 성취될 것이다(렘 51:39).

느부갓네살의 손자가 권력을 잡고 있을 때 이 일이 성취될 것이다(렘 27:6-7).

벨사살은 음란한 만찬을 벌이는 동안에도 키루스의 군대가 바벨론 성벽을 포위하고 있다는 사실을 알고 있었다. 바벨론 왕과 백성들은 도시가 포위당한 상황에서도 어떻게 자신들이 안전할 것이라는 어리석은 생각을 할 수 있었을까? 워부르드 박사의 설명은 이에 대한 이해를 도와준다. '바벨론의 건축물은 고대 도시국가 중 가장 아름다웠으며 거대한 성벽과 요새들은 가장 안전하기도 했다. 바벨론 사람들은 메대와 페르시아가 도시를 포위하고 있더라도 그들의 요새가 파괴되거나 식량이나 물의 공급이 고갈될 것이라고 생각하기 어려웠을 것이다. 게다가 자신들의 신에 대한 부질없는 믿음이 그런 확신을 더욱 강화시켰다.'[미주4]

그러나 이것은 엄청난 착각이었다. 역사의 아버지라고 불리는 헤로도토스는 바벨론의 멸망에 대해 아주 자세하게 기록하고 있는데, 그 내용은 이 장 끝부분에 수록되어 있다.

하나님의 손가락

그때에 사람의 손가락들이 나타나서 왕궁 촛대 맞은편 석회벽에 글자를 쓰는데 왕이 그 글자 쓰는 손가락을 본지라(다니엘 5:5)

성경에서 신성한 손가락이 나오는 장면은 이 장면이 유일하지 않다. 하나님의 손가락은 모세의 돌판에 십계명을 적으셨고출 31:18, 타락했지만 참회하는 여인을 보호하기 위해 바닷가 모래 위에 글씨를 쓰기도 하셨다요 8:6. 본문에서 하나님의 손가락은 벨사살의 만찬이 열리는 연회장 벽 위에 바벨론의 종말을 알리는 예언을 쓰셨다.

이에 왕의 즐기던 얼굴 빛이 변하고 그 생각이 번민하여 넓적다리 마디가 녹는 듯하고 그의 무릎이 서로 부딪친지라(다니엘 5:6)

벨사살을 기겁하게 만든 것은 벽 위에 쓰여 진 글자가 아니었다. 왕은 그 글자가 무엇을 뜻하는지도 몰랐다. 다만 거대한 손이 공중을 떠다니며 커다란 글씨를 써 내려가는 모습 자체가 공포스러웠을 것이다.

당신이 벨사살의 입장이었다고 상상해 보라. 수천 명의 사람이 술에 취해 있고, 엄청난 크기의 소음이 연회장을 가득 채우고 있는데 몸은 말을 듣지 않는다. 그때 갑자기 커다란 손이 나타나 하얀 벽 위에 알 수 없는 글자를 써 내려가는데 겁에 질린 군중은 비명을 지르거나 움직이지도 못한 채 그 광경을 바라보고 있다.

왕의 얼굴빛이 백지장처럼 하얗게 변했다. 왕의 생각이 번민하였다는 것으로 보아 어쩌면 그는 '유다의 하나님을 모욕했기 때문에 그분이 화를 내신 것은 아닐까'라고 생각했을지도 모른다. 아니면 페르시아로 인해 바벨론이 안전하지 않을 수도 있다는 생각이 번뜩 들었을 수도 있다.

'왕의 넓적다리 마디가 녹는 듯하였다.'는 말처럼 왕은 실제로 통증을 느꼈을 것이고, 다리가 몸을 지탱하지 못할 정도로 무릎이 심하게 서로 부딪쳤을 것이다. 오늘날에도 무릎이 부딪친다는 표현은 극심한 두려움을 표현할 때 사용된다. 이것은 인류 역사상 가장 빨리 술이 깨는 장면이었을 것이다.

다니엘을 부르다

왕이 크게 소리 질러 술객과 갈대아 술사와 점쟁이를 불러오게 하고 바벨론의 지혜자들에게 말하되 누구를 막론하고 이 글자를 읽고 그 해석을 내게 보이면 자주색 옷을 입히고 금사슬을 그의 목에 걸어 주리니 그를 나라의 셋째 통치자로 삼으리라 하니라 그때에 왕의 지혜자가 다 들어왔으나 능히 그 글자를 읽지 못하며 그 해석을 왕께 알려 주지 못하는지라 그러므로 벨사살 왕이 크게 번민하여 그의 얼굴빛이 변하였고 귀족들도 다 놀라니라(다니엘 5:7-9)

벨사살은 물론 그 자리에 있던 사람들은 벽에 쓰인 글자를 읽을 수 있었다. 그 글자는 아람말로, 그 시대에 일상적으로 통용되던 언어였기 때문이다. 그러나 그들은 그 말의 속뜻이나 메시지를 알지 못했다. 그래서 벨사살은 나라의 모든 지혜자들을 불러 모아 그 글자가 무슨 뜻인지 알아내라고 소리를 질렀다.

앞 절에서 우리는 벨사살이 벽에 있는 글자를 보았을 때 "그 생각이 번민하여"단 5:6라는 구절을 보았다. 왕의 지혜자들이 글자의 의미를 설명하지 못하자 성경은 이번에도 왕은 "크게 번민하여"9절라고 표현한다.

사실 벨사살은 꿈과 환상을 해석하는 다니엘의 능력에 대해 익히 들어왔었다단 5:14-16. 비록 느부갓네살의 통치 이후 다섯 왕들을 거쳤지만 왕궁에서 다니엘의 예언과 은사는 전설로 회자되었을 것이다.

왕비가 왕과 그 귀족들의 말로 말미암아 잔치하는 궁에 들어왔더니 이에 말하여 이르되 왕이여 만수무강 하옵소서 왕의 생각을 번민하게 하지 말며 얼굴 빛을 변할 일도 아니니이다 왕의 나라에 거룩한 신들의 영이 있는 사람이 있으니 곧 왕의 부친 때에 있던 자로서 명철과 총명과 지혜가 신들의 지혜와 같은 자니이다 왕의 부친 느부갓네살 왕이 그를 세워 박수와 술객과 갈대아 술사와 점

쟁이의 어른을 삼으셨으니(다니엘 5:10-11)

왕의 지혜자들이 벽에 쓰인 글씨를 해석하지 못하고 있을 때 왕비가 연회장 안으로 들어왔다. 그녀는 벨사살의 아내가 아니었다. 왕의 아내들은 이미 연회에 참석하여 함께 술을 마시고 있었기 때문이다단 5:2.

대부분의 학자들은 이 왕비가 느부갓네살의 아내라고 추측한다. 다시 말해 왕의 할머니인 셈이다. 그녀는 다니엘의 평판과 그에 대한 남편 느부갓네살의 신망과 총애를 잘 알고 있었다. 그래서 왕비는 주저하지 않고 앞으로 나아와 다니엘을 추천했던 것이다.

왕이 벨드사살이라 이름하는 이 다니엘은 마음이 민첩하고 지식과 총명이 있어 능히 꿈을 해석하며 은밀한 말을 밝히며 의문을 풀 수 있었나이다 이제 다니엘을 부르소서 그리하시면 그가 그 해석을 알려 드리리이다 하니라
(다니엘 5:12)

왕비는 다니엘에 대한 칭찬을 아끼지 않았다. 왕비의 설명에 따르면 다니엘은 유능하고 영적이며, 탁월하고 총명한 사람이었다. 왕비가 이렇듯 다니엘을 극찬한 것은 다니엘이 느부갓네살 왕의 꿈을 해석했을 뿐 아니라 그 꿈의 내용까지 맞춘 사실을 잘 알고 있었기 때문이다. 그것은 왕의 지혜자들에게서도 찾아볼 수 없는 능력이었다단 4장. 왕비는 느부갓네살 왕이 다니엘을 "거룩한 신들의 영이 있는 자"라고 기록한 것과 흡사하게 다니엘에 대해 설명하고 있다.

왕의 요구

> 이에 다니엘이 부름을 받아 왕의 앞에 나오매 왕이 다니엘에게 말하되 네가 나의 부왕이 유다에서 사로잡아 온 유다 자손 중의 그 다니엘이… 내가 네게 대하여 들은즉 너는 해석을 잘하고 의문을 푼다하도다 그런즉 이제 네가 이 글을 읽고 그 해석을 내게 알려주면 네게 자주색 옷을 입히고 금 사슬을 네 목에 걸어 주어 너를 나라의 셋째 통치자로 삼으리라 하니(다니엘 5:13-16)

왕이 다니엘에게 하는 말을 보면 다니엘은 더 이상 바벨론의 지혜자가 아니다. 그렇지만 그가 지체 없이 온 것을 볼 때 여전히 왕궁 인근에 살고 있음을 짐작할 수 있다. 당시 다니엘의 나이가 여든이었는데, 벨사살의 만찬에는 초대 받지 못했던 그가 나라에 위기가 닥치자 곧바로 호출되었다는 사실이 참으로 흥미롭다.

이 장면을 머릿속으로 상상해 보자. 다니엘이 도착한다. 이때 벨사살은 느부갓네살 때 예루살렘에서 포로로 잡혀 온 그 다니엘이 맞는지 확인한다. 두 사람이 대화를 나누고 있는 동안에도 예루살렘 성전에서 가져온 성물들은 여기저기에 흩어져 있다. 황금 잔마다 포도주가 담겨 있고, 어떤 잔들은 연회장 바닥에 뒹굴고 있다. 황금 그릇은 내동댕이쳐져 왕의 식탁 위에 뒤집혀 있다. 하나님께 제사드릴 때만 구별하여 사용되던 성물들이 난봉꾼인 이방 왕에 의해 더럽혀진 모습을 보면서 다니엘은 마음이 많이 아팠을 것이다.

벨사살도 이런 상황에서 예루살렘 포로 출신인 그에게 중대한 문제를 상의하고 있는 자신이 민망했을 것이다. 어쩌면 이런 민망함을 감추기 위해 그는 벽에 쓰인 글씨를 해석하면 금과 자색 옷과 높은 지위를 주겠노라고 약속했을 수도 있다. 다니엘은 벽에 쓰인 글씨를 훑어보았는가? 아니면 이미 그 글자의 해석을 알고 있었는가? 만일 그렇다면 그는 그날 밤이 바벨론의 마지막 밤이라는 사실을 알고 있었을 것이다. 그는 마음속으로 비웃으면서 이런 생각을 했을 지도 모르겠다. '내일이면 사라질 나라가 관직을 준다고?' 그러나 그는 그 말을 입 밖으로 내지 않았다.

다니엘은 자신의 역할을 알고 있었기에 다만 바벨론 왕에게 하나님의 진리만을 전할 뿐이었다.

> 다니엘이 왕에게 대답하여 이르되 왕의 예물은 왕이 친히 가지시며 왕의 상급은 다른 사람에게 주옵소서 그럴지라도 내가 왕을 위하여 이 글을 읽으며 그 해석을 아뢰리이다(다니엘 5:17)

라틴어에 '퀴드 프로 쿠오'quid pro quo라는 말이 있다. 특히 정치적인 의미로 많이 쓰이는데 '당신이 이것을 주면 나는 저것을 주겠다.'라는 뜻이다. '가는 말이 고와야 오는 말이 곱다.' 같은 속담과 비슷한 의미로 대가가 주어질 때 상대방이 원하는 것을 해주겠다는 의미다. 그러나 다니엘은 금을 위해서가 아니라 하나님을 위해 일하는 사람이었기 때문에 왕이 제안한 금과 의복과 권력을 그 자리에서 거절했다.

> 왕이여 지극히 높으신 하나님이 왕의 부친 느부갓네살에게 나라와 큰 권세와 영광과 위엄을 주셨고… 그가 마음이 높아지며 뜻이 완악하여 교만을 행하므로 그의 왕위가 폐한 바 되며 그의 영광을 빼앗기고 사람 중에서 쫓겨나서 그의 마음이 들짐승의 마음과 같았고 또 들나귀와 함께 살며 또 소처럼 풀을 먹

으며 그의 몸이 하늘 이슬에 젖었으며 지극히 높으신 하나님이 사람 나라를 다스리시며 자기의 뜻대로 누구든지 그 자리에 세우시는 줄을 알기에 이르렀나이다(다니엘 5:18-21)

왕이 내리는 보상을 거절한 후 다니엘은 느부갓네살이 잠시 비정상적인 삶을 살아야 했던 이야기와 그 이유를 설명해 주었다. 그것은 느부갓네살 왕의 교만에 대한 하나님의 심판이었다. 다니엘이 왕에게 이 이야기를 들려준 이유는 하나님이 이 땅의 모든 통치자들을 능가하는 능력을 가진 분이심을 확인시켜 주기 위함이었다. 벨사살은 아버지 느부갓네살을 망가뜨린 교만과 아집과 무례함을 똑같이 반복하고 있었다. 다니엘의 말에는 논리적인 결론이 암시되어 있었다. 선왕인 느부갓네살을 심판하신 하나님이 왜 당신의 죄는 처벌하시지 않고 그대로 내버려두시겠는가?

다니엘이 왕의 죄를 꾸짖다

1. 이미 알고 있으면서 지은 죄에 대한 책임

벨사살이여 왕은 그의 아들이 되어서 이것을 다 알고도 아직도 마음을 낮추지 아니하고(다니엘 5:22)

역사는 최고의 선생님이지만 벨사살은 실패한 학생이었다. 그는 느부갓네살의 교만과 그에 따른 하나님의 혹독한 심판에 대해 알고 있었다. 그러나 거기에서 아무런 교훈을 얻지 못했다. 그는 느부갓네살이 겸손해지는 모습을 직접 목격했지만 전능하신 하나님의 손길을 거부하고 있었다. 즉 그의 죄는 무지가 아니라 오만한 저항이었다. "하물며 하나님의 아들을 짓밟고 자기를 거룩하게 한 언약의 피를 부정한 것으로 여기고 은혜의 성령을 욕되게 하는 자가 당연히 받을 형벌은 얼마나 더 무겁겠느냐 너희는 생각하라"히 10:29

2. 신성모독에 대한 책임

> 그의 성전 그릇을 왕 앞으로 가져다가 왕과 귀족들과 왕후들과 후궁들이 다 그것으로 술을 마시고(다니엘 5:23)

벨사살의 죄는 더 심각해졌다. 벨사살은 하나님의 성물을 가져다가 사치를 부림으로써 하늘에 계신 하나님을 모욕했다. 이것은 그의 뻔뻔한 불경스러움과 경멸을 드러내는 모습이었다.

3. 이방 신에게 영광을 돌린 것에 대한 책임

> 왕이 또 보지도 듣지도 알지도 못하는 금, 은, 구리, 쇠와 나무, 돌로 만든 신상들을 찬양하고 도리어 왕의 호흡을 주장하시고 왕의 모든 길을 작정하시는 하나님께는 영광을 돌리지 아니한지라(다니엘 5:23)

벨사살은 하나님의 금과 은그릇을 훼손함으로써 살아계신 하나님을 모욕하였을 뿐 아니라 금과 은으로 만든 죽은 우상들에게 영광을 돌리는 죄까지 범했다.

벨사살이 소유한 모든 것은 하나님께로부터 왔다대상 29:14. 그러나 그는 자신이 누리고 있는 것들에 대해 하나님께 감사하기는커녕 은과 금과 구리와 쇠와 돌로 만들어진 우상들, 듣지도 보지도 알지도 못하는 생명이 없는 우상들에게 영광을 돌렸다신 4:28, 시 11:5-7, 135:16-17. 벨사살은 "모든 생물의 생명과 모든 사람의 육신의 목숨이 다 그의 손에 있는"욥 12:10 하늘에 계신 참 하나님을 거역하고 죽은 우상들에게 영광을 돌렸던 것이다.

다니엘이 계시를 드러내다

벽 위에 쓰인 글씨는 매우 간단했다. "메네 메네 데겔 우바르신"단 5:25 이 글자는 아람말로서, 첫 번째 단어인 '메네'를 반복하여 강조하고 있다.

메네(수를 세다): 벨사살을 재보고, 세어 보고, 꼼꼼히 살펴보았다.

데겔(무게를 달다): 하나님의 의로움을 기준으로 벨사살의 무게를 달아 보니 모자라다.

우바르신(나누어지다, 갈라지다): 바벨론이 메대와 페르시아로 갈라질 것임을 예고하고 있다.

단어들을 실로 꿰어 놓으니 메시지가 분명해진다. '세어 보다, 달아 보다, 나누어지다.' 바벨론의 지혜자들이 이 글자들을 두고 뜻을 찾아내지 못한 것은 이상한 일이 아니었다. 이미 그 말의 뜻을 알고 있는 사람에게는 이해하기 힘든 수수께끼 같은 문장이었기 때문이다. 그러나 다니엘은 하나님이 그 뜻을 드러내주셨기 때문에 바로 이해할 수 있었다.

레온 우드는 이 장면에 대해 이렇게 짧게 요약해 준다. '간단히 말해 다니엘의 해석은 벨사살이 도덕적, 영적으로 미달된다는 사실이 드러났으므로 그의 왕국이 멸망하게 될 것이라는 것이다. 그들을 포위하고 있던 메대와 페르시아가 그들의 영토를 나누어 흡수하게 될 것이다.'[미주5]

바벨론의 멸망

역사상 가장 유명한 작전은 그리스 군대가 거대한 목마를 이용하여 병사들을 트로이에 몰래 잠입시켰던 사건일 것이다. 그러나 트로이의 목마 사건보다 앞서는 것이 메대-페르시아가 바벨론을 차지하게 된 이야기다. 많은 학자들이 트로이 목마가 전설인지 실제인지를 논쟁하는데 반해 키루스가 바벨론을 정복한 사건은 사실로 증명되고 있다. 유명한 그리스 역사가 헤로도토스는 이 사건에 대해 상세히 기록하였다.

'키루스는 강이 바벨론으로 흘러들어 가는 길목과 나오는 길목에 한 무리의 군대를 주둔시켜 놓고, 강물이 건너갈 수 있을 정도가 되면 바로 도시로 진입하라고 지시했다. 그리고는 남은 병사들과 함께 수로를 파 습지 앞에 있던 호수로 강물의 방향을 바꾸었다. 강물의 수위를 줄어들게 함으로써 건너갈 수 있는 통로를 만들었던 것이다. 페르시아 병사들은 남자 허벅지까지 물이 빠졌을 때 수로를 따라 바벨론으로 들어갔다. …마침 바벨론은 축제 기간이었기 때문에 사람들은 아무것도 눈치 채지 못하고 춤을 추면서 즐기고 있었다. …그래서 바벨론은 처음으로 점령당하게 되었다.'[미주6]

BC 539년 10월 11일 밤, 메대-페르시아 군대가 바벨론의 성벽 아래로 몰래 잠입하여 들어와 벨사살을 죽였다. 예레미야의 예언이 그대로 성취되었고, 바벨론은 적들의 손에 넘어가고 말았다.

다니엘서 4장은 바벨론을 세운 느부갓네살의 마지막을 다루고 있고, 다니엘서 5장은 벨사살과 바벨론의 마지막을 다루고 있다. 거대한 신상의 금으로 만든 머리는 이제 은으로 만든 가슴과 팔에게 정복당하였다. 바벨론은 자신들보다 못한 메대와 페르시아에게 흡수되었다. 이 장을 마무리하면서 우리는 존 워부르드의 말에 주의를 기울여야 할 것 같다.

'바벨론의 멸망은 믿지 않는 나라의 파멸을 모형으로 보여주고 있다. 현대문명은 고대 바벨론과 유사한 점이 매우 많다. 인간의 손과 독창성으로 건설된 눈부시게 빛나는 기념비적인 건축물들은 안전해 보이지만 하나님의 심판 앞에서는 속수무책이었다. 현대 문명 또한 고대 바벨론과 마찬가지다. 인간이 만든 바벨론은 인간의 교만을 추켜세워 줄지언정 인간의 안전은 절대 지켜주지 못한다. 바벨론은 나보니두스 연대기에 기록된 대로 티슈리의 열여섯 번째 되는 날10월 11일 또는 12일에 멸망당했고, 주님이 다시 오실 그날에 이 세상 또한 전복될 것이다살전 5:1-3. 그러나 세상의 재앙은 하나님의 자녀들을 해하지 못한다. 앞으로 우리가 보게 될 6장에서 다니엘은 이 재앙에서 살아남아 새로운 왕국의 지도자 가운데 한 사람이 될 것이다.'[미주7]

"귀인들을 폐하시며 세상의 사사들을 헛되게 하시나니 그들은 겨우 심기고 겨우 뿌려졌으며 그 줄기가 겨우 땅에 뿌리를 박자 곧 하나님이 입김을 부시니 그들은 말라 회오리 바람에 불려 가는 초개 같도다"사 40:23-24.

오늘날의 다니엘 요원에게

벨사살의 만찬 장면은 마치 눈앞에서 펼쳐지는 장면처럼 생생하게 묘사되어 있다. 우리 또한 바벨론과 다르지 않은 세상에 살고 있다. 이 세상은 감각적이고 관능적이며, 탐욕스럽고 저속한 문화가 활개치고 있다. 나는 이러한 문화 속에서 오늘날의 다니엘 요원들에게 세 가지를 당부하고 싶다.

1. 하나님이 당신의 역할을 끝냈다고 생각지 말라

여든 살이 된 다니엘은 바벨론에서 더 이상 높은 직책을 맡고 있지 않았고, 젊은 세대들은 그를 잊어버렸다. 그러나 하나님은 그때까지 그의 생명을 보존하셨고, 때가 되었을 때 오직 다니엘만이 전할 수 있는 메시지를 전하게 하셨다. 당신의 상황이 어떠하든지 영적인 강건함을 유지하면 필요할 때 언제든 자기 역할을 수행할 수 있다.

2. 명성과 돈에 대해 너무 걱정하지 말라

다니엘은 자신의 소유에 대해 지혜로운 청지기였고 후일을 준비하는 사람이었지만, 왕이 제공해 주는 금과 의복과 명예에는 관심이 없었다. 그는 그것들이 부질없는 장신구에 지나지 않음을 알고 있었다. 다니엘은 영원한 상급을 기대하고 있었다.

3. 하나님의 진노와 심판에 대한 말씀을 간과하지 말라

우리는 현실적인 정보를 많이 소비하고 있지만, 성경이 다루고 있는 예언적 혹은 사도적인 경고에는 그다지 귀를 기울이지 않는다. “그날 밤에 갈대아 왕 벨사살이 죽임을 당하였고”(단 5:30). 사도 바울이 총독 벨릭스를 만났을 때 바울은 그에게 “의와 절제와 장차 오는 심판을 강론하였다”고 했다(행 24:25). 히브리서의 저자 또한 뉘우치지 않는 세상을 향하여 “오직 무서운 마음으로 심판을 기다리는 것과 대적하는 자를 태울 맹렬한 불만 있으리라”고 경고하고 있다. 하나님의 심판에 대한 계시의 말씀을 선포하지 않는 세대에서는 회복 운동이 일어나지 않는다. 이 메시지는 우리 시대를 향한 중요한 과제이다.

7
chapter

라이온 킹

다니엘 6:1-28

이야기 속으로

다리우스 왕이 집무실에 앉아 지방에서 온 편지를 꼼꼼하게 읽고 있었다. 그가 한숨을 내쉬며 손으로 이마를 문지르고 있을 때 시종이 방으로 들어왔다. "왕이시여, 머리를 식힐 수 있도록 마실 것을 대령할까요?"

"그렇게 해주시게." 다리우스 왕이 대답했다. "그리고 상황이 악화되고 있는 것 같아 염려가 되니 베록과 카무르를 불러주시오."

세 명의 총리 가운데 두 명인 베록과 카무르를 기다리는 동안 그는 페르시아의 왕 키루스가 바벨론을 정복한 후 자신을 대리 통치자의 자리에 앉게 했던 지난 세월을 떠올렸다. 백이십 개의 지방에서 일어났던 과도기적인 혼란은 대부분 해결되었다. 그런데 최근 그는 지방 관리들의 부패와 타락에 관해 많은 투서를 받고 있었다. 그런 지역의 백성들은 그 지역을 맡고 있는 군사 조직의 엄격한 통제에 저항하기 시작했다. 그런 항의 투서가 없는 유일한 지역은 왕의 세 번째 총리인 다니엘이 다스리고 있는 사십 개의 지역이었다. 사실 다니엘은 오히려 자신이 다스리는 지역의 군사 조직을 감축시키고 있었다.

베록과 카무르가 집무실로 들어와 왕의 책상 앞에 놓인 자신들의 자리에 앉았다. 다리우스 왕은 자신이 받은 투서의 내용에 대해 짧게 설명하면서 두 총리에게 해명해 보라고 했다.

"위대한 왕이시여" 바록이 말했다. "왕께 답변을 드릴 수 있음이 너무도 기뻐옵니다. 식민지 국가들로부터 저항과 소요가 일어날 것 같사옵니다. 바벨론의 선왕이었던 나보니두스와 벨사살은 나라를 다스리는 일에 거의 관심을 두지 않았습니다. 그것이 이러한 소요가 일어나게 된 결정적인 이유이옵니다. 그것을 해결할 수 있는 유일한 방법은 페르시아의 고유 방식대로 무력으로 진압하는 것이옵니다."

"그렇다면 왜 다니엘이 다스리는 지역에서는 이런 투서들이 없는 것이오?"

"왕이시여, 먼저 그의 이름을 거명해 주시니 매우 다행이라 생각되옵니다." 카무르가 대답했다. "그는 왕께서 생각하시는 것만큼 정직하고 기품 있는 자가 아니옵니다. 그는 왕께서 임명하신 총독들을 반 이상이나 해고하였사옵니다."

"그렇다면 그 대답은 그에게 직접 듣는 것이 좋겠군."

잠시 후 다니엘이 들어왔다. 여든이 넘은 나이였지만 여전히 총기어린 눈빛을 소유하고 있었다.

"다니엘" 다리우스가 말했다. "자네는 자네가 다스리는 지역의 총독을 반 이상이나 물러나게 했네. 그 부분에 대해 내게 할 말이 있는가?"

"왕이시여, 제가 해고하지 않았나이다. 그들은 제가 제시한 조건을 수용하는 것보다 사임하는 것이 좋겠다고 판단하여 스스로 물러난 것이옵니다. 저는 그들의 모든 지출에 대해 엄격한 회계 감사를 요구하였습니다. 또한 그들에게 바벨론에서 살 것이 아니라 자신들이 맡은 지역으로 이사하라고 지시했습니다. 관리자가 그 지역에 없으면 어떤 일도 효율적일 수 없습니다. 그러자 그들 대부분이 이곳에 남는 것을 선택하였사옵니다."

"그건 터무니없는 요구가 아니오!" 베록이 말했다. "권력의 중심인 이곳을 벗어나 지방 변방으로 쫓겨나길 원하는 관리는 아무도 없을 것이오."

"우리가 원하는 지도자가 바로 그런 사람이오." 다니엘이 대답했다. "한 지역의 지도자는 그 지역에 사는 민족을 이해하기 위해 노력해야 하고, 그것은 그들과 더불어 생활하지 않으면 불가능하오."

"다니엘" 다리우스가 말했다. "자네는 왜 지방의 불안 요소들을 무력으로 해결하지 않는 것이오? 다들 그렇게 하고 있는데 말이야."

"그들이 갖는 불만 중 때로는 타당한 것들도 있습니다." 다니엘이 대답했다.

"지도자로서 우리는 그 소리를 귀 기울여 들어야 합니다. 대부분의 경우 간단한 타협만으로도 설득할 수 있는 문제들이어서 비용을 들이지 않고 해결할 수 있습니다. 그리고 만약 우리가 납득할 만한 해결책을 내놓는다면 그 민족들은 우리를 신뢰하기 시작할 것이고 그만큼 우리에게 협조하게 될 것입니다."

다리우스는 바록과 카무르를 바라보았다. "이것이야말로 내가 바라던 바요. 느부갓네살 밑에서 일했던 다니엘을 재임용한 이유가 바로 이런 이유 때문이오. 방금 다니엘은 내 결정이 옳았음을 확인시켜 주었소. 다니엘을 이 나라 총리들의 수장으로 삼을 것이오."

왕은 회의를 마무리했고, 세 명의 총리들은 인사를 한 후 나왔다.

분노로 가득 찬 베록은 카무르 곁으로 가까이 다가가 작은 목소리로 말했다. "이건 있을 수 없는 일이야! 나는 이십 년이 넘는 세월 동안 다리우스를 보좌해 왔네. 그 자리에 앉아야 할 사람은 바로 나라고!"

"우리한테 일어나는 모든 일을 저 유대인에게 보고 해야 한다니. 생각하기도 싫네."카무르가 말했다.

"이런 부당한 처사를 반드시 막아야 하네. 그러기 위해서는 왕이 더 이상 다니엘을 믿을 수 없도록 만들어야 하네."

"하지만 어떻게? 다니엘은 갓 태어난 양처럼 깨끗하다더군."

"나만 믿으시게. 나쁜 습관, 사소한 부정부패, 부도덕한 행동 하나 없는 인간이 세상에 어디 있겠는가? 털어서 먼지가 안 날 수 없으니 찾아보세."

두 음모꾼들은 며칠에 걸쳐 도시 외곽에 있는 공원에서 만나 다니엘을 고발하기 위한 작전을 짰다. 그들은 다니엘의 집안일을 봐주고 있는 하인에게 뇌물을 주고, 다니엘의 일거수일투족을 보고하도록 했다. 그뿐 아니라 사람을 사서 다니엘을 하루 종일 미행하도록 했다. 또한 궁전 하인에게 그의 모든 대화를 엿듣게 했다.

세 달에 걸쳐 그렇게 철저하게 감시했지만 그들은 어떤 것도 찾을 수 없었다. 그들이 다른 묘안을 짜내기 위해 애쓰고 있을 때 하인 한 명이 해가 진 후, 젊은 여인 하나가 다니엘의 집을 다녀갔다는 소식을 전해 왔다. 베록은 다니엘을 잘 알고 있는 정보원 하반을 불렀다.

"다니엘에 대한 추문이 돌고 있더군. 날이 어두워지고 난 후에 다니엘의 집에 한 여인이 다녀갔다는 보고가 들어왔네."

하반이 대답했다. "그 여인은 최근에 남편을 잃어 과부가 되었는데, 다니엘이 자기 돈을 그 여인에게 주어 가난을 면하도록 하였사옵니다. 그는 도움이 절실한 사람들에게 종종 그런 일을 해왔습니다."

"하지만 틀림없이 그 여인이 뭔가 대가를 제공했을 것이야. 여자가 남자에게 줄 수 있는 걸 말이지."

"그렇지 않사옵니다. 그녀는 아무것도 주지 않았습니다."

"그 여인이 다녀간 시간을 전부 확인했는가?"

"아닙니다."

"그런데 어찌하여 그런 일이 없을 것이라고 확신하는가?"

"마마, 다니엘은 내시와 같사옵니다."

실망에 가득 찬 두 음모꾼은 공원에서 다시 만났다. "나는 이런 경우를 본 적이 없소." 카무르가 말했다.

"다니엘은 아무리 뒤져도 흠이나 과오가 없네. 하반의 보고에 따르면 그의 행동 중 유일하게 이상한 행동은 하루 세 번씩 예루살렘을 향해 기도하는 것뿐이네."

"음… 우리가 가진 패가 그것뿐이라면 그것이라도 활용해 봐야지. 그 패를 활용할 방법을 모색해 보세." 베록이 대답했다.

두 사람이 음모를 논의하고 있을 때 갑자기 왕의 집무실 쪽에서 천둥소리와 같은 짐승의 울음소리가 들려왔다.

순간 카무르의 몸이 얼어붙었다. "저게 무슨 소린가?"

"사자라네. 왕이 사냥을 하러 가셨다가 산에서 잡아온 것이지. 저 구덩이에는 사자들이 가득 차 있다더군."

"소리만으로도 너무 끔찍하고 무시무시하네."

베록이 갑자기 걸음을 멈추었다. "좋은 생각이 떠올랐네. 자네도 알다시피 다리우스 왕은 느부갓네살 왕이 다른 나라를 정복하면서 가져왔던 우상들을 그 나라에 다시 돌려주지 않았는가. 그것이 식민지 지방의 입장에서는 아주 다행한 일이지만 여기 바벨론에서 그 우상들을 섬기던 사람들은 왕에게 배신감을 느낀다고 하더군. 이 문제를 크게 키워서 왕이 심각한 문제로 받아들이도록 만들어야 하네."

"그것이 다니엘과 무슨 상관이 있는가?"

"내 말을 잘 들어보게. 다리우스 왕에게 모든 사람이 섬겨야 할 새로운 신을 만듦으로 이 문제를 해결할 수 있다고 제안하고, 동시에 왕의 허영심을 자

극하여 그를 신으로 삼아야 하네. 그리고 삼십 일 동안 그 외에는 누구에게도 기도할 수 없게 만드는 조서를 내리면 끝나는 것이지. 어떤가?"

카무르의 얼굴에 비열한 웃음이 스며들었다. "이제 알 것 같군. 다니엘은 그의 하나님께 계속 기도를 올릴 것이고, 우리는 법을 어긴 죄목으로 그를 체포할 수 있을 테지. 왕은 그를 파면시키지 않고는 못 베길 거야."

"고작 파면 갖고는 만족할 수 없지. 그를 사자 먹이로 만들어 버리는 건 어떤가. 조서를 어긴 형벌이 그만큼 엄격해야 하지 않겠는가."

"과연 우리가 그런 법의 필요성에 대해 왕을 설득할 수 있겠나? 우상을 가져가 버린 것에 대한 불만은 극소수의 의견에 불과하다고 들었네."

"극소수라도 있는 건 있는 걸세." 베록이 대답했다. "우리 총독들을 왕 앞에 세워 그 문제를 반복적으로 거론하게 하세. 그들도 우리만큼이나 다니엘을 못마땅하게 여기고 있으니 말이야."

"좋은 생각이야." 카무르가 말했다.

베록은 왕을 대면할 시간을 잡았다. 이레 후 무역 협상과 저녁 만찬 사이로 시간을 정했다. 그 무렵 왕은 심신이 몹시 지쳐 있어 깊이 생각하지 못할 것이다. 한편 카무르는 왕의 사냥꾼에게 뇌물을 주어 지시가 있을 때까지 사자에게 먹이를 주지 말라고 당부했다.

드디어 그날이 왔다. 총리 두 사람과 그들을 따르는 총독들이 왕이 있는 큰 홀에 모여 탄원을 올렸다. 총독들은 베록이 시키는 대로 종교적인 불만을 극대화하여 보고했고, 카무르는 그 문제를 해결할 방법을 제시했다. 그가 제안한 해결책은 삼십 일 동안 바벨론에 거주하는 모든 백성은 왕 이외에 어느 누구에게도 기도를 하거나 빌지 못하게 하는 조서를 내리고, 그것을 어긴 사람은 누구를 막론하고 사자 굴에 던져 넣는 형벌을 내려야 한다는 것이었다.

"총리의 제안에는 두 가지 문제가 있소." 다리우스가 대답했다. "첫째, 나는 신이 아니거니와 신이 되고 싶지도 않소."

"물론 그렇습니다." 베록이 대답했다. "왕께서는 그런 면에서 이상적인 군주시옵니다. 그래서 칙령의 유효 기간을 삼십 일로 정한 것이옵니다."

"그 기간이 끝나면 자네들이 나를 인간의 자리로 되돌려 놓겠다는 말이군." 왕이 얼굴을 찌푸리며 말했다. "두 번째 문제는 형벌에 관한 것이네. 사자 굴에 던진다는 것은 종교적인 과오를 범한 사람에게 너무나 가혹한 처사라고 생각되네."

"왕이시여, 그건 사실이옵니다." 베록이 말했다. "하지만 엄격한 처벌이 있어야 폭동을 미리 진압할 수 있는 효과가 있을 것이옵니다."

"이 문제가 그토록 심각하단 말이오? 오늘 자네들을 만나기 전까지는 이 문제에 대해 한 번도 들어본 적이 없었는데…"

"폐하의 업무가 너무 과중한 듯하여 보고를 미루어 왔나이다."

장시간의 회의를 통해 다리우스는 녹초가 되었고, 자신을 신으로 추앙한다는 유혹에서 벗어날 수 없었다. 결국 그는 조서에 서명을 했다. 메대와 페르시아의 법에 따르면 왕조차도 한 번 서명한 조서의 내용을 변경하거나 폐지할 수 없었다.

왕궁의 총리 집무실에서 일하던 다니엘에게도 새로운 법령이 전달되었고, 다니엘은 평소처럼 아랫사람들을 귀가시키고 집으로 돌아왔다. 베록은 가장 신임하는 총독 두 사람과 함께 다니엘을 미행했고, 정보원인 하반은 그들이 다니엘의 집 안으로 들어올 수 있도록 문을 열어 주었다.

다니엘은 여느 때와 마찬가지로 자기 방에 들어가 예루살렘 쪽으로 난 창문을 열고는 무릎을 꿇고 기도를 드렸다. 베록과 두 총독은 문 뒤에서 가만히 듣고 있다가 그 집에서 빠져나왔다.

다음날 음모자들은 다리우스 왕이 집무실로 들어오기만을 기다리고 있었다. 왕이 자리에 앉자 베록이 먼저 구슬픈 목소리로 왕에게 말했다.

"오, 왕이시여, 이토록 괴로운 소식을 알려 드려야 하다니 마음이 아프옵니다. 어제 내려진 조서의 먹물이 마르기도 전에 그 법을 범한 자가 발견되었나이다."

"그게 누구인가?" 왕이 물었다.

"말씀드리기 송구하오나 왕께서 아끼고 신임하는 신하이옵니다." 그는 잠시 뜸을 들이더니 말을 이어갔다. "그 자는 바로 다니엘이옵니다. 그는 조서의 내용을 알고도 개의치 않고 뻔뻔스럽게 자기 신에게 기도를 드렸습니다. 그것도 세 번씩이나 말이옵니다. 그는 왕의 권위에 대해서는 전혀 관심이 없는 것 같사옵니다."

그 말을 들은 왕의 얼굴은 순식간에 사색이 되었다. 그는 치밀어 오르는 후회와 슬픔과 분노를 애써 누르고 있었다. '그런 어리석은 조서에 서명을 하다니…' 후회와 가장 신실한 신하를 잃게 될 슬픔과 간신들의 음모에 대한 분노였다.

베록이 기나긴 침묵을 깨고 말했다. "나의 왕이시여, 왕의 근심을 덜어드리고자 저희가 직접 다니엘을 체포하여…"

"다니엘의 손끝 하나도 건들지 마시오. 사자 굴에 들어가야 할 자들은 당신들이오. 모두 물러가시오!"

총리들이 방에서 종종 걸음으로 물러가자 다리우스는 자신의 법률 자문관들을 소집했다. 왕은 그들에게 왕의 조서에서 허점을 찾아내라고 닦달했지만 헛일이었다.

왕은 다니엘을 구할 수 있는 묘안을 찾기 위해 골몰했다. 어느덧 해가 뉘엿뉘엿 넘어가고 있었다. 법률 자문관들이 물러가자 베록과 카무르가 집무실로 들어왔다.

베록이 허리를 굽히며 말했다. “허락도 없이 들어온 것을 용서하여 주옵소서. 왕께서는 법령을 준수하셔야 하며, 법령에 의하면 모든 처형은 해가 지기 전에 이루어져야 하옵니다. 저희는 다니엘의 처형이 치러지지 않았음을 알려 드리러 왔나이다.”

“자네보다 내가 더 잘 알고 있으니 염려 놓게.”

다리우스의 목소리는 싸늘했다.

“다니엘은 법령대로 처형될 것이오. 그러나 조서를 자네 두 사람의 인장으로 봉했으니 다니엘의 죽음에 대해 자네들이 책임을 져야 할 것이네.”

다리우스는 근위대장을 불러 다니엘을 체포하라는 명령을 내렸다.

사자 굴은 깎아지른 듯한 낭떠러지로 연결된 거대한 동굴이었다. 느부갓네살 왕이 칠 년 동안 광인으로 생활할 때 그 동굴에서 잠을 잤었다는 이야기가 전해 내려오고 있었다. 쇠로 막아 놓은 나무문을 통해 왕이나 귀족들이 사냥을 갈 때 사자들 일부가 숲이 우거진 들판으로 나올 수 있었다. 그 들판은 수백 평으로 높다란 철책으로 둘러싸여 있었다. 그리고 동굴 꼭대기에는 구멍이 나 있어 사자들의 먹이를 던져 주는 통로로 사용되었다.

다리우스 왕은 그곳에서 해가 지기를 기다렸다. 굶주린 사자들의 사나운 울음소리가 사방으로 울려 퍼졌다. 근위병들의 수레를 타고 다니엘이 도착했고, 뒤를 이어 베록과 카무르의 화려한 마차가 도착했다. 다니엘이 수레에서 내리자 다리우스 왕은 다니엘 앞으로 달려 나왔다. 왕의 얼굴은 눈물로 뒤범벅이 되어 있었다.

"다니엘, 진정한 나의 친구여, 내가 엄청난 실수를 저질렀네. 나의 어리석은 판단으로 인해 자네가 어이없는 시련을 당하게 되었군. 부디 나를 용서해 주게."

"왕이시여, 저는 왕의 난처한 상황을 이해합니다. 대신 왕께서는 하늘에 계신 하나님께 저를 위해 기도해 주시옵소서."

"물론이지. 자네의 하나님이 사자의 입에서 자네를 구원해 주시기를 기도드리겠네."

근위병들이 다니엘을 사자 굴로 데려갔다. 그는 어떠한 저항도 하지 않은 채 당당히 고개를 들고 있었다. 근위병들이 먹이를 던지는 통로로 다니엘을 집어넣자 광분하는 사자의 울음소리가 들려왔다. 사자들이 먹이를 두고 서로 잔인하게 싸우고 있는 것 같았다.

다리우스는 두 손으로 귀를 틀어막으면서 근위병들에게 먹이 통로를 봉해 버리라고 명령했다. 왕은 먹이 통로를 밀랍으로 봉한 후 베록과 카무르가 그 위에 자신들의 인장을 찍는 모습을 지켜보았다. 다리우스는 근위병들에게 밤새도록 그곳을 지키라고 명한 뒤 고개를 떨군 채 마차를 타고 궁으로 돌아왔다.

왕은 곧바로 자신의 침실로 들어갔다. 하인들이 음식을 가져왔지만 거절하였다. 악기를 연주하는 자들도 물러가게 했다. 그를 위로하기 위해 왕비가 찾아왔지만 돌려보냈다. 하인들이 숙면을 위해 포도주를 권했지만 그것마저 거절했다.

세상에서 가장 큰 나라인 메대-페르시아를 다스리는 막강한 권력자가 난생처음으로 얼굴도, 이름도, 형상도 없는 유대인의 하나님께 기도를 올렸다.

그는 무릎을 꿇고 고개를 바닥에 대고 엎드렸다. 그리고는 간절히 기도했다. 그날 밤 왕은 한잠도 잘 수 없었다.

수평선 너머로 햇살이 비추자 다리우스는 손수 마차를 몰고 다니엘이 있는 동굴로 달려갔다. "돌을 옮기라!" 왕이 소리를 질렀다.

"다니엘! 다니엘!" 그는 먹이 통로를 들여다보았다.

"자네의 하나님이 사자들로부터 자네를 구해 내셨는가?"

"왕이시여, 그러하옵니다. 하나님의 천사가 밤새도록 제 곁을 지켰사옵니다. 그래서 이 포악한 짐승들이 새끼 고양이로 변한 듯하옵니다."

심장이 녹는 듯하여 다리우스는 더 이상 아무 말도 건넬 수 없었다.

"나의 왕이시여" 다니엘이 불렀다. "하나님의 보호하심으로 살았으니 저를 풀어 주시면 기꺼이 다시 왕을 위해 봉사하겠나이다."

다리우스가 명령을 내리자 근위병들이 굴 속으로 밧줄을 던져 다니엘을 건져냈다. 다니엘의 몸이나 옷에서 사자의 이빨자국이나 손톱자국을 찾아볼 수 없었다. 기쁨을 감추지 못한 왕은 다니엘을 얼싸 안았다. 그리고는 자신의 마차에 태워 왕궁으로 돌아왔다. 한 시간 후에 다리우스 왕은 베록과 카무르를 집무실로 호출했다.

"위대하고 강하신 왕이시여" 베록이 굽신거리며 말했다. "저희를 불러주시니 영광이옵니다. 저희는 언제라도 왕께서 기뻐하시는 일을 수행할 준비가 되어 있나이다."

"자네들이 다니엘을 제거하는 일에 그리도 열심이었으니 기념으로 그의 시체를 보여주는 것이 마땅하지 않겠소?"

"오, 왕이시여, 그런 농담은 거두어 주시옵소서. 저희는 그런 골칫거리 유대인에게서 왕을 지켜드린 것만으로도 다행이라 생각하옵니다."

"아닐세, 거절하지 말게. 내가 그렇게 하고 싶으니 말이야." 왕이 대답했다. "근위대장, 다니엘의 시체를 대령하시오."

두 사람이 고개를 돌려 근위대장을 바라보았을 때 그의 뒤로 다니엘이 따라 걸어 들어오고 있었다. 그들은 놀라 입을 다물 수 없었다. 공포에 사로잡힌 그들의 눈이 더욱 휘둥그레졌다. "어떻게… 어떻게… 이런 일이…" 카무르가 소리를 질렀다.

"사자 굴로 던져지는 모습을 내 눈으로 직접 보았건만… 사자들이 그를 차지하기 위해 싸우는 소리도 내 귀로 직접 들었는데 어찌 이런 일이…"

"다니엘의 하나님이 사자들로부터 그를 구해 주셨네." 다리우스가 말했다. "이제 자네들의 신이 자네들을 구해 주시는지도 확인해 보아야겠네. 저 음모꾼들과 그들의 가족들을 모두 사자 굴에 던져 넣으라."

"왕이시여, 아니 되옵니다." 베록이 악을 쓰며 울부짖었다. "저희는 왕께 도움이 되고 싶었을 뿐이옵니다. 저희가 실수를 했나봅니다."

왕은 대답하지 않았다. 그저 문서를 작성하고 있을 뿐이었다.

"만일 저희를 용서할 수 없으시다면 멀리 귀양 보내시옵소서." 카무르가 무릎을 꿇고 엎드렸다. "저희의 얼굴을 마주칠 일이 절대 없을 것이옵니다."

다리우스는 묵묵히 조서만 써 내려갈 뿐이었다.

"귀양이 아니라면 옥살이를 시켜 주소서." 베록은 왕의 발에 얼굴을 대고서 간청했다.

"자네들도 알다시피 나는 이미 조서를 작성했다네. 그리고 메대와 페르시아의 법에 따르면 이것은 변경이 불가능하다네. 근위대장, 이리 와서 임무를 수행하라."

두 사람이 끌려 나가면서 내지르는 비굴한 간청이 천정까지 쩌렁쩌렁 울렸다. 정오가 되기 전 근위대장은 명령대로 수행했노라고 보고했다. "동굴 바닥에 닿은 자가 아무도 없었나이다. 사자들은 그들의 살을 찢고 뼈까지 먹어치웠습니다. 사자들이 일주일 이상 굶주린 것 같았습니다."

왕은 다음 조서를 내렸는데, 온 나라가 그 조서를 따라야 했다. '내가 이제 조서를 내리노라 내 나라의 모든 백성은 다니엘의 하나님 앞에서 떨며 두려워할지니 그는 살아계신 하나님이시요, 영원히 변치 않으실 자시며 그 나라는 망하지 아니할 것이요, 그 권세는 무궁할 것이라.'

왕은 두 총리의 후임을 임명하지 않았다. 대신 다니엘을 총리대신으로 임명하여 나라의 모든 총독들을 다스리게 하였다. 그는 키루스의 재임뿐만 아니라 다리우스의 재위기간까지 자신의 임무를 수행하였다.

성경과 역사 속으로

권력자들은 정치력과 인간관계 기술이 탁월한 인물을 물색하곤 한다. 재무, 통상, 정치적인 전략, 국제 협력, 국민 통합 등 주어진 임무가 무엇인지는 중요하지 않다. 그런 사람은 정치 조직이 필요한 일이라면 무엇이든 해내기 때문이다.

정복당한 나라의 포로였던 다니엘은 왕궁의 권력자들에게 끊임없이 발탁되었다. 물론 이것은 다니엘의 하나님을 향한 순종과 신실함의 결과였다. 바벨론이 메대-페르시아 제국에 정복당했을 때조차 다니엘은 건재했다. 그는 여러 권력자들에 의해 중요한 직책으로 계속해서 발탁되고 있었다.

다니엘서 5장 마지막 부분에서 바벨론이 몰락하고, 페르시아의 다리우스가 새로운 지도자로 등장한다단 5:30-31. 이 년 후 팔십 대가 된 다니엘은 새로운 제국 메대-페르시아에서 정치권의 주류로 다시 돌아왔다. 그는 아주 보기 드문 믿음의 사람이었다. 그와 동시대를 살았던 에스겔은 다니엘을 노아나 욥과 비슷한 반열에 올리곤 했다겔 14:14, 20. 다니엘의 나무랄 데 없이 훌륭한 인품은 신망 있는 사람이 절실하게 필요했던 권력자들에게 엄청난 매력이었을 것이다.

다니엘이 다리우스의 총애를 받다

> 다리오가 자기의 뜻대로 고관 백이십 명을 세워 전국을 통치하게 하고 또 그들 위에 총리 셋을 두었으니 다니엘이 그 중의 하나이라 이는 고관들로 총리에게 자기의 직무를 보고하게 하여 왕에게 손해가 없게 하려 함이었더라 다니엘은 마음이 민첩하여 총리들과 고관들 위에 뛰어나므로 왕이 그를 세워 전국을 다스리게 하고자 한지라(다니엘 6:1-3)

BC 539년에 세상에서 두 번째로 큰 나라가 세워졌다. 금으로 만든 머리였던 바벨론의 시대는 가고 은으로 만든 가슴과 팔인 메대-페르시아 시대가 열린 것이다. 뿐만 아니라 절대군주제 국가에서 법령으로 다스려지는 국가로 국가 체계도 바뀌었다. 성경에서도 "메대와 바사의 규례"단 6:8, 12, 15라는 말을 여러 번 언급하는데, 왕은 더 이상 자기 맘대로 국가를 다스릴 수 없었다. 물론 왕이 일방적으로 법을 정할 수 있다는 약점이 있었지만, 그럼에도 불구하고 왕은 명시되어 있는 법을 근거로 국가를 통치해야 했다.

다리우스는 식민지 국가와 지방에 백이십 명의 총독고관을 두어 다스리게 하였는데 그들의 가장 중요한 임무는 세금을 거두어 왕에게 바치는 것이었다. 그러나 그들 중에 부패한 관리들이 있었기 때문에 다리우스는 그들 위에 세 명의 총리를 두어 "왕에게 손해가 없게 하였다"단 6:2.

다리우스는 세 명의 총리 중에서 다니엘을 가장 신임하여 그를 총리대신으로 삼아 온 나라를 다스리게 했다. 다니엘서 6장에 따르면 그는 다른 총리들과 고관들보다 뛰어났는데 그 이유는 그의 마음에 특별한 영이 거했기 때문이었다단 6:3, 개역개정에서는 마음이 민첩하다고 번역됨-역주. 앞 장인 5장 12절에서도 다니엘을 비슷하게 설명했는데, 그는 책임을 수행함에 있어 성실하고 정직했다.

다니엘은 이처럼 평소 자신의 삶을 통해 하나님을 영광스럽게 하였고, 이제는 하나님이 다니엘을 영광스럽게 하셨다. 다리우스 왕은 "그를 세워 전국을 다스리게 하고자 하였다"단 6:3. 즉 다니엘은 메대-페르시아 제국에서 두 번째로 높은 지위에 올랐고, 그를 시기하는 자들은 그것을 간과할 수 없었다.

다니엘 감사 보고서

> 이에 총리들과 고관들이 국사에 대하여 다니엘을 고발할 근거를 찾고자 하였으나(다니엘 6:4)

페르시아의 다니엘을 소개하면서 나는 요한복음 1장에 나오는 빛과 어둠의 비유를 사용하고 싶다. 예수님은 어두운 세상에 빛으로 오셨고, 어둠은 빛을 없애 버리고자 한다. 이와 마찬가지로 하나님의 영이 거하시는, 흠을 찾을 수 없었던 다니엘의 삶은 메대-페르시아 제국의 권력자인 이방인들 사이에서는 빛이 될 수밖에 없었다. 그러니 자신들의 지위를 활용하여 부당한 방법으로 부를 쌓고자 했던 이들에게 다니엘이란 존재는 얼마나 성가신 장애물이었겠는가? 그러므로 다니엘을 시기하고 미워했던 자들은 어떤 식으로든 다니엘을 제거하고자 했을 것이다.

다니엘을 향한 증오심의 핵심은 다니엘의 정치적 지위였다. 다니엘에 대한 왕의 신임이 점점 더 커지면서 급기야 다니엘이 자신들보다 우월한 지위에 오르게 되었기 때문이다. 다리우스의 말이 실행된다면 다니엘은 모든 총리와 고관들을 능가하는 권력을 소유하게 될 터였다. 그들은 더 늦기 전에 다니엘을 제거하기로 결심했다. 하지만 다니엘의 과오를 찾아내고자 한 그들의 노력은 아무런 성과를 얻지 못했다. 잘못을 캐내려고 안간힘을 쓸수록 그들의 분노는 점점 더 커져 갔다. 신학자 클레런스 매카트니는 다니엘을 고소하려던 자들이 이런 대화를 나누었을 것이라고 상상했다.

'그들 중 하나가 말한다. "다니엘에게 덫을 씌웁시다. 다니엘이 다른 나라 왕자들과 역적모의를 하였고, 다리우스를 배신하여 이 왕조를 전복시키려 했다는 내용의 편지를 위조하는 것이 어떻겠습니까? 그 편지를 왕께 보고하는 거지요." 그러나 그때 다른 사람이 대답한다. "아무 소용이 없을 겁니다. 다니엘은 세 명의 왕을 거치면서 오랜 세월 동안 충성스럽게 임무를 수행해왔기 때문에 아무도 그런 말을 믿으려 하지 않을 것입니다." 그러자 다른 사람이 이런 의견을 제시한다. "다니엘이 세금을 착복하였다고 고발해 버립시다." 그러나 다른 사람이 대답한다. "그것도 소용없어요. 지금까지 다니엘은 어떤 사소한 비리도 저지르지 않았습니다. 왕께서 세무조사라도 시작하시면 과연 누가 더 위험해질까요?" 또 다른 음모자가 제안한다. "그렇다면 한 가지 방법밖에 없습니다." "그게 뭡니까?" 다른 사람들이 묻는다. "왕에 대한 다니엘의 충성심은 하나님에 대한 충성심과 깊이 연관되어 있습니다. 우리가 다리우스 왕을 설득하여 삼십 일 동안 왕 외에 다른 신이나 사람에게 기도하는 것을 금하는 조서를 만들고 왕으로 하여금 서명을 하게 하는 겁니다. 이 방법이 분명 통할 것입니다. 다니엘은 그 조서를 지키지 않을 것이 뻔하니까요."'[미주1]

음모자들은 '자신들이 절대 도달할 수 없는 그의 특별함을 증오하고 시기했던 것이다.'[미주2] 그들이 모의를 통해 얻어 낸 최종 결론은 다니엘서 6장 5절에 간단하게 요약되어 있다. "그들이 이르되 이 다니엘은 그 하나님의 율법에서 근거를 찾지 못하면 그를 고발할 수 없으리라"

윌리암 헤슬로프는 이것을 이렇게 적고 있다. '그날 다니엘의 적들은 더 이상 높아질 수 없을 만큼의 찬사를 다니엘에게 선사했다. 공직자에게 이보다 더 큰 칭찬이 있을 수 있겠는가! 다니엘의 신념은 고소를 당하거나 곤란을 겪을 수 있는 모든 행동들을 거부할 만한 힘을 갖고 있었다.'[미주3]

그래서 음모자들은 두 가지 첨가물을 추가하여 자신들의 음모를 진행했는데, 하나는 거짓말이고 또 하나는 아첨이었다.

거짓말

> 나라의 모든 총리와 지사와 총독과 법관과 관원이 의논하고 왕에게 한 법률을 세우며 한 금령을 정하실 것을 구하나이다 왕이여 그것은 곧 이제부터 삼십 일 동안에 누구든지 왕 외의 어떤 신에게나 사람에게 무엇을 구하면 사자 굴에 던져 넣기로 한 것이니이다(다니엘 6:7)

다니엘을 음해하는 자들은 왕 앞에 나아가기 전에 한자리에 모여 회의를 했다. 그리고 한 가지 법령을 제안했는데, 그것은 삼십 일 동안 왕 이외에 다른 신이나 사람에게 기도하는 자는 사자 굴에 던져지는 처형을 당하게 될 것이라는 내용이었다. 그러나 그들의 주장은 거짓이었다. 모든 관리들이 그 자리에 참석했던 것은 아니었다. 관리들 중 가장 신망 받던 다니엘이 빠져 있었기 때문이다. 그러나 음모꾼들은 당연히 그런 사실을 보고하지 않았다.

> 그런즉 왕이여 원하건대 금령을 세우시고 그 조서에 왕의 도장을 찍어 메대와 바사의 고치지 아니하는 규례를 따라 그것을 다시 고치지 못하게 하옵소서 하

매(다니엘 6:8)

사실 그 조서는 다리우스를 한 달 동안만 신으로 섬기겠다는 내용이었다. 이 음모꾼들은 허영신을 이용하여 왕의 인장을 얻어내려는 묘안을 찾아냈던 것이다. 게다가 법령에 따르면 일단 왕의 인장이 찍힌 조서는 변경이 불가했다. 그러나 다리우스 왕은 자신이 엄청난 실수를 저지르고 있음을 당시에는 알지 못했다. 곧바로 후회할 순간이 올 것을 모르고 왕은 그 조서에 인장을 찍었다단6:9.

멈추지 않는 기도

다니엘이 이 조서에 왕의 도장이 찍힌 것을 알고도 자기 집에 돌아가서는 윗방에 올라가 예루살렘으로 향한 창문을 열고 전에 하던 대로 하루 세 번씩 무릎을 꿇고 기도하며 그의 하나님께 감사하였더라 그 무리들이 모여서 다니엘이 자기 하나님 앞에 기도하며 간구하는 것을 발견하고(다니엘 6:10-11)

왕의 인장이 찍힌 조서가 어떤 내용인지 알고 있었음에도 다니엘은 평소와 다름없이 행동했다. 오랜 세월 동안 다니엘은 하루 세 번씩 예루살렘 쪽을 바라보며 하나님께 기도드렸다. 새로운 조사가 내려진 날도 마찬가지였다. 아무것도 달라진 것이 없었다. 그는 늘 하던 대로 하루 세 번의 기도생활을 멈추지 않았다.

다니엘의 이런 행동을 통해 우리는 무엇을 깨달을 수 있는가? 그는 신실함을 잃지도 않았고, 결과에 대해 두려워하지도 않았다. 그는 한결같은 사람이었다. 그는 자신의 일에서도 한결같았고, 사생활에서도 한결같았다. 그를 음해하려는 자들이 그 어떤 흠결도 찾을 수 없을 만큼 그는 한결같은 사람이었다. 마찬가지로 그의 기도생활도 한결같았다.

"나는 너무 바빠서 기도할 시간이 없어요."라고 말하는 사람이 있다면 다니엘을 생각해 보라. 메대-페르시아라는 강대국의 총리로서 바쁜 일정과 업무 속에서도 그는 하루 세 번 기도할 시간을 만들어냈다.

사자 굴에 던져질 때까지도 하나님이 다니엘을 보호하지 않으시는 것처럼 보였다. 그러나 하나님의 손길은 다니엘을 보호하고 계셨다.

슬픔에 빠진 왕

> 그들이 왕 앞에서 말하여 이르되 왕이여… 다니엘이 왕과 왕의 도장이 찍힌 금령을 존중하지 아니하고 하루 세 번씩 기도하나이다 하니 왕이 이 말을 듣고 그로 말미암아 심히 근심하여 다니엘을 구원하려고 마음을 쓰며 그를 건져내려고 힘을 다하다가 해가 질 때에 이르렀더라 그 무리들이 또 모여 왕에게로 나아와서 왕께 말하되 왕이여 메대와 바사의 규례를 아시거니와 왕께서 세우신 금령과 법도는 고치지 못할 것이니이다 하니(다니엘 6:13-15)

다리우스의 양심이 그를 괴롭게 했다. 그는 삼십 일 동안 기도를 금하는 터무니없는 조서에 인장을 찍음으로써 자신의 충직한 신하를 죽음의 위험에 몰아넣었다. 그는 법령의 허점을 찾기 위해 하루 종일 골몰했다. 방법을 찾지 못한다면 다니엘은 처형될 것이다. 페르시아의 법에는 범죄가 선고된 날 형이 집행되어야 한다고 명시되어 있었다. 해가 수평선 너머로 기울어져 갈

수록 그 나라를 부패에서 지켜낼 유일한 사람을 보호해야 한다는 다리우스의 고뇌는 더욱더 깊어졌다.

사자 굴에 던져진 다니엘

> 이에 왕이 명령하매 다니엘을 끌어다가 사자 굴에 던져 넣는지라 왕이 다니엘에게 이르되 네가 항상 섬기는 너의 하나님이 너를 구원하시리라 하니라 이에 돌을 굴려다가 굴 어귀를 막으매 왕이 그의 도장과 귀족들의 도장으로 봉하였으니 이는 다니엘에 대한 조치를 고치지 못하게 하려 함이었더라(다니엘 6:16-17)

구약학자 C.F.케일은 모로코에 있는 사자 우리에 대해 자세히 묘사한 적이 있다. '사자 우리는 땅굴 모양이었는데, 위쪽은 트여 있었고 일미터가 훨씬 넘는 길이의 벽이 동굴의 사방을 둘러싸고 있었다. 동굴 안에는 동굴 내부를 반으로 나누는 철장 문이 있었고, 그 문은 위로 올리고 내리는 것이 가능했다. 사육사가 동굴 한 쪽에 고기를 던져준 다음 문을 올려 사자들이 들어갈 수 있게 해 주었다. 그러면 반대편 동굴이 비게 되어 그 사이 청소를 할 수 있었다. 다니엘이 들어갔던 사자 굴도 이와 비슷한 형태였을 것으로 추정된다.'[미주4]

어떤 작가는 그날 밤 사자 굴에 있던 다니엘에게 어떤 일이 있었는지를 상상하며 다음의 글을 써 내려갔다.

'간수가 출입문을 막고 자리를 떠나자 다니엘은 구덩이 바닥으로 미끄러져 내려왔다. 커다란 사자들이 그를 향해 달려오다가 어떤 강력한 손길에 조련을 받는 말처럼 갑자기 다니엘 앞에 멈춰 섰다. 으르렁거리는 소리도 점차 사라지고 밀랍이 단단하게 굳듯이 사자들은 바로 앞에 서 있는 남자를 물끄러미 바라보기만 했다. 어떤 사자는 코를 골고 어떤 사자는 낑낑거렸다. 또 몇 마리는 돌아서서 동굴로 돌아가 버렸다. 사자들은 하품을 하며 바닥에 엎드려 누웠는데, 어떤 녀석도 새로운 방문객을 공격하려 들지 않았다. "여호와 하나님, 감사합니다." 다니엘이 안도의 한숨을 내쉬었다. "주님이 이 사나운 맹수들의 입을 막아 주셨군요. 사자들이 저를 상하게 하지 않을 것입니다." 다니엘은 휴식을 취하기 위해 벽에 기대앉았다. 그때 두 마리의 새끼 사자가 그에게 다가왔다. 공격을 하려고 몸을 웅크린 것이 아니라 분명 아주 친근한 태도였다. 새끼 사자들은 각각 다니엘의 오른편과 왼편에 앉아 으스스한 지하 감옥에서 온기를 전해 주며 그를 호위했다. 곧 그 새끼 사자들의 어미 사자가 다가와 그의 앞에 앉았다. 그는 사자들의 머리를 쓰다듬고 등을 어루만져 주었다. 어미 사자와 새끼 사자들에 둘러싸인 다니엘은 그들 중 하나의 등을 베개처럼 베고 누웠고, 그들은 참으로 평온하고 깊은 잠에 빠져들었다.'[미주5]

브리튼 리비에르가 그린 〈왕에게 대답하는 다니엘〉이라는 작품을 보면 다니엘이 뒷짐을 지고 깊은 사색에 빠진 채 밖을 응시하고 있다. 사자들은 그를 중심으로 반원을 형성하고 있는데, 어떤 사자들은 꼼짝 않고 서 있고 어떤 사자들은 앞뒤로 어슬렁거린다. 사자들의 얼굴에는 당혹감과 경외심이 묘하게 교차되어 있다. 바로 눈앞에 먹이가 서 있었지만 보이지 않는 벽이 다니엘을 보호하고 있는 듯 사자들은 공격의 본능을 억누르고 있는 모습이다.

이 그림은 다음에 이어질 이야기와 대조를 이룬다. 다음날 다니엘을 음해했던 자들과 그들의 가족들이 사자 굴에 던져졌을 때 사자들이 공중으로 펄쩍 뛰어 그들을 공격하는 바람에 몸이 바닥에 닿기도 전에 맹수의 날카로운 이빨이 그들의 뼈까지 부수어버렸다단 6:24.

왕의 좌절

왕이 궁에 돌아가서는 밤이 새도록 금식하고 그 앞에 오락을 그치고 잠자기를 마다하니라(다니엘 6:18)

사자들이 지켜보는 가운데 다니엘이 양처럼 편안하게 잠을 잤던 것과는 반대로 다리우스는 잠을 이루지 못해 밤새 뒤척였다. 그는 먹지도 못했고, 잠을 잘 수도 없었다. 해가 떠서 다니엘의 생사를 확인할 수 있을 때까지 시간만 재고 있었다. 그는 아마 끊임없이 자문했을 것이다. '왜 내가 삼십 일 동안 신으로 삼는다는 말도 안 되는 음모에 넘어갔을까? 도대체 무슨 생각을 하고 있었을까?' 그는 자신의 허영심과 연약함의 대가로 식욕과 잠을 잃어버리고 말았다. 사자들은 먹고 싶어도 먹을 수 없었고, 왕은 먹을 수 있었지만 먹지 않았다. 그날 페르시아는 특별한 밤을 보내고 있었다.

구원 받은 다니엘

이튿날에 왕이 새벽에 일어나 급히 사자 굴로 가서 다니엘이 든 굴에 가까이 이르러서 슬피 소리 질러 다니엘에게 묻되 살아 계시는 하나님의 종 다니엘아 네가 항상 섬기는 네 하나님이 사자들에게서 능히 너를 구원하셨느냐 하니라(다니엘 6:19-20)

다리우스가 사자 굴에 다니엘을 던졌을 때 그는 다니엘이 살아남을 것이라는 믿음을 표현했다. "네가 항상 섬기는 너의 하나님이 너를 구원하시리라 하니라"단 6:16. 그러나 왕의 믿음은 말뿐이었다. 밤새 근심으로 뒤척이다가 다음 날 아침 그가 가장 먼저 건넨 말은 "네가 항상 섬기는 네 하나님이 사자들에게서 능히 너를 구원하셨느냐?"는 물음이었다20절. 왕은 하나님의 뜻을 알지 못하는 사람이었을 뿐만 아니라 하나님이 사자들로부터 다니엘을 구원해 주실 것이라는 사실도 확신하지 못했다. 왕은 다니엘의 인품에 근거해서 다니엘의 하나님을 바라볼 뿐이었고, 단지 다니엘의 하나님의 능력이 메소포타미아의 다른 신들보다 우위라는 상대적인 판단뿐이었다.

> 다니엘이 왕에게 이르되 왕이여 원하건대 왕은 만수무강하옵소서 나의 하나님이 이미 그의 천사를 보내어 사자들의 입을 봉하였으므로 사자들이 나를 상해하지 못하였사오니 이는 나의 무죄함이 그 앞에 명백함이오며 또 왕이여 나는 왕에게도 해를 끼치지 아니하였나이다(다니엘 6:21-22)

하나님은 사자들의 입을 막아 주셨고 다니엘을 죽음에서 구원하셨다. 런던의 명설교가인 찰스 스펄전은 다니엘을 잡아먹지 않은 것이 사자들에게 다행이라고 말했다. 다니엘의 몸은 반은 피부고 반은 뼈였기 때문에 사자들이 맛을 즐기지 못했을 것이라고 말이다![미주6]

우리는 여기에서 한 가지 의문을 제기할 필요가 있다. 왜 하나님은 다니엘을 죽음에서 구하셨는가? 역사적으로 자신의 신앙을 지키고자 죽음과 맞섰던 수많은 순교자들이 있었다. 구약시대에도 마찬가지였고히 11:37-38, 오늘날에도 신앙을 위해 죽임을 당하는 사람들이 있다. 그런데 왜 하나님은 다니엘을 구원하셨을까?

> 나의 하나님이 이미 그의 천사를 보내어 사자들의 입을 봉하셨으므로 사자들이 나를 상해하지 못하였사오니 이는 나의 무죄함이 그 앞에 명백함이오며 또 왕이여 나는 왕에게도 해를 끼치지 아니하였나이다 하니라(다니엘 6:22)

하나님이 베푸신 기적은 다니엘의 무죄와 하나님의 능력을 증명해 주었다. 물론 다니엘이 사자의 먹이가 되었더라도 하나님의 능력은 증명될 수 있었을 것이다. 풀무불에 던져지기 전에 다니엘의 세 친구들이 보여주었던 모습을 생각해 보라. "왕이여 우리가 섬기는 하나님이 계시다면 우리를 맹렬히 타는 풀무불 가운데서 능히 건져내시겠고 왕의 손에서도 건져내시리이다 그렇게 하지 아니하실지라도 왕이여 우리가 왕의 신들을 섬기지도 아니하고 왕이 세우신 금 신상에게 절하지도 아니할 줄을 아옵소서"단 3:17-18 사자 굴에 던져진 다니엘의 운명과는 상관없이 하나님은 이러한 다니엘의 신실함을 통해 영광을 받으셨을 것이다. 그러나 그분의 기적적인 개입은 다니엘의 하나님이 얼마나 참되고 능력 있는 분이신가에 대한 의심을 말끔히 거두어 주었다.

> 왕이 심히 기뻐서 명하여 다니엘을 굴에서 올리라 하매 그들이 다니엘을 굴에서 올린즉 그의 몸이 조금도 상하지 아니하였으니 이는 그가 자기의 하나님을 믿음이었더라(다니엘 6:23)

성경은 다니엘이 살아있다는 사실을 확인한 왕이 몹시 기뻐하는 장면을 생생하게 묘사하고 있다. 왕은 다니엘의 몸을 면밀히 살폈는데 풀무불에 던져졌던 그의 친구들처럼 다니엘 또한 털끝하나 상하지 않았다. 다음날 우리는 사자 굴에 던져진 사람들을 통해 그 사자들이 얼마나 포악했는지를 알게 된다. 다니엘이 상처 하나 없이 살아난 것은 전적인 하나님의 보살핌 때문이었음이 분명해졌다.

"믿음이 없이는 하나님을 기쁘시게 할 수 없다"히 11:6고 성경은 말하고 있다. 예수님은 "믿는 자에게는 능치 못할 일이 없느니라"막 9:23고 말씀하셨다. 예수님은 종의 병을 고쳐 달라고 부탁한 이방인의 믿음을 보시며 감탄하셨고 눅 7:9, 고향 사람들의 불신으로 인해 기적이 일어나지 않는다고 말씀하셨다막 6:4. 이처럼 하나님의 기적에는 우리의 믿음이 중요한 요소이다.

다니엘과 세 친구의 믿음은 전능하신 하나님께 대한 헌신에 근거한다. 풀무불에 던져지기 전에 다니엘의 세 친구는 하나님이 어떤 선택을 하시든 간에 그분은 자신들을 구원하실 수 있는 분이라고 말했고, 어떤 결과든지 하나님은 최선의 선택을 하실 것이라는 믿음이 있었다. 이것이 바로 하나님을 기쁘게 해드리는 믿음이다.

어떤 주일학교 교사가 왜 다니엘이 사자 굴에 던져질 때 두려워하지 않았느냐고 아이들에게 물었다. 한 어린 소녀가 말했다. "유대 민족의 사자가 다니엘과 함께 계셨기 때문이지요!" 참으로 멋진 대답이 아닌가!

> 왕이 말하여 다니엘을 참소한 사람들을 끌어오게 하고 그들을 그들의 처자들과 함께 사자 굴에 던져 넣게 하였더니 그들이 굴 바닥에 닿기도 전에 사자들이 곧 그들을 움켜서 그 뼈까지도 부서뜨렸더라(다니엘 6:24)

한편 사자들은 좋은 먹이로 보상을 받았다. 아침 식사는 깡마르고 질긴 유대인 노인 대신에 여러 명의 통통한 페르시아인들이었다! 굶주림에 허덕이던 사자들은 그들의 몸이 땅에 닿기도 전에 모두 잡아먹었다.

레온 우드는 다니엘을 고소한 자들이 사자에게 먹히는 장면에 대해 이렇게 적고 있다. '다니엘이 안전하게 구원 받았다는 사실이 얼마나 큰 기적인지 확실히 보여주는 장면이다. 사자들이 인간의 육체에 관심이 없었던 것이 아니었다. 하나님의 천사의 보호하심에 공격을 하지 않았을 뿐이었다.'[미주7]

유명한 성경주석가인 C.I 스코필드는 유능한 법조인이었지만 알콜중독자였다. 그러나 서른여섯 살에 회심하고 이후 신학생, 목사, 복음전도자, 선교사 등의 이름으로 불리게 되었다. 그는 사자 굴에 빠진 다니엘과 연관하여 자신의 간증을 한 적이 있다.

'구원을 받고 얼마 있지 않아 세인트루이스에 있는 한 가게 창문에서 사자 굴에 있는 다니엘을 그린 그림을 보게 되었다. 신념에 충만한 위대한 한 남자가 사자들에게 둘러싸인 채 뒷짐을 지고서 밖을 바라보고 있었다. …그 그림을 바라보며 서 있을 때 내 마음에 아주 큰 희망이 몰려왔다. 술주정뱅이 변호사였던 게 불과 며칠 전이었지만 나는 변화되었다. 그 전에는 어느 누구도 내게 예수 그리스도의 능력에 대해 말해 주지 않았었다. 옛 습관과 죄 같은 사자들이 온통 나를 둘러싸고 있구나 하는 생각이 들었다. 그러나 다니엘을 위해 사자들의 입을 봉하셨던 그분이 나를 위해 내 주위에 있는 사자들의 입도 봉하고 계셨다. 나는 알고 있었다. 내 자신의 힘으로는 이 싸움에서 도저히 이길 수 없음을. 그분이 나를 구하셨고, 이제는 그분이 내 인생의 맹수들로부터 나를 건져주실 것이다. 오, 진리가 내게 가져다 준 영혼의 안식이여!'[미주8]

다니엘은 사자들의 공격으로부터 보호받았고, 그곳으로부터 구원 받았다.

타락한 세상을 살아가는 그리스도인으로서 우리는 우리를 둘러싸고 있는 유혹의 사자들을 만날 수 있다. 그러나 우리가 하나님께 집중한다면 그 어떤 것도 두려워할 필요가 없다. 다니엘을 건져내신 하나님이 그분을 믿는 우리도 건져내실 것이기 때문이다.

오늘날의 다니엘 요원에게

다니엘은 하나님과의 시간을 잃지 않기 위해 사자와 보내는 시간을 선택했다. 당신은 어떠한가? 예수님은 우리에게 골방에 들어가 문을 닫고 은밀한 중에 계신 아버지께 기도하라고 말씀하셨다(마 6:6). 다니엘은 하루 세 번씩 그렇게 했다. 잠에서 깨면서, 점심 식사 후에, 잠자리에 들기 전에 다니엘은 그렇게 세 번 기도했을 것이다. 그에게 기도는 범할 수 없는 하루 일상이었고, 그의 인품과 평판, 영향력의 비밀이었다. 그렇다면 우리는 어떻게 기도의 능력을 가질 수 있을까?

1. 매일 기도 시간을 정해 놓고 규칙적으로 지키라

너무나 많은 그리스도인들이 식사기도만을 규칙적인 기도 시간으로 삼고 있다. 그러나 참된 능력은 참된 기도에서 나오고, 참된 기도는 규칙적인 습관이 되어야 한다. 새로운 습관을 형성하는 것은 쉬운 일이 아니지만, 일단 자리가 잡히면 오히려 깨기가 어려워진다. 당신의 하루 일정을 감안해서 특정한 시간에, 특정한 장소를 정하여 매일 기도하는 시간을 가지라. 설사 잘 지켜지지 않는다 해도 포기하지 말라. 깨지지 않을 습관으로 자리

잡힐 때까지 기도 시간을 고수하라.

2. 자신의 기도 방법을 정하라

모든 사람에게 최선인 방법은 없겠지만, 많은 사람들이 기도 목록을 작성하거나 기도 노트를 적는 것을 선호한다. 또한 많은 사람들이 성경 읽기, 묵상, 찬양, 회개, 자기 자신이나 타인을 위한 간구 순으로 기도한다. 처음에는 자기 자신에 대한 기도가 주를 이루겠지만, 날이 가고 해가 갈수록 기도는 더 깊고 풍성해질 것이다.

3. 기도를 부끄럽게 여기지 말라

우리는 밤낮으로 하나님의 보좌 앞에 나아갈 수 있는 것에 대해 감사해야 한다. 우리의 기도는 우는 사자와 같은 사탄으로부터 보호막을 형성해 준다. 다니엘이 기도의 사람으로 알려지는 것을 부끄럽게 여기지 않았던 것처럼 우리도 그러해야 한다.

8
chapter

정복자

다니엘 8:1-8, 15-20

이야기 속으로

다니엘은 한밤중에 본 환상으로 인해 몸을 떨면서 잠에서 깨어났다. 그는 한동안 자신이 환상 속에서 본 수산 성에 있는 줄로 착각했다. 그러나 곧 머리가 맑아지자 자신이 있는 곳이 바벨론 그의 집이라는 사실을 깨달았다.

환상은 참으로 끔찍했다. 두 개의 큰 뿔을 가진 무시무시하게 생긴 숫양이 서쪽의 리디아 땅에서부터 동쪽의 문명이 닿는 곳까지 온 세상을 정복하면서 사방으로 치받고 있었다. 그 양은 서쪽으로부터 똑같이 무시무시하게 생긴 숫염소가 올 때까지 대적할 존재가 없는 것처럼 보였다. 그때 숫염소가 두 눈 사이에 튀어나온 엄청나게 큰 뿔로 무장하고 날아갈 듯이 세상을 질주했다. 그러다가 숫염소와 숫양이 세상이 흔들리고 하늘이 울릴 만큼 정면으로 충돌하였다. 엄청난 전투가 뒤따르고 먼지가 펄펄 일어났는데 숫양은 피투성이가 되었고, 커다란 두 개의 뿔은 휘어져 부러지고 말았다.

숫양을 무너뜨린 후에 숫염소는 숫양의 모든 영토를 차지하고 더 확장시켰다. 그런데 갑자기 숫염소의 뿔이 어처구니없이 부러졌고, 그 자리에 네 개의 작은 뿔이 자라났다. 그러나 네 개의 뿔 가운데 어떤 것도 처음 것보다 강하지 못했다.

다니엘은 그 환상이 어떤 의미가 있음을 알아차렸지만 정확히 핵심을 찾지는 못하였다. 그가 환상에 대해 곰곰이 생각하고 있을 때 얼굴과 형태가 선명한 사람이 밝은 빛을 비추며 그의 앞에 나타났다. 천사임을 알아차린 다니엘은 두려워 떨면서 그 앞에 엎드렸고 급기야 그 영광스러운 광경에 압도되어 정신을 잃고 말았다.

천사가 그를 만져 깨우면서 용기를 주었다. 다니엘은 영광스러운 존재가 어떤 말씀을 하실지 듣기 위해 서둘러 일어섰다.

"나는 가브리엘입니다." 천사가 말했다. "나는 당신에게 환상의 의미를 알려 주기 위해 이곳으로 보내졌습니다. 숫양의 두 뿔은 메대와 페르시아 왕들을 의미합니다. 숫염소는 그리스 왕국이고, 숫염소의 눈 사이에 난 커다란 뿔은 그리스의 첫 번째 왕입니다. 그 뿔이 부러지자 그 자리에 네 개의 작은 뿔들이 자랐는데 이것은 첫 번째 왕이 죽고 난 후에 그 나라에 네 개의 작은 나라가 일어날 것이지만 첫 번째 나라만큼 힘을 갖지 못할 것이라는 뜻입니다."

BC 344년, 다니엘이 환상을 본 지 두 세기가 지났다. 열두 살짜리 소년이 아버지인 마케도니아의 왕 필립 2세와 함께 왕궁 마구간에 서 있었다. 두 사람은 반짝이는 털을 가진 종마를 보며 감탄하고 있었다. 그 멋진 말은 고삐가 묶인 채 양편에 서 있는 두 명의 조련사에게 훈련을 받고 있었다. 종마는 날렵하고 멋진 근육과 반짝이는 눈을 갖고 있었으며 머리가 소만큼이나 컸다. 그 말은 어린 알렉산더가 지금까지 본 말 중에서 가장 훌륭했다.

"이 멋진 말은 열세 달란트만으로 왕의 것이 될 수 있사옵니다." 펠로니쿠스는 테실리아에서 온 장사꾼이었는데, 필립 왕은 대부분의 말을 그를 통해 구입했다.

"우리가 말의 동작을 볼 수 있도록 마당을 한 바퀴 돌아보게."

두 명의 조련사는 고삐를 단단히 잡고 왕의 지시대로 말을 데리고 걷기 시작했다. 반 바퀴쯤 돌았을 때 말은 앞발을 들고 고삐가 묶인 머리를 거칠게 흔들며 소리를 지르기 시작했다. 그러더니 조련사들을 인형처럼 잡아당기며 화가 난 듯 날뛰는 것이었다. 그들은 말이 진정될 때까지 가까스로 고삐를 잡고 있었다.

"예전에 자네가 데려왔던 말들은 훈련이 잘 되어 있었는데 이 녀석은 왜 이리 사나운가?" 왕이 말했다.

"그래서 지금까지 아무도 이 말을 탈 수 없었습니다."

"그렇다면 아무 짝에도 쓸모없지 않은가. 그만 데려가게."

"잠깐만요, 아버지." 알렉산더가 말했다. "저는 이 말이 좋아요. 이 말을 사주셔요. 만일 제가 길들이는 데 실패한다면 아버지께 말 값을 돌려드릴게요."

"왕이시여, 그건 안 됩니다." 펠로니쿠스가 끼어들었다.

"어른이라면 모를까, 이 사나운 녀석이 어린 왕자님을 다치게 할 수도 있습니다. 최고의 조련사들도 아직 길들이지 못한 말입니다."

"그런 일은 없을 거예요." 알렉산더가 말했다. "저는 이 말을 갖고 싶어요. 지금까지 저런 말은 한 번도 본 적이 없어요."

잠깐 동안의 승강이 후 왕은 마지못해 허락해 주었다. 그는 말을 사서 알렉산더에게 주었고, 알렉산더는 말에게 "부세팔루스"라는 이름을 지어주었다. 그 이름의 뜻은 "소의 머리"였다.

소년이 종마를 가만히 관찰해 본 결과 시종일관 차분함을 유지하던 말이 오전에 조련사들이 햇살을 등지고 말을 마구간으로 데려올 때 자제력을 잃게 된다는 사실을 알게 되었다. 이러한 반응을 통해 소년은 말이 자신의 커다란 그림자를 무서워하고 있다는 결론을 내렸다. 다음날부터 며칠 동안 알렉산더는 말에게 천천히 다가가 다정하게 말을 건네고 부드럽게 어루만져 주었다.

어느 정도 믿음이 생기자 그림자에 대한 무서움을 없애기 위해 그는 마구간으로 데려올 때 말에게 안대를 씌워주었다.

곧 부세팔루스는 안장을 씌우도록 허락해 주었고, 또 얼마 후에는 알렉산더가 등에 타는 것도 견뎌내기 시작했다. 소년은 처음에는 햇살이 비치는 쪽으로만 달렸고 돌아올 때는 안대를 씌우지 않는 대신 말에게 다정하게 이야기를 건네며 안심시켜 주었다. 결국 주인에 대한 종마의 믿음은 모든 두려움을 사라지게 했고, 소년은 어느 때든, 어느 방향이든, 어떤 속력이든 상관없이 말을 타고 질주할 수 있게 되었다.

필립 왕이 마구간을 찾아왔을 때 알렉산더는 아무 말 없이 부세팔루스에 올라탄 채 펠로니쿠스와 이야기하고 있는 왕의 앞으로 다가갔다.

그 모습을 본 왕은 아들이 너무나 자랑스럽고 기특했다. "내 아들아" 왕은 말했다. "이 나라를 너에게 걸맞은 나라로 키워라. 마케도니아는 너에게 너무 좁은 것 같구나." 필립 왕은 자신의 말이 예언처럼 이루어질 것이라는 사실을 몰랐다.

알렉산더는 어린 시절부터 아주 영특했다. 그는 말과 무기를 다루는 능력뿐만 아니라, 아리스토텔레스의 개인 수업을 받으면서 그리스의 철학과 문학, 과학, 의학에까지 탁월한 재능을 보였다. 그의 부모가 그에게 큰 기대를 가지고 있었던 것은 당연했다. 알렉산더의 어머니인 에피루스의 올림피아스 공주는 아들을 일컬어 그리스의 신 제우스와 전쟁 영웅인 아킬레스가 인간세상으로 내려온 것이라고 말했다.

알렉산더의 아버지 필립 왕은 그리스의 여러 도시 국가들을 정복하여 마케도니아라는 하나의 국가로 응집시켰다. 당시 페르시아 제국은 세계에서 가장 강력한 왕국이었고, 그리스를 향한 페르시아의 공격은 마케도니아에게 위협

적이었다. 그러나 필립 왕은 페르시아를 정복하여 거대한 제국을 아들 알렉산더에게 물려주기 원했다.

하지만 이것은 불가능한 꿈이 되었다. BC 336년에 필립 왕이 살해당하는 사건이 발생했다. 그의 군대는 갑자기 알렉산더를 왕좌에 앉혔는데, 그때 알렉산더의 나이는 스무 살이었다. 총명함과 패기와 추진력을 겸비한 알렉산더는 메대-페르시아를 정복하고자 했던 아버지의 열망을 실행에 옮기기로 결심한다. 그는 먼저 그리스에 대한 통치력을 견고히 한 후, BC 334년에 군대를 이끌고 에게해를 약간 벗어난 헬레스폰트 해협을 가로질렀다. 그의 배가 페르시아 해변에 다다랐을 때 그는 자신의 창을 해변의 모래에 던지며 큰 소리로 말했다. "저 창은 곧 아시아 전체를 정복하게 될 것이다."

알렉산더는 그라니쿠스 강에서 다리우스의 장군인 멤논이 이끄는 페르시아 군대에 대승을 거두었고 이는 알렉산더의 페르시아 정복에 발판이 되었다. 알렉산더는 몇 번의 전투로 페르시아의 식민지들을 빠르게 정복해 가며 그곳의 총독들을 자기 사람으로 교체하였다.

깜짝 놀란 페르시아 왕 다리우스 3세는 이십만 명 이상의 군사를 징집하여 BC 333년 11월에 삼만 오천 명으로 줄어든 알렉산더 군대를 응징하러 떠났다. 속고 속이는 작전 끝에 알렉산더는 다리우스의 군대를 이소스 마을 근처에 있는 피나루스 강의 좁다란 평원으로 유인하였다.

알렉산더는 강 건너 페르시아를 마주보는 곳에 병력을 배치했다. 그리고 다음날 그와 그의 사령관인 파르메니온은 산에 올라가 전쟁의 승리를 기원하는 제사를 올렸다. 제물을 태운 불꽃이 꺼져 갈 무렵 파르메니온 장군은 엄청나게 많은 페르시아 병사들의 진을 내려다보았다. "왕이시여, 지금 저들을 공격하시는 것은 무의미합니다. 저들의 병력은 저희 병력보다 여섯 배나 많습니다."

"맞습니다, 하지만 신들이 우리와 함께 있습니다." 알렉산더가 대답했다.

파르메니온은 비웃었다. "신이라고요? 쓸모없는 제사를 지내느라 아까운 고기만 낭비했을 뿐입니다. 신들이 군사 작전에 대해 무얼 알겠습니까? 이렇게 압도적인 수적 열세를 극복할 수 있는 전략은 없습니다."

"파르메니온 장군, 그대가 잘못 생각하고 있소. 보시오. 신들이 이미 우리를 위해 일하고 있소. 페르시아 군대는 오른쪽 바다와 왼쪽 산으로 분열되어 있고, 그물 안에 든 물고기처럼 밀집되어 있소. 저들은 좁은 공간 때문에 작전을 쓸 수도 없고, 앞이 저리 좁으니 한 번에 많은 수로 우리를 공격할 수도 없소."

"그렇다면 우리는 어떤 전략으로 저들을 공격해야 합니까?"

"우리 병력을 두 개로 나누어…"

"병력을 나눈다고요? 절대 안 됩니다! 우리 병사가 가뜩이나 적은데 그 적은 병사들을 또 나누는 것은 불가능합니다."

"나는 우리 병사의 반을 쐐기 모양V자 형태-역주으로 배열하여 강 건너편 적진의 최전방을 공격할 것이오." 알렉산더가 말을 이어갔다.

"장군은 장군의 병력을 내 병력과 바다 사이에 주둔시켜 페르시아 군대가 그쪽에서 우리를 압박하지 못하게 해주시오. 산에 주둔해 있는 저들의 병력은 어차피 우리를 선제공격하지 못할 것이오. 우리가 일제히 공격을 하여 저들을 강으로 몰아붙이면 그들의 마차는 진흙 수렁에 빠지게 될 것이고, 저들의 병력은 양분되어 후퇴할 수밖에 없을 것이오."

파르메니온은 고개를 끄덕였다. "왕의 작전을 이제 알겠습니다. 후퇴할 때도 적의 병력은 너무 밀집되어 있어 신속하게 움직일 수 없겠군요. 아주 훌륭한 전략입니다."

병사들이 일렬로 서자 알렉산더는 공격하라는 신호를 보냈다. 전투는 치열했다. 알렉산더는 허벅지에 자상을 입어 피가 났지만 최정예 부대를 이끌며 의연함을 잃지 않았다. 곧 엄청난 시체들이 댐을 이루었고 붉은 핏물이 강둑으로 흘러넘쳤다.

후미에서 전투를 지켜보던 다리우스 왕은 전세가 기울어지자 병사들을 전장에 버려둔 채 산으로 도망쳐 버렸다. 사기가 저하된 페르시아 병사들은 달아나려고 애를 썼지만 좁은 공간에 밀집되어 있어서 뒤를 쫓던 그리스 군에게 전멸 당했다.

이소스 전투의 패배로 페르시아 제국의 영토였던 시리아는 알렉산더에게 넘어갔다. 페르시아 군대에 치명상을 입힌 알렉산더는 페르시아의 속국인 이집트의 여러 도시들을 정복하면서 북아프리카 만을 따라 배를 타고 이동하였고, 페르시아의 압박에서 벗어나게 된 이집트 백성들로부터 환영을 받았다.

한편 다리우스 3세는 지난번보다 훨씬 더 많은 군대를 모집하여 BC 331년에 이집트 병사들과 함께 알렉산더를 치기 위해 북진했다. 다리우스는 이번에는 티그리스 강 근처에 있는 가우가멜라 평원에 진을 쳤다. 많은 보병과 기병, 마차들이 들판을 가득 채웠고, 열다섯 마리의 코끼리 위에는 창병들이 자리하고 있었다.

알렉산더는 갑작스러운 공격에 대비하면서 페르시아 병사들의 환호성 소리가 들리는 곳까지 병사들을 이끌고 나왔다. 그때 파르메니온 장군이 옆으로 다가와 말했다. "이 병력으로 공격하는 것은 무의미합니다. 지금 적의 수가 우리보다 여덟 배나 많습니다. 적들은 우리가 오기만을 기다리고 있습니다."

"장군은 이소스에서도 엄청나게 열세였다는 사실을 벌써 잊으셨소?"

알렉산더가 대답했다. "그랬었죠. 하지만 이번에는 다리우스가 전장을 잘 택했습니다. 넓은 평지이기 때문에 그들의 톱니 마차로도 작전을 펼 수 있을 겁니다. 일단은 후퇴했다가 병력을 재정비하여 후일을 도모하는 것이 좋을 것 같습니다."

"장군, 나는 절대로 물러서지 않을 것이오."

파르메니온은 한숨을 내쉬었다. "알겠습니다. 저는 왕의 결정이 무엇이든 따를 겁니다. 하지만 낮보다는 밤에 공격하는 것이 좋을 듯합니다."

"아니오. 장군, 저들도 그렇게 생각하고 오늘 밤에 우릴 기다릴 겁니다. 우리는 밤에 충분한 수면을 취한 후 내일 아침에 공격할 것이오. 저들은 오늘 밤 우리가 공격할 거라고 생각하고 뜬눈으로 보낼 것이니 내일 아침에는 녹초가 되어 있을 겁니다."

알렉산더는 또 다시 병력을 두 개로 나누어 오른쪽은 자신이 맡고, 왼쪽은 파르메니온이 맡도록 했다. 그러나 이번에는 파르메니온의 병사들이 진에 남아 있고 알렉산더의 병사들은 오른쪽으로 전진했다. 이 전략은 단지 페르시아 군대를 알렉산더 쪽으로 유인하기 위한 속임수였다. 다리우스가 그 미끼를 덥석 물었을 때 파르메니온이 이끄는 병사들이 페르시아의 왼쪽을 공격했고 페르시아는 그리스의 두 병력 사이에 둘러싸였다. 알렉산더의 기마병이 선두로 공격했고 보병이 뒤따랐다. 그는 보병들에게 톱니 마차와 맞서지 말고 피하기만 하라고 지시한 후 톱니 마차는 뒤따르는 궁수들과 창병들에게 맡겼다. 치열한 전투 끝에 알렉산더는 페르시아 왕의 근위대가 보일 때까지 전진했다. "왕이다! 진격하라! 왕을 사로잡아야 한다!"

알렉산더는 부세팔루스를 타고 달리며 돌격을 지휘했다. 기마병이 다리우스의 근위대를 순식간에 물리쳤다. 그러나 전쟁에서 진 것을 깨달은 다리우스 왕은 병사들을 버려둔 채 또 다시 달아나 버렸다. 왕이 가버리자 페르시아 병사들은 허둥대다가 그리스 병사들의 손에 죽임을 당했다. 그날 밤 늦게 알렉산더와 파르메니온은 병사들이 페르시아 막사에서 전리품들을 꺼내오는 모습을 지켜보면서 말했다. "장군, 메대-페르시아 제국은 이제 우리 그리스 제국의 속국에 불과하오."

가우가멜라의 전투는 하나님이 이백 년 전에 다니엘에게 보여주셨던 환상이 성취되는 장면이었다. 거대한 뿔을 가진 염소알렉산더 대왕의 그리스는 두 뿔을 가진 양키루스에 의해 통일되었다가 분리된 메대-페르시아을 무찔렀다.

그 후에도 알렉산더의 정복은 계속되었다. 그의 제국은 동쪽으로 확장해 인도까지 다다랐다. 그리고 십삼 년 후 그는 세상에 알려져 있는 문명국들을 거의 정복하였다. 정복이 끝나고 바벨론으로 돌아온 알렉산더는 느부갓네살 2세가 만들어 놓은 화려한 궁전을 거주지로 정했다.

알렉산더의 포도주를 맡은 관원장 이오루스는 차가운 눈빛으로 서 있었다. 메디우스는 술을 좋아하는 그의 친구 알렉산더를 위해 연회를 베풀었다. 많은 사람들이 포도주를 쉴 새 없이 들이켰다. 사람들은 신들의 업적을 찬양하는 통속적인 곡조에 맞춰 소리를 지르거나 연회에 참석한 여자들을 데리고 자리를 떴다. 알렉산더 역시 자리를 떠서 돌아오지 않고 있었다.

'곧 자리로 돌아오겠지.' 이오루스는 생각했다.

'오늘 반드시 내 아버지의 원수를 갚고 말거야.'

이오루스의 아버지인 안티파테르는 부도덕한 잘못을 저질러 알렉산더에 의해 파면되었던 마케도니아 총독 중 한 명이었다. 이오루스는 교묘한 술수를 써서 혈통을 숨긴 채 알렉산더 곁에서 일하고 있었던 것이다.

엄청난 양의 포도주를 마신 알렉산더가 비틀거리며 연회장으로 돌아왔다. 연회장에 있던 손님들은 음흉한 소리를 내며 그를 환영했다. "우리의 위대한 정복자께서 또 다른 정복을 마치고 돌아오셨습니다!" "헤라클레스가 환생한 모습 같군요." "우리 모두 잔을 높이 들고 새로운 신을 환영합시다!"

알렉산더는 한바탕 웃음을 터뜨리며 자리에 앉았다. 그때 누군가가 그의 앞에 잔을 갖다 놓았다. "이오루스" 메디우스가 말했다. "페르시아 최상의 포도주를 헤라클레스의 잔에 가득 부어주게."

이오루스는 가식적인 미소를 지으며 왕의 잔에 포도주를 따라주었다. 알렉산더가 포도주를 한 번에 들이켜자 손님들은 요란하게 환호성을 질렀다. 그러나 그 순간 알렉산더는 가슴을 부여잡고 바닥에 쓰러졌다. 메디우스는 하인들을 불러 그를 느부갓네살의 궁전으로 옮기고 속히 왕궁 의사를 부르라고 명령했다.

다음날 오후에야 깨어난 알렉산더는 심한 두통과 고열을 호소했다. 메디우스는 침대 옆에 앉아 고통으로 신음하는 왕을 정성껏 간호해 주었다. 저녁이 되자 알렉산더는 가슴 통증은 남아 있지만 일어나 걸을 수 있을 만큼 회복되었다. 그리고 다음날 아침 통증이 가라앉자 그는 평소와 같은 시간에 잠에서 깨어 옷을 입었다.

"알렉산더, 나의 친구여" 메디우스가 말했다. "다시 이승으로 돌아와 주어 고맙네. 자네가 우리를 얼마나 걱정시켰는지 알고 있는가?"

알렉산더는 아무 말도 하지 않은 채 베란다에 있는 테이블에 앉아 포도주를 가져오라고 했다. 메디우스는 하인에게 음식도 함께 가져오라고 했지만 알렉산더는 손도 대지 않았다. 말을 건네 보려고 애를 써보았지만 돌아오는 답변은 아주 짧고 무성의했다. 그는 고개를 흔들며 포도주 잔만 뚫어지게 바라보았다.

"자네 왜 이리 기운이 없는가?" 메디우스가 물었다. "자네가 이룩해 놓은 업적을 보게. 십삼 년 만에 자네는 모든 문명세계를 정복했네. 역사상 어느 누구도 이루지 못했던 일을 자네가 해낸 거란 말일세."

"바로 그것이 문제야, 메디우스. 자네 말이 맞네. 내가 알고 있는 모든 나라를 정복했지. 그런데 이제 더 이상 정복할 나라가 없다네. 내 나이 겨우 서른인데 인생의 정점을 찍었고 이제는 내려갈 일만 남았다네."

"왜 그런 생각을 하는가? 지금까지 쌓은 것들을 열심히 누리면 되지 않겠는가? 마음껏 즐기게. 술도, 여자도, 음악도, 음식도, 친구도 자네가 원하는 대로 마음껏 즐기란 말이네. 인생의 쾌락이야말로 우리가 살아가는 목적이 아니겠는가?"

"가슴에 통증이 다시 느껴지는군. 침대로 가서 쉬는 게 좋겠어."

알렉산더가 말했다. 다음 한 주 동안 알렉산더는 통증과 고열로 인해 침대에 누워 있어야 했다. 그의 몸은 서서히 쇠약해졌고 결국은 침대 밖으로 나오지 못하게 되었다.

그의 건강이 악화되고 있다는 소식이 전해지자 병사들의 사기가 떨어졌다. 메디우스는 병사들이 알렉산더를 병문안 할 수 있도록 허락해 주었다. 그러나 왕은 인사를 하기 위해 손을 드는 것조차 힘겨워했다. 결국 알렉산더 대왕은 메디우스가 주최한 연회에 참석한지 십사 일 만에 사망했다.

알렉산더에게는 후계자가 없었다. 그의 아내 록산느는 그가 죽은 후에 아들을 낳았고, 알렉산더를 따르던 장군 가운데 일부는 그 아기를 후계자로 옹립하고자 했다. 그러나 장군들과 귀족들이 왕권을 놓고 다투기 시작했기 때문에 그 계획은 현실화되지 못했다. 음모와 학살이 수차례 발생한 후에 알렉산더가 정복한 제국은 이집트, 셀레우코스, 그리스, 마케도니아의 네 나라로 분열되었다. 다니엘의 환상을 통해 본 것처럼 그리스라는 염소의 커다란 뿔인 알렉산더가 갑작스런 죽음으로 죽자 그 자리에 더 미약한 네 개의 뿔이 돋아났다.

성경과 역사 속으로

다니엘서와 요한계시록은 묵시적 메시지를 전달하기 위해 동물 이미지를 잘 사용한다. 동물에 비유한 이미지는 너무 선명해서 의미 전달이 쉽기 때문이다. 몇 가지 표현을 예로 들어 보면 다음과 같다.

얼마나 고집에 센지 황소 저리 가라야.

아빠를 제외한 모든 남자는 늑대란다.

뱀처럼 영리해.

그 여자 조심해, 여우거든.

돼지우리처럼 어질러 놓다니.

내 기억력은 금붕어랑 비슷해.

이처럼 동물에 비유해서 표현하면 그 이미지와 특징을 금방 알아차릴 수 있다. 그래서 다니엘서의 예언도 이런 표현법을 사용한 것이다.

다니엘의 두 번째 환상

다니엘서 8장에 기록된 환상은 "벨사살 왕 제삼년"1절, 다시 말해 BC 550

년에 다니엘에게 나타난 것이다. 당시 다니엘의 나이는 칠십대로 추정된다.

> 나 다니엘에게 처음에 나타난 환상 후 벨사살 왕 제삼년에 다시 한 환상이 나타나니라(다니엘 8:1)

다니엘서는 연대순으로 기록된 책이 아니다. 벨사살은 다니엘서 5장 마지막에 기록된 대로 바벨론을 정복한 메대-페르시아에 의해 죽임을 당했다. 그리고 다니엘서 6장은 페르시아 다리우스 왕의 통치 시기에 대해 기록하고 있다. 그런데 다니엘서 7-8장은 이십 년 정도 뒤로 돌아가 벨사살이 죽기 전에 다니엘이 보았던 두 가지 환상에 대해 기록하고 있다. 즉 다니엘서 7-8장에 나오는 환상들은 시간상으로는 다니엘서 5장의 기록보다 앞선 것이다. 다시 말해 다니엘서 5장에서 다니엘이 벽에 쓴 글씨를 해석할 때, 다니엘은 이미 이 두 환상을 통해 알게 된 사실들을 마음에 품고 있었던 것이다.

다니엘서 2장과 다니엘서 7장의 환상은 평행이론이 성립된다. 즉 두 환상 모두 바벨론과 메대-페르시아, 알렉산더 대왕의 그리스와 로마라는 네 나라의 성립과 멸망에 대해 예언하고 있다. 특히 다니엘서 8장은 메대-페르시아와 그리스, 두 나라에 대해 집중적으로 그리고 있다. 이들 두 왕국은 2장의 거대한 신상에서는 은으로 만들어진 가슴과 팔과 구리로 만들어진 배와 허벅지로 상징되어 있었다다니엘 2장.

이들 두 나라는 유대 민족과 깊은 관계가 있기 때문에 다니엘서 8장에서 다시 한 번 다뤄지고 있다. 먼저 메대-페르시아는 페르시아 왕이 유대인들로 하여금 예루살렘으로 돌아가 성전과 도시를 재건하게 했다는 역사적 사실로 인해 특별한 의미를 지닌다. 또한 그리스는 알렉산더 사후 예루살렘과 예루살렘 성전을 다시 훼손했다는 역사적 사실 때문에 이스라엘과 깊은 관련이 있다.

다니엘서 8장에서 성경을 기록한 언어가 아람어에서 히브리어로 바뀌었다. 이는 다니엘서의 나머지 부분이 특별히 이스라엘의 역사와 연관되어 있기 때문이다. 그렇다고 해서 다니엘서 8-12장의 내용과 의미가 이스라엘에 국한되어 있는 것은 아니다. 그러나 이스라엘은 아브라함 시대부터 예수 그리스도의 탄생, 마지막으로 그리스도의 왕국이 이 땅에 세워질 때까지 하나님 나라 역사의 핵심 역할을 하게 될 것이다.

> 내가 환상을 보았는데 내가 그것을 볼 때에 내 몸은 엘람 지방 수산 성에 있었고 내가 환상을 보기는 을래 강변에서이니라(다니엘 8:2)

다니엘의 몸은 바벨론에 있었지만, 그의 환상은 바벨론에서 370킬로미터나 떨어진 수산 성에서 펼쳐진다. 수산 성은 바벨론의 끝자락에 위치해 있었는데, 장차 페르시아 제국의 수도가 될 것이었다. 그곳은 에스더의 고향이었고에 1:1-2, 느헤미야가 예루살렘 성벽 재건을 허락받은 도시이기도 하다느 1:1. 1901년에는 함무라비 법전이 수산 성에서 발견되기도 했다. 다니엘서 8장에서 수산 성은 두 번째와 세 번째 제국의 정복을 상징적으로 묘사하는 환상의 무대가 되고 있다.

> 나 다니엘이 이 환상을 보고 그 뜻을 알고자 할 때에 사람 모양 같은 것이 내 앞에 섰고 내가 들은즉 을래 강 두 언덕 사이에서 사람의 목소리가 있어 외쳐 이르되 가브리엘아 이 환상을 이 사람에게 깨닫게 하라 하더니(다니엘 8:15-16)

앞의 환상들과 달리 다니엘서 8장에서는 천사 가브리엘이 등장한다. 천사의 등장으로 인해 다니엘은 두려움에 사로잡히게 되었고, 두려워 떨던 그는 결국 지쳐서 여러 날을 앓게 된다단 8:27. 그전의 환상들은 모두 다니엘 스스로 해석할 수 있었지만 이 환상을 해석하는 데는 도움이 필요했다. 그가 환상의 뜻을 알고자 했을 때15절, 즉 그가 본 것을 해석해 보려고 애쓰고 있을 때 천사 가브리엘이 다니엘 앞에 나타났다. 가브리엘은 강인한 하나님의 군사였지만 종종 하나님의 새로운 소식을 전해 주는 전령사 역할을 하기도 한다눅 1:26-27.

천사 가브리엘은 다니엘 앞에 나타나 환상에 대해 이렇게 설명해 주었다. "인자야 깨달아 알라 이 환상은 정한 때 끝에 관한 것이니라 …진노하시는 때가 마친 후에 될 일을 내가 네게 알게 하리니 이 환상은 정한 때 끝에 관함 것임이라"단 8:17, 19.

보통 '정한 때 끝' 또는 '진노하시는 때가 마친 후'라는 표현은 하나님께 대항하는 반역의 끝을 의미한다. 북왕조 이스라엘의 정한 때 끝은 아시리아가 이스라엘을 멸망시킨 때를 말하고, 남왕조 유다의 정한 때 끝은 바벨론 병사들이 예루살렘을 약탈해 갔던 때를 말한다. 훗날 알게 되겠지만, 다니엘은 이때 이 세대의 끝에 일어나게 될 하나님께 대한 최후의 반역을 미리 보았던 것이다.

두 번째 환상의 의미

다니엘의 환상에는 두 마리의 동물이 등장하는데, 하나는 양이고 다른 하나는 염소이다. 이 두 동물은 서로 머리를 들이받으며 사투를 벌인다.

양

내가 눈을 들어 본즉 강가에 두 뿔 가진 숫양이 섰는데 그 두 뿔이 다 길었으며 그 중 한 뿔은 다른 뿔보다 길었고 그 긴 것은 나중에 난 것이더라 내가 본즉 그 숫양이 서쪽과 북쪽과 남쪽을 향하여 받으나 그것을 당할 짐승이 하나도 없고 그 손에서 구할 자가 없으므로 그것이 원하는 대로 행하고 강하여졌더라(다니엘 8:3-4)

다니엘의 환상에서 처음 등장하는 동물은 두 뿔을 가진 양이다. 뿔이 두 개 달린 양은 전혀 이상할 것이 없다. 그러나 다니엘은 양의 머리에 난 두 개의 뿔이 점점 더 자라나는 모습을 보았다. 한 뿔이 먼저 자랐고, 다른 쪽 뿔이 뒤따라 자라났다. 그런데 나중에 난 뿔이 처음 것보다 훨씬 더 길어졌다. 그 두 개의 뿔은 메대와 페르시아를 상징한다단 8:20. 페르시아는 메대와 동맹을 맺어 그 세력을 확장해 나갔고, 마침내 페르시아의 왕 키루스가 메대-페르시아 제국을 다스리게 되었다.

두 뿔이 달린 양인 페르시아는 당시 가장 강성했던 바벨론뿐만 아니라 주변 모든 나라들을 정복하면서 서쪽과 북쪽, 남쪽을 향하여 돌진했다단 8:4.

염소

내가 생각할 때에 한 숫염소가 서쪽에서부터 와서 온 지면에 두루 다니되 땅에 닿지 아니하며 그 염소의 두 눈 사이에는 현저한 뿔이 있더라 그것이 두 뿔 가진 숫양 곧 내가 본 바 강가에 섰던 양에게로 나아가되 분노한 힘으로 그것에

게로 달려가더니(다니엘 8:5-6)

앞에서 다니엘이 보았던 환상을 통해 우리는 이미 메대-페르시아 제국이 그리스에 의해 멸망했다는 사실을 알고 있다. 그러므로 양에게 달려간 염소가 그리스를 상징한다는 사실도 알 수 있다. 21절 말씀은 이것을 다시 한 번 확인해 준다. "털이 많은 숫염소는 곧 헬라 왕이요"단 8:21.

이에 대해 17세기 영국 신학자, 제프리 킹은 이렇게 적고 있다.

'염소는 그리스의 상징물이다. 그리스 최초의 마을은 염소를 신탁으로 삼아 도시를 건설했고, 도시를 올바르게 지도해 준 것에 대한 감사의 표시로 그 도시를 "에게", 곧 염소도시라고 명명했다. 따라서 우리에게 익숙한 그리스 근처의 "에게해"는 염소바다라는 뜻이다. 염소는 줄곧 그리스를 상징하는 동물이었고, 염소 모양은 고대 마케도니아 유적에서도 많이 발견되고 있다.'[미주1]

다니엘서 8장 21절은 염소가 그리스와 얼마나 부합하는지를 잘 보여준다. 이마에 솟아 오른 큰 뿔은 '첫째 왕'을 상징하는데, 역사는 그가 마케도니아의 왕이었던 필립의 아들 알렉산더 대왕이라는 사실에 의구심을 갖지 않는다.

염소와 양의 싸움에 관한 예언들은 역사적으로 그대로 성취되었다. 이 예언들의 역사적인 성취는 다니엘서의 예언이 얼마나 확실한지를 뒷받침해 준다. 학자이자 목사인 로드니 스톨츠는 이렇게 설명하고 있다.

'다니엘의 예언이 있은 지 두 세기 후에 알렉산더가 세계의 패권을 쥐게 되었다. 이백 년 후에 그 예언이 그대로 성취되었다는 사실은 매우 중요한 의미를 갖는다. …인간은 이러한 역사를 예언할 수 없다. 사실 다니엘서의 예언이 너무 정확하고 구체적이어서 자유주의 신학자들은 그리스도의 초림 바로 전인 1세기에 기록되었다고 주장하기도 한다.'

자유주의 신학자들이 이렇게 주장하는 근거는 다니엘서가 너무 정확하다는 한 가지 사실뿐이다. 이들은 다니엘서의 예언이 너무 정확하게 성취되었다는 사실 때문에 다니엘서를 예언서라고 생각하지 않고, 후대에 쓰인 역사적인 기록일 뿐이라고 말한다.[미주2]

세계 정복의 길

바벨론과 메대와 페르시아는 모두 동쪽에서 형성된 나라였지만 이후 서쪽에서 시작된 세력이 세계를 지배했다. "숫염소가 서쪽에서부터 와서 …땅에 닿지 아니하며"단 8:5 땅에 닿지 않는다는 말은 세계를 정복해 가는 속도가 얼마나 빠른지를 상징적으로 보여주는 것이다. 알렉산더 대왕이 이끈 그리스는 다른 고대 왕들보다 훨씬 더 빠른 속도로, 더 많은 나라들을 정복했다. 십삼 년 동안 그는 지중해 나라들과 북아프리카의 나라들과 메소포타미아와 심지어는 인도까지 세력을 확장했다.

알렉산더는 어린 시절부터 모든 면에서 탁월했다. 그의 어머니는 아들이 그리스 신화의 영웅인 아킬레스와 헤라클레스가 인간으로 태어난 것이라고 말했다. 구전에 따르면 소년 알렉산더는 누구도 탈 수 없었던 커다란 말을 길들이고 훈련시켜 훗날 모든 전투에 함께 참전했다고 한다.

어떤 자료에 따르면 알렉산더가 그 말을 훈련시킨 후에 알렉산더의 아버지는 아들에게 이렇게 말했다고 한다. "내 아들, 알렉산더야, 너에게 걸맞은 제국을 만들어라. 마케도니아는 너에게 너무 작구나."[미주3] 이때 알렉산더는 세계를 정복하기로 결심한다.

그것이 두 뿔 가진 숫양 곧 내가 본 바 강가에 섰던 양에게로 나아가되 분노한 힘으로 그것에게로 달려가더니 내가 본즉 그것이 숫양에게로 가까이 나아가서는 더욱 성내어 그 숫양을 쳐서 두 뿔을 꺾으나 숫양에게는 그것을 대적할 힘이 없으므로 그것이 숫양을 땅에 엎드러뜨리고 짓밟았으나 숫양을 그 손에서 벗어나게 할 자가 없었더라(다니엘 8:6-7)

환상에서 다니엘은 염소그리스를 보았는데 그 염소의 이마에는 커다란 뿔알렉산더 대왕이 있었다. 이어서 다니엘은 그 염소가 양메대-페르시아을 완벽하게 무찌르는 모습을 보았고, 그 장면은 역사적으로 그대로 실현되었다.

BC 334년에 서쪽에서 삼만 오천 명의 군대를 이끌고 온 알렉산더는 헬레스폰트 해협지금의 다르다넬스 해협, 소아시아와 마케도니아 사이에 있는 해협을 가로질러 그라니쿠스 강가지금의 터키에 주둔해 있던 페르시아 군대를 무찔렀다. 이로 인해 알렉산더는 소아시아의 모든 그리스 도시들을 페르시아로부터 해방시켰다.

이때 직접 군대를 이끌고 왔던 다리우스 3세는 BC 333년에 시리아 안디옥 근처의 이소스 전투에서 알렉산더를 다시 대면한다. 다리우스는 협상을 원했지만 알렉산더는 티레와 가자를 차지한 후 이집트를 정복하기 위해 남쪽으로 내려갔다. 그리고 알렉산더는 BC 331년에 훨씬 더 강해진 페르시아 군대를 세 번째로 대면하게 된다. 이 전쟁으로 결국 페르시아는 최후를 맞이했다. 메대-페르시아 제국은 영원히 역사 속에서 사라지고 말았다.

다니엘은 이렇게 적고 있다. "그것이 숫양에게로 가까이 나아가서는 더욱 성내어 그 숫양을 쳐서 그 두 뿔을 꺾으나 숫양에게는 그것을 대적할 힘이 없으므로 그것이 숫양에게는 엎드러뜨리고 짓밟았으나 숫양을 그 손에서 벗어나게 할 자가 없었더라"단 8:7. 알렉산더의 승리를 묘사하고 있는 이 구절은 알렉산더의 승리가 아주 과감하고 신속했음을 설명해 주고 있다.

왕의 기이한 죽음

메대-페르시아 군대에 대승을 거둔 알렉산더는 페르시아 도시들을 정복하면서 인도를 향해 돌진했지만, 병사들이 너무 지쳐 있던 까닭에 바벨론으로 되돌아왔다. 그런데 얼마 있지 않아 알렉산더는 심각한 열병에 걸려 서른세 살의 나이로 죽고 말았다. 그의 죽음을 두고 많은 역사가들은 부친의 원수를 갚기 위해 알렉산더의 하인이 된 사람이 독살했을 것이라고 주장한다.

알렉산더의 사인은 분명하지 않지만 더 이상 정복할 나라가 없어지자 그는 심장마비로 죽음에 이르렀다. 다니엘이 예언한 대로 알렉산더는 권력의 정점에서 짧은 삶을 마감하고 말았다. "숫염소가 스스로 심히 강대하여 가더니 강성할 때에 그 큰 뿔이 꺾이고"단 8:8.

표면적으로는 알렉산더가 자신의 꿈을 성취해 가는 것처럼 보이지만, 실제로 그는 이방 왕들에 대한 하나님의 계획 안에서 자신의 역할을 수행함으로써 예언을 성취했을 뿐이다. 즉 다니엘의 예언을 통해 보여주신 하나님의 밑그림을 채우고 있었던 것이다. 알렉산더는 글을 쓰는 손이 아니라 손 안에 있는 연필이었을 뿐이며, 연극의 작가가 아니라 무대 위의 배우였다.

이러한 이방 나라들을 통해 하나님은 그분의 계획을 위한 기반시설을 확충하고 계셨다. 한 가지 예로 그리스인들은 지중해 국가들에 보편적인 언어와 문명을 보급했는데, 몇 세기 후에 그리스어로 신약성경이 기록되었으며, 덕분에 지중해 국가들은 복음을 받아들일 수 있게 되었다. 또 그리스 이후 패권을 잡은 로마는 복음이 전파될 수 있도록 제국의 안정과 평화 그리고 잘 정비된 도로를 제공해 주었다.

그리스 제국의 재편

숫염소가 스스로 심히 강대하여 가더니 강성할 때에 그 큰 뿔이 꺾이고 그 대신에 현저한 뿔 넷이 하늘 사방을 향하여 났더라… 이 뿔이 꺾이고 그 대신에 네 뿔이 났은즉 그 나라 가운데에서 네 나라가 일어나되 그의 권세만 못하리라 (다니엘 8:8, 22)

다니엘의 환상은 알렉산더 제국이 네 개로 해체될 것도 예고했다. 알렉산더 사후 이십 년 동안 다니엘의 예언은 성취되지 않는 것처럼 보였다. 그러나 우리가 역사에서 보았다시피 알렉산더 제국은 네 명의 장군들에 의해 분열되었다.

카산드리아 – 마케도니아

리시마코스 – 트라키아와 소아시아 대부분

셀레우코스 – 시리아

프톨레마이오스 – 이집트

다니엘의 예언은 이러한 사건들이 일어나기 훨씬 전에 기록되었다. 우리는 이 사건들이 역사 속에서 그대로 일어나는 것을 보면서 성경의 진실성을 다시 한 번 확인할 수 있다.

두 번째 환상의 역사적 성취

유대인 역사학자 요세푸스는 AD 1년의 유대 역사에 대해 가장 많이 인용되고 있는 역사서의 저자이다. 그의 중요한 작품인 《유대 고대사》는 AD 94년에 기록된 열두 권의 책으로 창조부터 유대 역사를 추적하여 기록하고 있다. 요세푸스는 구전역사나 기록된 역사를 모두 활용하고 있는데, 그가 기술한 유대 역사는 이천 년이 넘는 세월 동안 기준이 되는 자료로 인정받아 왔다. 특히 구약과 신약 사이의 기록이 더욱 그러하다.

요세푸스는 알렉산더 대왕의 정복 경로에 대해 자세히 기록하고 있는데, 그의 기록에서 주목할 만한 것은 알렉산더가 예루살렘을 멸망시키려고 하지 않았다는 사실이다. 알렉산더는 도시를 정복하면서 예루살렘으로 향했다. 그때 예루살렘에 있던 대제사장 유다는 그 소식을 듣고 백성들을 향해 금식하며 하나님이 보호해 주시기를 간구하라고 청했다. 그런데 꿈에서 하나님이 유다에게 도시의 문을 활짝 열고 가장 좋은 옷을 입고서 알렉산더가 들어오는 길목으로 나가 그를 환영하라고 말씀하셨다.

알렉산더가 예루살렘에 도착할 무렵 그는 자신을 환영하는 군중들과 하얀색 의복을 입은 제사장들과 보라색 의복과 자주색 흉배를 착용한 대제사장을 보았다. 대제사장은 가까이 다가와 경의를 표했고, 군중들은 한 목소리로 알렉산더의 입성을 환영했다.

알렉산더의 장군들과 병사들은 그들이 정신이 나간 것이라고 생각했다. 장군 가운데 한 사람이 알렉산더에게 왜 유대인의 대제사장이 자신들에게 경의를 표하며 모든 백성들이 나와 환영하느냐고 물었다. 요세푸스의 기록에 따르면 알렉산더의 대답이 매우 놀라운데, 이는 하나님이 자기 백성을 위해 어떻게 일하고 계신지를 이해할 수 있는 장면이다.

"나는 대제사장이 아니라 그에게 대제사장이라는 영광을 주신 하나님을 좋아한다네. 내가 마케도니아의 디오스에 있을 때 제사장의 옷을 입고 있던 사람을 꿈에서 만난 적이 있다네. 그때 나는 아시아를 어떻게 차지할지 혼자 고민하고 있었지. 그런데 꿈속에서 그가 지체하지 말고 과감히 바다를 건너 전진하라고 강권하더군. 그리고는 그분이 나의 군대를 지휘하실 것이고, 그분이 페르시아를 능가할 힘을 주실 거라 하더군. 꿈에서 만난 사람들을 지금 만나게 되니 내게 강권하던 모습이 기억나는군. 나는 우리 군대가 거룩한 임무를 수행하고 있다고 생각하네. 또한 그 임무를 완수하기 위해 다리우스를 정복하고, 페르시아의 패권을 무너뜨릴 거라고 믿네. 그리고 그렇기 때문에 나는 내가 결심한 것들이 모두 성공할 거라고 믿고 있다네."[미주4]

알렉산더의 꿈에 대제사장이 나타나 페르시아와의 전쟁에서 승리할 것이라고 말해 주었을 때, 그는 자신이 신의 계시 아래 페르시아를 정복할 것이라는 믿음을 갖게 되었다. 알렉산더는 자신의 꿈에서 보았던 유대인 대제사장을 신의 전령사로 인식했고, 그를 높임으로써 그를 대제사장으로 삼으신 하나님을 높였던 것이다.

한발 더 나아가 요세푸스에 따르면 알렉산더는 군중과 제사장들과 함께 예루살렘으로 들어갔다. 그는 예루살렘 성전으로 올라가 대제사장의 가르침에 따라 하나님께 제단을 쌓았고, 제사장들과 대제사장 모두를 정중하게 대해 주었다. 대제사장이 다니엘서를 그에게 보여주면서 그리스인 중 한 사람이 페르시아 제국을 멸망시킬 것이라고 예언되어 있다고 하자 그는 예정되어 있던 그리스인이 바로 자신이라고 말했다.[미주5]

요세푸스에 의하면 알렉산더는 성전에서 하나님께 제사를 드린 후에 우리가 지금 공부하고 있는 다니엘서 8장에서 그리스 군대가 메대-페르시아 군대를 멸망시킬 것이라는 예언을 읽게 된다. 알렉산더 입장에서 생각해 보면 그것은 이루어지지 않은 사건에 대한 예언이었다. 그런데 그는 그 예언을 성취할 자가 바로 자신이라고 믿었다. 그리고 실제로 그는 그 예언을 성취했다.

예루살렘을 떠나면서 알렉산더는 대제사장에게 하나님이 그에게 주신 거룩한 명령에 대한 감사의 보답으로 자신에게 부탁할 것이 있냐고 물었다. 대제사장은 알렉산더가 지배하고 있는 이스라엘에서 자신들이 모세의 율법에 따라 유대 민족의 종교를 지킬 수 있게 해달라고 요청했다. 또 페르시아를 정복한 후에 메소포타미아에서도 유대인들이 자유롭게 종교 생활을 할 수 있게 해달라고 부탁했다. 요세푸스의 기록에 따르면 '알렉산더는 그들이 간곡히 원했던 모든 것들을 기꺼이 허락해 주었다.'[미주6]

이러한 기록들은 다니엘의 예언이 얼마나 정확하게 이루어졌는지를 뒷받침해 주는 강력한 증거가 되고 있다. 역사는 알렉산더가 다니엘서의 예언을 읽었다고 기록하고 있는데, 이는 다니엘서가 이 사건이 일어난 이후에 기록된 기록이 아니라는 것을 확실하게 증명해 준다. 또한 성경의 남은 예언들도 반드시 이루어질 것이라는 확신을 더해 준다.

이루어진 예언들이 아직 이루어지지 않은 예언들도 이루어질 것이라는 확신을 준다면, 우리는 다니엘서의 남은 예언들에 대해 어떻게 반응해야 할까?

하나님이 드러내신 많은 환상에 대한 다니엘의 반응이 답을 제시해 주고 있다. 그는 앞으로 세워질 이방 나라들에 대한 느부갓네살의 꿈을 알아맞혔을 뿐만 아니라 그 꿈에 대해 해석하기도 했다2장. 또 느부갓네살의 몰락에 대한 꿈을 해석해 주었고4장, 벨사살의 연회에서 벽에 쓰인 손글씨도 해석해 주었다5장. 그리고 그는 사자 굴에서 하나님의 강력한 보호하심을 직접 체험하기도 했다6장.

이런 경험들로 인해 다니엘이 8장에 나오는 양과 염소의 환상에 대해 '다 내가 죽고 난 다음에 이루어질 먼 미래의 일이군.' 하고 심드렁한 태도를 보였을까? 27절에서 보듯이 다니엘은 그런 식으로 반응하지 않았다. "이에 나 다니엘이 지쳐서 여러 날 앓다가 일어나서… 내가 그 환상으로 말미암아 놀랐고"

쉽게 말해 다니엘은 미래에 대한 신비한 계시들을 가볍게 대하지 않았다.

다니엘이 왜 며칠 동안 앓아누웠었는지 정확히 알 수 없지만 27절은 우리에게 한 가지 단서를 제공해 준다. '내가 그 환상으로 말미암아 놀랐고' 다니엘은 하나님이 특정한 이름과 장소, 특징과 상황을 제시하시며 그렇게 자세하게 미래를 예언해 주신 것에 대해 두려운 마음을 가졌던 것 같다.

하나님의 기적과 예언과 예비하심에 익숙해져 하나님이 말씀을 통해 드러내신 일들을 경이로움과 놀라움으로 대하지 않고 가볍게 여기면 절대 안 된다. 하나님이 과거에 어떤 일을 하셨는가는 그분이 미래에 어떤 일을 하실 것인가를 알게 하는 믿음의 열쇠이다. 하나님이 인간의 역사를 주관하신다는 사실이 얼마나 놀랍고 경이로운가. 예레미야서의 말씀처럼 하나님은 우리의 미래에 평안과 소망을 주기 원하시는 분이라는 사실을 잊지 말자렘 29:11.

영국의 역사학자이자 작가인 W.W.타른은 《알렉산더 대왕》이라는 자신의 저서에서 알렉산더를 높이 칭송하는 글을 썼다. "그는 역사상 권력을 가장 유익하게 사용했던 인물 가운데 하나였다. 그는 문명의 틀을 변화시킴으로써 새로운 시대를 열었다. 원래 모습대로 존재할 수 있는 것은 아무것도 없었다… 실제로 그리스에만 국한되었던 그리스 문화가 전 세계에 전파되었고… 그리스의 많은 방언들 대신에 일상 용어인 코이네가 생겨나게 되었다."

[미주7]코이네는 신약 성경에 사용된 그리스 표준어를 말함-역주

J.E.H 톰슨은 그리스어가 공용어가 된 것의 중요성을 이렇게 강조했다. "알렉산더의 정복으로 그리스어는 지중해 지역과 티그리스 주변 나라에서 문학과 상업의 언어로 자리매김하였다. 복음 전파에 있어서 이러한 그리스어의 효과는 가늠하기 불가능할 정도이다."[미주8]

서른세 살의 나이로 죽음을 맞이할 때까지 알렉산더 대왕은 이 모든 일을 이루어냈다. 그러나 같은 나이에 죽은 또 한 사람과 비교한다면 그의 기록은 초라하기 짝이 없다. 한 시대를 바꾸는 것과 영원히 세상을 변화시키는 것은 비교 자체가 불가능하기 때문이다.

예수님과 알렉산더는 서른세 살의 나이로 세상을 떠났네.

알렉산더는 자신을 위해 살다 떠났지만 예수님은 당신과 나를 위해 죽으셨네.

그리스 사람은 왕좌에서 죽었지만 유대인은 십자가에서 돌아가셨네.

알렉산더는 승리하는 삶처럼 보였지만 예수님은 실패하는 삶처럼 보였다네.

알렉산더는 큰 군대를 지휘했지만 예수님은 홀로 걸으셨네.

알렉산더는 전 세계의 피를 요구했지만 예수님은 자신의 피를 주셨네.

알렉산더는 살아서는 세계를 얻고 죽어서는 모든 것을 잃었지만

예수님은 온 세상의 믿음을 얻기 위해 자신의 생명을 잃었다네.

예수님과 알렉산더는 서른세 살의 나이로 세상을 떠났네.

알렉산더는 바벨론에서 죽었지만 예수님은 갈보리에서 돌아가셨네.

알렉산더는 자신을 위해 모든 것을 얻었지만 예수님은 자기 자신까지 내어주셨네.

알렉산더는 모든 나라를 정복했지만 예수님은 모든 죽음을 물리치셨네.

알렉산더는 자신을 신으로 만들었지만 예수님은 낮은 자리에 임하셨네.
알렉산더는 생명을 멸하는 삶을 살았지만 예수님은 생명을 축복하는 삶을 사셨네.
그리스인이 죽었을 때 칼로 세운 그의 보좌는 영원히 무너졌지만
예수님은 구주로 영원히 사시네.
예수님과 알렉산더는 서른 세 살의 나이로 세상을 떠났네.
그리스인은 모든 사람을 노예로 만들었지만 유대인은 모든 사람에게 자유를 주셨네.
알렉산더는 피로 보좌를 세웠지만 예수님은 사랑으로 보좌를 세웠다네.
알렉산더는 땅에서 태어났지만 예수님은 하늘로부터 오셨다네.
알렉산더는 이 땅의 모든 것을 얻고도 땅과 하늘의 모든 것을 잃었지만
예수님은 그의 모든 것을 내려놓으셨네.
그리스인은 영원히 죽었지만 유대인은 영원히 사신다네.
알렉산더는 가진 모든 것을 잃고 예수님은 내려놓은 모든 것을 얻을 것이네[미주9]

알렉산더는 위대한 정복자였지만 인생에 있어서는 불행한 실패자였다. 그는 자신의 전부를 바쳐 이룬 것들을 잃어버리고 빈손으로 다음 생을 맞이하게 될 것이다. 알렉산더처럼 정복과 성공을 갈망하는 인간의 욕구는 모든 인류에게 전염병처럼 퍼져 있다. 인류 중 어느 누구도 이에 대한 면역력을 갖고 있지 않다. 그러나 그리스도인은 다니엘처럼 마지막 날에 "잘 하였노라 착하고 충성된 종아"마 25:21라는 칭찬을 받기 위해 인생을 살아야 한다.

오늘날의 다니엘 요원에게

1. 성경은 완전한 진리이기 때문에 온전히 믿을 수 있다

성경은 성취된 예언을 통해 스스로를 증명하고 있다. 성경에 나오는 예언들은 백퍼센트 적중했다. 그러므로 우리는 앞으로 성취될 예언도 백퍼센트 신뢰할 수 있다. 다니엘서 8장은 이미 성취된 예언들에 대한 사례를 풍성하게 제공한다. 거기에 그리스도의 초림으로 인해 성취된 메시아적인 계시들까지 합한다면 성경의 신빙성에 관한 증거는 과히 우리를 압도할 만하다. 그러므로 그리스도의 재림이나 마지막 때에 관한 남아 있는 예언들도 진지하게 받아들이고 신뢰할 수 있어야 한다. 성경은 완전한 진리의 기록이기 때문이다. 사실 다니엘서 8장을 공부하는 사람이 다니엘의 하나님을 부인하는 것은 상상하기 어려운 일이다.

"하나님은 사람이 아니시니 거짓말을 하지 않으시고 인생이 아니시니 후회가 없으시도다 어찌 그 말씀하신 바를 행하지 않으시며 하신 말씀을 실행하지 않으시랴"(민 23:19)

2. 인류 역사의 마지막 때에 관한 예언을 공부해야 할 때가 왔다

다니엘서와 요한계시록의 말씀들은 우리를 위해 기록된 것이다. 즉 하나님은 우리가 그런 계시적인 말씀도 읽고 공부하기 원하신다. 하나님은 우리가 다가올 미래를 준비하기 원하시기 때문이다. 성경의 예언들을 외면하는 것은 미래에 대해 눈을 감아버리는 것과 같다. 어쩌면 미래는 당장 우리 눈앞에 놓여 있는지도 모른다!

"이 예언의 말씀을 읽는 자와 듣는 자와 그 가운데에 기록한 것을 지키는 자는 복이 있나니 때가 가까움이라"(계 1:3)

3. 기도하는 마음으로 세상에서 우리가 맡고 있는 일에 성실해야 한다

이방 세력이 지배하던 시대에도 신실함을 잃지 않고 한결같았던 다니엘의 삶이 우리에게 그리스도인의 삶의 모범으로 남아 있다. 우리 또한 다니엘처럼 이 세상과 천국이라는 두 나라에 속해 있다. 사실 천국을 대표하는 자로서 세상을 살아간다는 것은 버겁지만 그리스도 안에 있는 우리의 사명이다. 그러므로 우리는 세상에서 이 사명을 성실하게 감당해야 한다.

9
chapter

미치광이

다니엘 8:9-14, 23-27

이야기 속으로

BC 167년 어느 날, 셀레우코스 제국의 왕 안티오코스 4세는 나일 강의 물줄기를 따라 북쪽으로 말을 달리고 있었다. 진흙 빛의 나일 강물은 삼각주로 갈라져 흘러 지중해에 물을 공급해 주고 있었다. 그는 먼발치에서 알렉산드리아의 성벽을 바라보았다.

안티오코스는 오른편의 장군을 바라보며 말했다. "디미트리오스, 우리는 곧 할아버지의 제국인 이집트를 돌려받을 수 있을 것 같네."

"그렇습니다." 디미트리오스는 말했다. "아주 손쉬운 작전이었습니다. 룩소, 카이로, 기자 그리고 멤피스는 거의 저항이 없었습니다. 이제 남은 곳은 알렉산드리아뿐입니다."

안티오코스는 장군의 어깨 너머로 셀레우코스 제국의 군대를 바라보았다. 그때 그의 뒤로 말을 탄 병사 하나가 가까이 다가오고 있었다.

장군은 손을 들어 멈추라는 신호를 보냈다. "왕이시여, 누군가가 이쪽으로 오고 있습니다." 세 장군은 고개를 들어 먼 곳을 응시했다. 삼십 명 정도의 무리가 북쪽에서 다가오는 모습이 보였다.

가까워지자 그들이 무장하지 않았고 군복이 아니라 그리스의 일상복인 토가를 입고 있다는 것을 확인할 수 있었다. 말을 탄 병사가 안티오코스로부터 몇 미터 떨어진 곳에서 그들을 저지시키자 그들의 우두머리가 말에서 내렸다. 그는 지팡이에 의지한 채 다리를 절뚝거리며 안티오코스 일행에게 다가왔다.

"이보시게, 안티오코스!" 그 남자는 손을 들어 인사했다.

디미트리오스는 안티오코스에게 귓속말을 했다. "저자는 로마의 사절단 가이우스 레나스입니다. 현재 로마 제국의 집정관으로서 로마의 분쟁 지역에서 외교 활동을 하고 있습니다. 그의 뒤에 서 있는 남자는 자문관일 것입니다."

"그는 절뚝거리는 노인네에 불과해." 안티오코스의 목소리에서 경멸감이 묻어났다. "생쥐 한 마리쯤 밟고 지나가면 그뿐일세. 구데아 장군, 우리 병사들에게 전진하라는 신호를 보내게."

"왕이시여, 그러면 안 되옵니다." 디미트리오스가 말했다.

"저 생쥐 뒤에는 로마의 권력이 버티고 있습니다. 그를 반갑게 맞아주시고 무슨 말을 하려고 온 것인지 들어보시는 게 좋을 듯합니다."

안티오코스는 애써 속마음을 감춘 채 말에서 내려 로마 사절단에게로 다가갔다. 그는 웃음을 보이며 호의의 표시로 손을 내밀었다. 그러나 내민 손을 잡는 대신 가이우스는 작은 파피루스 두루마리를 건넸다.

"안티오코스 왕이시여" 그는 말했다.

"저는 왕이 로마의 친구인지 적인지를 알지 못합니다. 그것이 확인될 때까지는 어떠한 우호적인 표현도 하지 않을 것입니다. 먼저 로마 원로회로부터 온 이 서한을 읽고 왕의 생각을 말해 주십시오."

안티오코스가 두루마리를 펼칠 때 가이우스는 무표정하게 그를 바라보았다. 두루마리를 읽는 안티오코스의 표정이 점점 찌푸려졌다. 로마 원로회는 그에게 이집트 정복을 포기하라고 요구하고 있었다. 안티오코스는 자신이 로마를 대적할 만한 준비가 되어 있지 않다는 사실을 알고 있었지만, 로마가 뻔뻔하게 자신의 야망을 가로막으려 한다는 사실에 분노가 치밀어 올랐다. 그는 간신히 감정을 누르고 정중하게 말했다.

"답을 드리기 전에 참모들과 상의를 해야 할 것 같소."

가이우스 레나스는 아무 말도 하지 않은 채 질뚝거리며 자신의 지팡이로 모래 위에 커다란 동그라미를 그렸다. "안티오코스!" 그는 말했다. "그대가 이 원을 벗어나기 전에 원로회가 보낸 서한에 대한 답을 주셔야 할 것 같군요."

안티오코스는 분노가 끓어올랐지만 신중한 태도를 보였다.

"로마 원로회가 옳다고 생각하는 대로 하지요."

억지로 한 대답이었지만 가이우스 레나스는 처음으로 미소를 보이며 왕에게 손을 내밀었다. "로마의 친구이자 동맹인 그대를 환영합니다."

구데아와 디미트리오스는 포도주 잔을 응시하며 왕의 막사에 앉아 있었다. 안티오코스는 일주일 전 이집트를 떠나온 뒤로 매일 소리를 지르며 가만히 앉아 있지 못했다. "내가 왜 로마 놈들에게 굽신거려야 하지? 나는 세상을 호령했던 알렉산더 대왕을 모신 장군의 후손이란 말이야. 알렉산더 대왕이 정복했던 나라를 유산으로 물려받은 셀레우코스의 왕이라고. 다른 장군들과 나라를 나눌 때 셀레우코스는 가장 좋은 몫을 차지했을 뿐만 아니라 제국의 심장이라 할 수 있는 바벨론까지 차지했네. 구데아, 대답해 보게. 참으로 위대한 업적 아닌가?"

"왕이시여, 그러하옵니다." 구데아는 그의 말에 동의했다.

"그런데 말이야." 안티오코스의 열변은 계속 이어졌다. "셀레우코스의 아들들은 사드리스부터 인도까지 알렉산더 제국의 대부분을 재건하면서 다른 장군들의 영토를 끊임없이 정복했지. 그리고 자네도 알다시피 우리 조상들의 땅을 차지한 로마 놈들을 내버려 둔다면 우리 땅을 다 갉아먹을 거야."

"지당하신 말씀입니다." 다른 장군 하나가 중얼거리듯 대답했다.

"그럴 수는 없지!" 안티오코스의 목소리에는 점점 더 살기가 넘쳤다.

그는 주먹으로 힘껏 책상을 내리쳤다.

"우리 조상들의 땅을 절대 잃어버리지 않을 거야!"

"그렇지만 왕이시여" 디미트리오스는 일주일째 매일 밤 똑같은 말을 듣고 있었다. "왕께서는 아직 그만큼은 강하지 못…" 그때 병사 하나가 막사로 들어왔다.

"왕이시여, 왕을 꼭 뵈어야 한다는 자가 있습니다."

"그자의 이름이 뭐라고 하던가?"

"멘델라우스라고 하였습니다."

"당장 들어오라고 하라!"

멘델라우스가 막사로 들어왔다. 그의 옷은 누더기처럼 너덜거렸고, 수염과 머리카락은 심하게 헝클어져 있었다. 그리스 식의 이름이었지만, 누가 봐도 유대인임을 짐작할 수 있을 만한 외모였다.

그는 안티오코스에게 인사를 했다.

"오, 나의 주인이자 위대하신 왕이시여. 저는 지금 몸을 피할 곳을 찾고 있나이다."

"무슨 일이냐?" 안티오코스가 물었다.

"예루살렘에서 반역이 일어났사옵니다. 왕께서 저를 대제사장으로 지명하셨을 때 반기를 들었던 제이슨이 유대인의 군대를 모집하여 왕을 대적하는 반란을 주도하고 있나이다. 그는 벌써 예루살렘과 성전을 점령하였고 저는 겨우 목숨만 건져 이리로 도망쳐 왔사옵니다."

멘델라우스는 왕에게 그동안 있었던 일에 대해 장황하게 늘어놓았다. 충분히 상황파악이 된 안티오코스는 그에게 먹을 것과 잠자리를 제공해 주었다. 분노한 안티오코스는 자신의 장군을 향해 말했다. "구데아, 바벨론으로 귀환하는 일정을 좀 늦추어야겠네. 아침 일찍 예루살렘으로 진군하세. 유대인 반역자들을 모조리 처단해야겠어."

두 장군이 왕의 막사에서 나왔을 때 구데아는 디미트리우스를 바라보며 말했다. "멘델라우스가 우리에게 엄청난 호의를 베푼 셈이군. 로마에 대한 왕의 관심을 다른 곳으로 돌렸으니 말일세. 왕의 광란을 언제까지 견딜 수 있을지 모를 일이군. 왕은 미쳤어! 그는 자신을 땅의 신인 에피파네스라고 부르고 있지만, 사실 그는 에피마네스야, 완전히 미치광이라고."

열흘 후에 안티오코스는 감람산 정상에서 말을 탄 채 예루살렘을 내려다보고 있었다. 구데아 장군과 그의 병사들은 왕의 뒤에서 명령을 기다리고 있었다.

"나는 이 도시를 완전히 파괴하려 한다. 노인이나 어린아이, 남자나 여자 가릴 것 없이 닥치는 대로 베어버려라. 생쥐 한 마리도 숨지 못하게 하라. 만일 그들이 성전으로 도망치거든 끝까지 쫓아가서 그 자리에서 죽여라."

"유대인을 모두 말살하실 작정이십니까?"

"그건 아니네. 삼 일 동안 유대인을 죽이고, 어쩌다 살아남은 자들은 차라리 죽는 게 나았을 거라고 후회하게 될 거야."

구데아는 왕의 명령에 복종했다. 삼 일 동안 사람들의 울부짖음이 도시 전체에 울려 퍼졌다. 이 살육으로 사만 명 이상의 유대인들이 목숨을 잃었다.

구데아가 안티오코스에게 숫자를 보고하자 그는 발을 구르며 말했다. "아직 부족해! 가서 살아남은 자들을 모두 포로로 보내버리게."

구데아가 다시 임무를 마쳤을 때 안티오코스는 살아남은 유대인들을 모두 성전으로 모으고 그들 앞에서 연설을 시작했다.

"너희들의 오만방자함에 대한 형벌로 지금까지 우리 선조들이 유지해 왔던 정책을 이 시간 이후로 전부 바꾸기로 했다. 너희들은 여호와라고 불리는 너희들의 신을 더 이상 섬길 수 없다. 너희들의 경전인 토라도 모두 없애버릴 것이다. 성전 제사도 모두 금지되고 안식일 또한 더 이상 지킬 수 없다. 사내 아이들에게 시행했던 할례도 이 시간부터 금지한다. 또 특정한 육류를 불결하다고 거부할 수도 없다. 너희들은 셀레우코스 제국의 풍습을 따라야 하고 다른 모든 나라들처럼 위대한 그리스의 신 제우스를 섬겨야 한다. 나는 멘델라우스를 대제사장으로 다시 임명했으므로 그가 이 조서대로 내 명령을 집행할 것이다. 내 명령을 지키지 않는 자는 혹독한 형벌에 처해질 것이다. 너희들도 알다시피 나는 조금의 자비도 베풀지 않을 것이다!"

안티오코스는 예루살렘에 소규모의 병력을 주둔시켜 놓고 바벨론으로 돌아갔다. 그 뒤에는 유대인의 탄식만이 남았다. 죽지 않고 살아남은 자들은 그리스 풍습에 적응하며 그리스의 신들을 섬기기 시작했다. 그것이 싫은 자들은 도망을 가거나 관리들의 눈을 피해 몰래 유대인의 종교의식을 치러야 했다.

멘델라우스와 시리아 병사들은 반항하는 사람들을 무참히 처형했지만 비밀리에 그들의 종교를 유지하는 유대인들이 점점 더 많아졌다. 멘델라우스는 안티오코스에게 이러한 사실을 보고하였다. 그러자 안티오코스는 예루살렘을 완전히 파멸시킬 목적으로 군대를 이끌고 다시 한 번 예루살렘으로 진격해 왔다. 그는 자신의 목적대로 예루살렘을 파괴했지만 성전은 그대로 내버려 두었다. 더 악랄한 계획이 있었던 것이다.

예루살렘을 초토화시킨 후 안티오코스는 디미트리오스를 불렀다. "내 방식대로 성전을 다시 세울 시간이네. 사람들을 성전으로 모으도록 하게."

이틀 후에 예루살렘에서 살아남은 유대인들이 모두 성전으로 모였기 때문에 성전의 바깥마당뿐 아니라 주변 거리까지 사람들로 가득 채워졌다. 병사들이 사람들 사이에 길을 내자 안티오코스와 그의 수행원들이 그리스 의복인 토가를 입고 말을 탄 채 등장했다. 그들은 성전 계단을 통해 지성소 앞에 있는 거룩한 제단으로 올라갔다. 그곳에서 안티오코스는 사람들을 향해 연설을 시작했다.

"완고한 너희 유대인들은 배우는 것이 참으로 더딘 민족이구나. 우리는 너희 민족 팔만 명을 죽이거나 포로로 잡아갔다. 그런데도 너희들은 하나도 달라진 것이 없다. 너희 유대 종교를 버리고 그리스 풍습에 따르라는 명령을 받고도 너희들은 너희를 침략에서 보호해 주지도 못하고, 살육에서 건져내지도 못하고, 너희 도시를 파멸에서 지켜 주지도 못하는 신을 끝까지 섬기고 있다. 너희가 믿는 신은 너희를 위해 아무것도 할 수 없는 신이다. 오늘 내가 너희에게 이 사실을 확실히 가르쳐 줄 것이다."

왕이 신호를 보내자 네 명의 하인들이 사슬에 묶인 커다란 돼지를 끌고 왔다. 경악을 금치 못하고 있는 군중 사이로 사람들의 울음소리가 새어나왔다. 계단 위에 있던 돼지는 제단에까지 끌어올려졌다. 하인들이 괴성을 지르는 돼지를 붙들자 안티오코스는 칼을 들어 돼지 머리를 내려쳤다. 그러자 하인들이 성전의 황금 그릇에 돼지 피를 받아 거기에 불을 붙였다. 시꺼먼 연기가 피어올라 하늘을 덮었다.

"이것이 너희에게 주는 첫 번째 교훈이다." 안티오코스가 말했다.

이어 그는 계단을 내려와 굳게 닫혀 있는 성소를 향해 걸어갔다. 하인 하나가 돼지 피가 담긴 황금 그릇을 들고 그의 뒤를 따랐다. 왕은 그 그릇을 들고 성전 여기저기에 돼지피를 뿌리기 시작했다. 그런 다음 그는 달그락거리는 소리를 내며 커튼으로 가려진 지성소 안으로 성큼성큼 걸어 들어갔다. 그곳은 유대인들이 여호와 하나님이 임재하신다고 믿는 성전에서도 가장 신성한 장소였다. 그곳은 오직 대제사장만이 일 년에 한 번 속죄제를 드리기 위해 들어갈 수 있도록 허락된 곳이었다.

안티오코스는 주저함 없이 커튼을 젖혔다. 지성소 안을 들여다 볼 수 있었던 유대인들은 공포에 사로잡힌 채 그 광경을 지켜보고 있었다. 그는 모세가 받은 돌판이 있어야 할 자리에 제우스 신상을 올려놓았는데, 그 신상의 얼굴이 안티오코스의 얼굴과 매우 흡사했다.

"이제 제우스가 너희들의 신이다!" 안티오코스가 큰 소리로 말했다. "오늘부터 너희들은 제우스만을 섬겨야 한다." 그가 연설을 하는 동안 반투명의 로브를 걸친 아름다운 젊은 여자가 걸어와서 그의 옆에 섰다.

"이 여인과 같은 사십 명의 매춘부들이 너희 성전에서 제사를 주관할 사제로 임명될 것이다. 이제부터 너희들은 이 새로운 종교의식에 마음껏 참여할 수 있다. 지금부터 유대 종교는 존재하지 않는다. 너희들은 그리스의 위대한 신, 제우스만을 섬겨야 한다!"

안티오코스의 참모들이 왕의 말을 대령했고, 그가 말을 타고 성전을 유유히 떠나가는 동안 공포에 사로잡힌 유대인들은 충격에서 벗어나지 못한 채 멍하니 서 있었다.

그 모습을 지켜본 군중 사이에 마타티아스라는 유대인 제사장이 있었다.

엄청난 격분에 휩싸인 그는 고향인 모데인으로 돌아와 자신이 직접 목격한 일들을 사람들에게 전해 주었다. 그러고는 제우스를 섬기라는 명령에 저항할 사람들을 모았다. 다행히 그 마을에서는 아무도 안티오코스의 명령을 따르려 하지 않았다. 이에 힘을 얻은 마타티아스는 그들과 함께 서원을 했다. 그리고 머지않아 그 서원은 시험대에 올랐다.

마타티아스가 집에서 기도드리고 있을 때 그의 아들 유다가 급히 방으로 들어왔다. "아버지, 빨리 오셔야겠습니다." 그는 다급한 목소리로 말했다. "안티오코스의 특사가 마을에 도착했는데, 그가 마을 광장에서 아버지를 찾고 있습니다."

노쇠한 제사장은 아들의 부축을 받으며 서둘러 마을 광장으로 갔다. 더럽혀진 제단 옆에 서 있던 젊은 그리스 남자가 그를 반겨주었는데, 그 옆에는 밧줄에 결박된 염소가 큰 소리를 내며 울고 있었다.

"반갑소, 마타티아스" 그 남자가 말했다.

"나는 아펠레스라고 하오. 내 임무는 모든 유대 마을에서 위대한 제우스 신을 섬기는 일이 잘 진행되고 있는지 감독하는 것이오. 당신이 모데인 마을에서 가장 영향력 있는 분이라는 말을 들었소. 그러니 당신이 왕의 명령대로 이 염소를 제물 삼아 제우스 신께 드릴 제사를 주관해 주시오."

"나는 그런 일을 할 수 없네." 마타티아스의 목소리는 무척 단호했다.

"이 민족 전체가 안티오코스의 명령에 복종한다 해도 나는 하나님 한 분만을 섬길 것이오. 내 아들들과 형제들뿐 아니라 마을 사람 전부 나와 뜻을 같이 할 것이오."

"그렇다면 예루살렘에서 왕의 명령을 거부한 사람들에게 했듯이 당신 목을 베어야겠군." 아펠레스가 그의 부하를 바라보며 고개를 끄덕이자 칼을 든 부하가 마타티아스에게로 다가갔다.

그 순간 무리 속에서 한 남자가 나와 아펠레스 앞에 무릎을 꿇고 "제발 죽이지 말아 주십시오. 제가 대신해서 제물을 바치겠습니다."

그러자 마타티아스가 자신의 칼을 들더니 그 남자의 목을 찔렀다. 그리고 몸을 돌려 그 칼로 아펠레스의 복부를 관통시켰다. 순식간에 두 남자가 땅에 쓰러졌다. 다음 순간 유다가 아펠레스의 부하들을 공격했고, 마타티아스의 다른 아들들도 무기를 들고 병사들에게로 돌진했다. 짧은 소동 후 셀레우코스에서 온 다섯 명의 남자들은 모두 엎드러졌다.

마타티아스는 자신들의 행동이 어떤 결과를 불러올지 알고 있었지만 이미 돌이킬 수 없었다. 그는 마을 사람들을 한자리에 불러 모았다.

"지금 당장 은신처를 찾아야 합니다. 그렇지 않으면 죽음을 피할 수 없을 거예요. 우리 하나님의 율법과 그분이 주신 땅을 지키고 싶으신 분은 누구든지 우리를 따르세요."

모데인 사람들은 자신의 소유를 버려두고 음식과 옷, 데려갈 수 있는 가축과 무기만 들고는 그들을 따라나섰다. 그들은 마타티아스와 그의 아들들과 함께 산으로 가 은신처를 찾았다. 그들이 저항했다는 소식이 다른 도시들로 빠르게 퍼져 나갔고 그들을 따르기 원하는 유대인들이 모이기 시작했다. 마타티아스의 아들들은 단시간에 상당수의 병력을 모을 수 있었고, 안티오코스의 군대에 대항할 만한 세력을 갖게 되었다.

반란은 시작되었다. 그 반란은 가장 극악무도한 폭군의 속박에서 벗어나고 싶은 열망의 표출로 사백 년 만에 처음으로 유대인들이 독립을 쟁취할 수 있는 절호의 기회였다.

유대인의 반란이 시작되자 안티오코스 4세는 자신의 식민지에 속하는 시리아 왕에게 속히 반란을 진압하라고 명령했다. 그러나 시리아 왕이 진압에 실패하자 안티오코스 자신이 직접 이스라엘을 향해 진격했다. 그런데 이스라엘로 오던 중 그가 끔찍한 병에 걸려 쓰러지고 말았다. 그의 몸은 기생충과 궤양에 감염되었는데, 그 증세가 얼마나 심각했던지 자기 몸에서 나는 악취를 자신이 견디지 못할 정도였다. 그렇게 BC 164년에 안티오코스 4세는 급사했다. 다니엘의 환상에 등장하는 작은 뿔의 악명 높은 만행도 거기서 막을 내렸다.

성경과 역사 속으로

다니엘서 8장에 기록된 다니엘의 두 번째 환상은 등장인물 세 사람의 독특한 삶으로 정리될 수 있다. 앞 장에서 우리는 역사상 가장 위대한 장군인 알렉산더 대왕에 관한 예언을 살펴보았다단 8:1-8, 15-22. 이와 반대로 다니엘서 8장의 뒷부분은 역사상 가장 악랄했던 두 명의 폭군에 대해 이야기하고 있다. 한 사람은 BC 215년부터 164년까지 살았던 안티오코스 에피파네스이고, 다른 한 사람은 미래에 나타날 폭군인 적그리스도이다단 8:9-14, 21-27.

위경은 알렉산더 대왕의 시대와 알렉산더 제국의 일부인 셀리우코스의 계승자 안티오코스의 시대에 있었던 이야기를 우리에게 들려준다.

'알렉산더는 십이 년 동안 정복자였다가 병에 걸려 눕게 되었고 자신이 머지않아 죽게 될 것이라는 사실을 깨달았다. 그는 장군들을 모두 불러모아 그들에게 자신의 제국을 나누어 주었다. 사악한 군주였던 안티오코스 에피파네스는 알렉산더의 장군 중 한 명의 후예이자 시리아 왕인 안티오코스 3세의 아들이었다. 그는 BC 175년에 시리아의 왕이 되었다. 왕권을 확실하게 정비한 안티오코스는 이집트를 정복하기로 결심했다. …안티오코스는 이집트의 요새화된 도시들을 장악하여 알렉산드리아를 제외한 이집트의 모든 땅을 점령하였다. BC 169년의 이집트 정복 이후에 안티오코스는 엄청난 병력과 함께 이스라엘과 예루살렘으로 진격해 왔다.'[미주1]

안티오코스가 유대인들에게 저질렀던 만행은 소름끼칠 만큼 끔찍했다. 그러나 이는 다가올 환란 동안 적그리스도가 믿는 자들에게 행할 고난에 비하면 서막에 불과하다. 다니엘서 8장에 나오는 두 명의 악랄한 폭군 사이에는 평행이론이 존재하는데, 안티오코스에 관한 다니엘의 예언은 분명히 성취되었고, 다가올 적그리스도의 만행에 관한 예언도 이렇게 정확하게 성취된다고 생각하면 간담이 서늘해진다.

두 폭군 사이의 평행이론은 너무나 충격적이어서 어떤 학자들은 안티오코스를 '구약의 적그리스도'라고 부르기도 한다. 그렇다면 지금부터 그들 사이의 평행이론에 대해 알아보고, 그것이 우리에게 무엇을 의미하는지도 생각해 보자.

안티오코스와 적그리스도의 극악무도함

> 그 중 한 뿔에서 또 작은 뿔 하나가 나서 남쪽과 동쪽과 또 영화로운 땅을 향하여 심히 커지더니(다니엘 8:9)

'작은 뿔'에 대한 예언은 안티오코스 에피파네스에 의해 성취되었다. 셀레우코스 제국은 한때 알렉산더 제국의 많은 부분을 차지했지만, 안티오코스가 왕위를 차지하기 전에 그 세력이 많이 줄어들었었다. 그래서 그는 제국의 잃어버린 영토를 되찾는 일에 착수하게 되었다. 안티오코스는 처음에는 주목을 받지 못했지만 점점 더 강력한 힘을 갖게 되었다. 왕위에 있는 동안 그는 남쪽으로는 이집트, 동쪽으로는 페르시아와 '영화로운 땅' 이스라엘을 정복하였다.

역사학자 솔로몬 자이틀린은 이렇게 적고 있다. '안티오코스는 역사적으로 볼 때 종교 때문에 사람들을 학살한 첫 번째 인물이라는 점에서 차별성을 갖고 있다. 종교 박해는 그 이전에는 문명의 역사에서 알려진 바가 없다.'[미주2] 역사가 우리에게 증명해 주고 있는 것처럼 안티오코스는 유대 종교를 완전히 뿌리뽑기 위해 자신이 할 수 있는 모든 것을 다했다.

'왕은 또한 예루살렘과 유다 모든 마을에 전령을 통해 조서를 전달했다. 그 조서는 유다 백성들로 하여금 그 나라에는 낯설었던 풍습을 따를 것을 명령하는 내용이었다. 또한 그는 성전에서 번제와 소제와 전제를 금하고 안식일과 절기를 지키지 못하게 했다. 그는 성전과 그 안에 있는 성물을 더럽히기까지 했다. 이방 신의 제단과 성전과 성지를 세우도록 명령하고 돼지와 다른 정결하지 못한 동물들을 제물로 바치게 했다. 그는 할례를 금하고 할 수 있는 모든 방법을 동원하여 그들을 불결하게 만들었다. 그래서 그들로 하여금 하나님이 모세를 통해 주신 율법을 망각하게 하고 그 명령을 거역하게 만드는 것이 목적이었다. 왕의 명령을 거역하는 것에 대한 형벌은 죽음뿐이었다.'[미주3]

안티오코스가 세계무대에 등장하기 오래 전 다니엘은 그와 그의 악행에 대해 예고했었다. 안티오코스가 태어나기 350년 전에 다니엘은 그가 신자들을 박해하고, 성전을 더럽히며, 성경을 없애버릴 것이라는 사실을 환상을 통해 알고 있었다. 지금부터 그 환상들이 어떻게 성취되었는지를 살펴보자.

> 그것이 하늘 군대에 미칠 만큼 커져서 그 군대와 별들 중의 몇을 땅에 떨어뜨리고 그것들을 짓밟고(다니엘 8:10)

레온 우드는 이 구절에 대해 다음과 같이 설명하고 있다. '하늘 군대는 하나님의 백성들을 가리키는 말인데, 이 구절은 안티오코스가 하나님의 백성과

유대인과 그들의 땅을 억압하게 될 것임을 상징한다.'[미주4]

위경인 마카베아서는 어린 아들의 할례 의식을 치뤘던 신앙이 깊은 유대인 엄마들에 대한 끔찍한 일화를 적고 있다. 안티오코스는 할례 받은 아기들을 죽이고 그 시체를 엄마들의 목에 매달게 했다. 그리고 그들을 예루살렘의 큰 길로부터 그 도시의 가장 높은 성벽까지 행진하게 했다. 그런 다음 그들을 바위 아래로 떨어뜨려 죽였다.[미주5]

안티오코스에 대한 가장 끔찍한 이야기는 제2마카베아서 7장에 기록되어 있다.

'유대인 엄마와 그녀의 일곱 아들이 붙잡혀 오자 안티오코스는 그들에게 억지로 돼지고기를 먹이려 했다. 그때 어린 아들 하나가 그를 보며 말했다. "이렇게 함으로써 당신은 무엇을 얻고 싶은가요? 우리는 우리 조상들의 전통을 버리는 것보다는 차라리 죽음을 택할 것입니다."

이 말은 왕을 격분하게 만들었다. 그는 커다란 냄비를 가져오라고 명령했다. 그리고 엄마와 다른 여섯 형제들이 보는 자리에서 그 아들의 혀를 자르고, 머리 가죽을 벗기고, 손과 발을 절단했다. 그런 다음 그를 뜨거운 냄비 속에 집어넣었다. 커다란 냄비에서 뜨거운 연기가 솟아오르자 형제들과 엄마는 용감하게 죽음을 맞이하자고 서로를 격려했다.'

역사가들은 안티오코스 에피파네스의 예루살렘 정복과 통치 기간 동안 팔만 명의 유대인이 학살당했고 사만 명이 노예로 팔려갔다고 전하고 있다.[미주6]

또 스스로 높아져서 군대의 주재를 대적하여 그에게 매일 드리는 제사를 없애 버렸고 그의 성소를 헐었으며(다니엘 8:11)

안티오코스는 자신뿐만 아니라 그리스의 모든 신들이 이스라엘의 하나님보다 월등히 높은 존재라고 굳게 믿고 있었다. 그는 유대 종교를 완전히 말살한 후에 그리스 종교와 문화로 그 자리를 대체하기로 결심했다.

안티오코스 에피파네스는 유대인의 절기를 폐지하고 대신 그리스 명절을 기념하도록 명령했다. 그리스 명절 가운데 하나가 바쿠스 축제였는데, 그날은 술과 쾌락의 신인 바쿠스를 경배하고 기념하는 날이었다. 또한 그는 농경의 신인 새턴을 기념하는 고대 로마 명절인 사투르누스를 지키라고 명령했다. 그는 이런 축제들을 기념하게 하기 위해 성전에 창녀들을 사제로 임명했고, 안식일을 지키는 행위는 엄격하게 금지했다.

성경이 하나님의 성소를 "헐어버렸다"단 8:11고 말하는 것은 성전이 무너졌다는 뜻이 아니라 더렵혀졌음을 의미한다. 제1 마카베아서 1장 21-24은 그 일이 어떻게 일어났는지에 대해 기록하고 있다. 교만에 가득 찬 안티오코스는 성전에 들어가 황금 제단과 촛대, 하나님께 드릴 빵을 놓아두는 제사상, 잔, 그릇, 화로, 커튼, 왕관을 모두 가져갔다. 또한 그는 성전 용품과 성물에서 금을 뜯어내서 자기 나라로 가져갔다. 그리고 사람들을 학살한 이야기들을 뻔뻔스럽게 자랑하기도 했다.[미주7]

또 한 번은 성전에 암퇘지를 끌고 와서 목을 따고는 제단에 제물로 바치고, 돼지 피를 모아 성전의 모든 곳을 다니며 뿌리기도 했다. 더러운 짐승을 바침으로써 '성소를 더럽히는' 행위는 처음에는 다니엘에 의해 예언되었고, 훗날 예수님도 예언하신 바 있다단 11:31, 12:11, 막 13:14. 안티오코스의 이러한 행동은 다니엘의 예언이 성취되는 장면이었다. 그리고 예언의 마지막 성취는 적그리스도가 스스로 왕좌에 앉아 이스라엘의 계명을 깨버리고, 성소에 불경한 우상을 세우고, 불결한 제물로 성전 제단을 훼손시킴으로써 이루어질 것이다.

감람산에서 예수님은 안티오코스가 불경한 제물을 바칠 일을 언급하셨다. "멸망의 가증한 것이 서지 못할 곳에 선 것을 보거든 그때에 유대에 있는 자들은 산으로 도망할지어다"막 13:14.

> 그의 악으로 말미암아 백성이 매일 드리는 제사가 넘긴 바 되었고 그것이 또 진리를 땅에 던지며 자의로 행하여 형통하였더라(다니엘 8:12)

안티오코스는 성경을 읽는 것을 불법행위로 규정하고, 토라의 필사본을 모두 불에 태워 버림으로써 '진리를 땅에 던져버렸다.' 그는 율법서들을 찾아 찢거나 불태웠고 그것을 필사하거나 율법의 계명을 지키다 붙들린 자들을 처형했다.[미주8]

이러한 사례들은 안티오코스 에피파네스의 통치 아래 유대인들이 견뎌야 했던 고통의 일부분에 지나지 않는다. 유대인들이 이 그리스 폭군을 증오했다는 사실은 이상할 것이 없었다. 유대인들은 그를 '안티오코스 에피마네스'라고 불렀는데 이 말은 '미치광이 안티오코스'라는 뜻이었다.

파멸의 기한

안티오코스의 통치기간 동안 이루어질 끔찍한 파괴 행위들을 환상으로 보았던 다니엘은 이렇게 질문했다. "환상에 나타난 바 매일 드리는 제사와 망하게 하는 죄악에 대한 일과 성소와 백성이 내준 바 되며 짓밟힐 일이 어느 때까지 이를꼬 하매"단 8:13

만일 당신이 다니엘이었더라도 이와 같은 질문을 했을 것이다. 다시 말해 모든 백성이 거룩하게 여겼던 성소가 더럽혀지는 환상을 받은 유대인이었다면 '하나님, 어느 때까지 그와 같은 재앙을 내버려 두시겠나이까?'라는 질문을 하지 않을 수 없었을 것이다. 하나님은 언제까지 그분의 백성과 성소가 저런 끔찍한 일을 당하도록 허락하실까? 다니엘의 환상에서 한 거룩한 이가 나타나 이 질문에 대해 구체적으로 대답했다. "이천삼백 주야까지니 그 때에 성소가 정결하게 되리라."단 8:14 이 대답에 대해 레만 스트라우스는 이렇게 적고 있다. '주야라는 말의 문자적인 해석은 저녁과 아침이다. 그래서 가장 간단하고 실현가능한 해석은 이십사 시간으로 보는 것이다. 그러므로 이 말씀은 작은 뿔의 손에 훼손되는 저녁과 아침 제사가 2,300번 반복되어야 한다는 뜻이다.'미주9

유다 마카베오 아래 성전이 복원되고 회복된 날짜가 BC 164년 12월 14일이었다. 그 사건을 기준으로 2300일을 거꾸로 계수해 본다면 BC 170년, 곧 안티오코스가 유대인을 핍박하기 시작한 해가 된다.

그렇다면 안티오코스의 박해가 어떻게 끝이 났는지를 살펴보자.

안티오코스의 폭정에 대한 유대인의 저항은 예루살렘과 욥바 사이에 위치한 모데인 마을에서 시작되었다. 이 마을은 마타티아스라는 이름의 나이 많은 제사장의 고향이었다. 안티오코스의 사령관이 마타티아스에게 이방신에 대한 제사를 주도하라고 지시하자 그는 이렇게 대답했다. '나는 이 제국에 있는 모든 이방인들이 왕의 명령에 복종하고 조상이 믿던 종교를 버리라는 조서에 굴복한다 할지라도 전혀 개의치 않습니다. 나와 내 아들들과 친척들은 우리 선조에게 주신 하나님의 언약을 끝까지 믿고 따를 것입니다. 하나님의 도우심으로 말미암아 우리는 하나님의 율법을 버리지 아니하고 하나님의 명령을 어기지 않을 것입니다. 우리는 왕의 조서에 복종하지 않을 것이고 하나

님을 섬기고자 하는 우리의 뜻을 결코 바꾸지 않을 것입니다.'[미주10]

이 말을 한 후 마타티아스는 그 사령관을 죽이고, 제단을 엎어버린 후에 다섯 아들들과 함께 언덕으로 몸을 피했다. 그들은 '마카베오'라는 이름으로 알려졌는데, 이 말은 아람어로 '망치'를 의미한다. 마타티아스 아들들의 맹렬한 저항을 단적으로 보여주는 말이다. 많은 유대인들이 마카베오 형제에게 합류했고, 안티오코스에 대항하여 전면적인 게릴라 전투를 벌이기 시작했다.

BC 164년, 이 년 이상의 힘겨운 싸움 끝에 마카베오 전사들은 드디어 성전을 재탈환하여 파괴된 성소를 정결하게 하였다.

성전을 재탈환했을 때 마카베오는 메노라성전 촛대에 불을 밝히고 싶었지만 작은 용기에 든 향유밖에 구할 수가 없었다. 그 정도의 기름으로는 메노라를 하루 이상 밝힐 수 없었다. 그런데 구전에 따르면 놀랍게도 그 기름으로 여드레 동안이나 불을 밝혔다고 한다. 여드레는 새로운 기름을 구하기에 충분한 시간이었기 때문에 메노라는 계속해서 불을 밝힐 수 있었다고 한다.

성전을 정결하게 회복하여 하나님께 바친 사건을 기념하기 위해 유대인들은 '하누카'라는 절기를 정하였는데, 하누카는 '봉헌'이라는 의미다.

오늘날 유대인들은 유대력 기슬르월 스물다섯 번째 날우리 달력으로는 11월이나 12월에 하누카를 기념한다. 이날 유대인들은 밖에서도 볼 수 있도록 창문이나 현관문 앞에 메노라를 세워 놓는다. 그리고 하루에 하나씩 촛불을 밝히는 개수를 더해서 마지막 팔 일째 되는 날에는 여덟 개의 촛불을 밝힌다[미주11].

다니엘서에 대한 한 주석에는 자기 백성을 위한 하나님의 예비하심이 잘 설명되어 있다. '러시아에서 유대인을 핍박했던 어떤 사람이 유대 남자에게 핍박이 계속되면 어떤 결과가 초래될 것 같은지를 물었다. 그러자 그 유대인은 이렇게 대답했다. '절기가 하나 더 생기지 않을까요? 이집트의 파라오가 유대인을 멸하고자 한 결과가 유월절이었습니다. 하만이 유대인을 파멸시키고자 한 결과는 부림절이었죠. 또 안티오코스 에피파네스가 그런 시도를 한 결과는 하누카, 즉 성전헌당기념일이었습니다.'[미주12]

안티오코스와 적그리스도의 특징

다니엘서 8장 22절 마지막 부분에는 8장 말씀의 전환점이 있다. 앞의 스물두 절은 그리스 제국의 형성과 분열, 그리고 안티오코스의 통치 아래 행해질 유대인에 대한 극악무도한 핍박이 예언되어 있다면, 23절에는 새로운 말씀이 등장한다. 이에 대하여 루이스 톨봇은 다음과 같이 설명하고 있다.

'여기에 기록된 환상이 다니엘에게 나타났을 당시에는 모든 것이 미래에 나타날 예언적인 사건이었다. 그러나 오늘날 우리는 과거 역사를 통해 1-22절에 나오는 사건들과 사람들, 나라들을 보았다. 한편 23-27절에는 마지막 때에 나타날 뻔뻔하고 속임수에 능한 왕이 등장하는데23, 24절, 그는 다름 아닌 적그리스도이다. 사실 1-22절의 역사에 등장하는 인물들은 이 장 마지막 절에 묘사되어 있는 앞으로 올 "악마"의 그림자일 뿐이다.'[미주13]

마크 히치콕은 자신의 저서 《캐시리스》에서 이렇게 말하고 있다. '성경에는 적그리스도를 묘사하는 구절이 백 개가 넘는다. 하나님은 우리가 비상식적이고 균형 잡히지 못한 방식으로 그에게 열중하는 것을 원치 않으시지만 앞으로 올 어둠의 왕에 대해 중요한 사실들을 알기 원하신다.'[미주14]

다니엘서 8장의 후반부에서 하나님은 적그리스도에 대해 우리에게 말씀해 주시고자 한다. 그는 다가올 대환란 때에 세계무대에 등장할 악마인데, 성경은 여덟 가지 특징으로 적그리스도를 설명하고 있다.

적그리스도는 역동적인 성격을 가졌다

이 네 나라 마지막 때에 반역자들이 가득할 즈음에 한 왕이 일어나리니 그 얼굴은 뻔뻔하며 속임수에 능하며(다니엘 8:23)

본문은 거만한 자세로 나타나는 대담한 얼굴을 가진 자로 적그리스도를 표현하고 있다. 존 필립은 적그리스도가 등장할 때의 모습을 상상하며 이렇게 적고 있다. '세상은 그의 등장에 기쁨으로 열광하고, 그는 세상이 필요로 하는 모든 것에 해답을 줄 것이다. 그는 사탄의 충만함으로 채워져 있을 것이며 멋진 외모와 인간적인 매력과 유쾌함과 여유로움과 총명함을 가졌고, 모든 분야에서 두각을 나타낼 것이며 사자처럼 용맹스럽고, 상상력이 닿지 못할 만큼의 신비스러움과 때로는 냉철함과 탁월한 말솜씨를 소유하고 있을 것이다. …그래서 그는 모든 인류의 우상이 될 것이다.'[미주15]

성경은 이러한 필립의 주장을 뒷받침해 주고 있다.

또 입이 있어 큰 말을 하였더라(단 7:8)

큰 말을 하는 입도 있고(단 7:20)

또 짐승이 과장되고 신성 모독을 말하는 입을 받고(계 13:5)

즉 적그리스도는 타고난 연설가일 것이다. 내가 쓴 다른 책을 통해 나는 적그리스도와 역사상 가장 위대한 연설가 중 몇 사람을 비교해 본 적이 있다. '에이브러햄 링컨, 윈스턴 처칠, 존 F.케네디, 마틴 루터 킹 그리고 심지어는 아돌프 히틀러까지, 그런 연설가들은 많은 청중을 사로잡고 감동시키는 탁월한 능력을 가진 사람들이었다. 그러나 그들의 가장 훌륭한 연설조차도 적그리스도의 미사여구에 비하면 어눌한 말솜씨에 지나지 않을 것이다.'미주16

적그리스도는 자신의 계획대로 악마가 될 것이다

그 얼굴은 뻔뻔하며 속임수에 능하며(다니엘 8:23)

'속임수에 능하다'는 말은 문제를 해결하는 능력을 말한다. 여기에서 '속임수'라는 말은 문자적으로 '어두운 말'로 번역될 수 있다. 어떤 주석가들은 주술과 연관이 있다고 생각한다. 성경은 뻔뻔한 얼굴을 가진 이가 그 시대의 당면한 문제들을 해결하는 초인적인 능력을 가진 지도자로 등장할 것이라고 말한다. 그러나 그의 능력은 보이지 않는 어둠의 세계로부터 나오는 것이다.

적그리스도는 악마의 능력을 가진 자이다

그 권세가 강할 것이나 자기의 힘으로 말미암은 것이 아니며(다니엘 8:24)

안티오코스 에피파네스의 잔혹한 행위에 대해 읽으면서 만일 그의 배후에 사탄이 없다면 사람이 그렇게까지 악해질 수 없다는 사실을 깨달았을 것이다. 그러나 안티오코스의 폭정은 사탄에게 세력을 얻어 만행을 저지르게 될 적그리스도에 비하면 예고편에 지나지 않는다.

악한 자의 나타남은 사탄의 활동을 따라 모든 능력과 표적과 거짓 기적과(살후

2:9)

용이 자기의 능력과 보좌와 큰 권세를 그에게 주었더라(계 13:2)

적그리스도는 핍박을 일삼으며 파괴할 것이다

그가 장차 놀랍게 파괴 행위를 하고 자의로 행하여 형통하며 강한 자들과 거룩한 백성을 멸하리라(다니엘 8:24)

'거룩한 백성'을 향한 안티오코스의 분노는 적그리스도가 장차 신자들에게 행할 핍박의 한 단면이다. "또 권세를 받아 성도들과 싸워 이기게 되고 각 족속과 백성과 방언과 나라를 다스리는 권세를 받으니"계 13:7.

안티오코스 에피파네스에 대하여 알게 된 모든 사실들은 나를 소름 끼치게 만들었다. 그러나 적그리스도는 그보다 훨씬 더 악랄할 것이라는 사실을 깨닫게 되자 왜 다니엘이 환상을 보고, 가브리엘의 해석을 들은 후에 며칠 동안 그토록 괴로워하고 아팠는지를 이해할 수 있었다단 8:27. 적그리스도와 그가 지배하는 세상이 얼마나 끔찍할까? 예수님은 말씀하셨다. "그날들을 감하지 아니하면 모든 육체가 구원을 얻지 못할 것이나 그러나 택하신 자들을 위하여 그날들을 감하시리라"마 24:22

적그리스도는 자신의 업적을 속일 것이다

그가 꾀를 베풀어 제 손으로 속임수를 행하고(다니엘 8:25)

안티오코스 에피파네스는 교활하고 속임수에 능한 인물이었다. 위경인 제1 마카베아서에서는 그런 모습에 대해 잘 설명해 주고 있다. '안티오코스는 유다 마을을 진압하기 위해 미시아소아시아 북서쪽에 있던 고대 지방-역주로부터 큰 병력을 보냈다. 병사들이 예루살렘에 도착했을 때 그들의 사령관은 유다 백성에게 평화를 약속하며 거짓된 행동을 일삼았다. 그러다가 갑자기 돌변하여 그들을 공격하고 살육하기 시작했다. 그들은 도시를 약탈하고, 가옥을 불태우고, 건물과 성벽을 부수고 무너뜨렸다. 그들은 여자와 아이들을 포로로 잡아갔고 가축을 끌고 갔다.'미주17

그들의 모습은 적그리스도의 속임수를 우리에게 미리 예고해 주고 있다. 유대 민족과 평화를 유지하기 위해 적그리스도는 대환란의 초기에 그들과 칠 년간의 조약을 체결할 것이다. 그는 유대인들의 율법과 전통에 따라 하나님을 섬기고 절기를 지킬 수 있는 자유를 약속함으로써 신뢰를 형성해 가다가 삼 년 반이 지나면 그 약속을 일방적으로 파괴해 버릴 것이다. "그가 장차 많은 사람들과 더불어 한 이레 동안의 언약을 굳게 맺고 그가 그 이레의 절반에 제사와 예물을 금지할 것이며 또 포악하여 가증한 것이 날개를 의지하여 설 것이며 또 이미 정한 종말까지 진노가 황폐하게 하는 자에게 쏟아지리라 하였느니라 하니라"단 9:27

데살로니가후서에서 사도 바울 역시 이 위험한 인물에 대해 묘사하고 있다. "악한 자의 나타남은 사탄의 활동을 따라 모든 능력과 표적과 거짓 기적과 불의의 모든 속임으로 멸망하는 자들에게 있으리니 이는 그들이 진리의 사랑을 받지 아니하여 구원함을 받지 못함이라"살후 2:9-10

적그리스도는 자신을 신으로 높일 것이다

또 스스로 서서 만왕의 왕을 대적할 것이나 그가 사람의 손으로 말미암지 아니하고 깨지리라(다니엘 8:25)

안티오코스는 자기 자신을 신으로 천명했다. 그의 재임기간 동안 주조된 동전들이 그것을 증명해 주는데, 그 동전들에는 '안티오코스, 테오스 에피파네스'라고 새겨져 있다. 이 말은 '안티오코스, 신이 나타나시다'라는 의미다. 안티오코스는 자신을 신이라고 주장했고, 이는 장차 같은 주장을 하며 등장할 적그리스도를 보여준다.

바울은 이런 교만한 주장에 대해 적그리스도를 '불법의 사람'이라고 단정하고 있다. "누가 어떻게 하여도 너희가 미혹되지 말라 먼저 배교하는 일이 있고 저 불법의 사람 곧 멸망의 아들이 나타나기 전에는 그 날이 이르지 아니하리니 그는 대적하는 자라 신이라고 불리는 모든 것과 숭배함을 받는 것에 대항하여 그 위에 자기를 높이고 하나님의 성전에 앉아 자기를 하나님이라고 내세우느니라"살후 2:3-4

적그리스도는 자신의 목적을 이루지 못할 것이다

그가 사람의 손으로 말미암지 아니하고 깨지리라(다니엘 8:25)

안티오코스는 자신이 지배하던 모든 나라에 그리스 문화와 종교를 강요했다. 그는 우상숭배를 완강히 거부했던 유대인들에게 격분했지만, 마카베오의 반란으로 인해 자신의 목적을 이루지 못했다. 안티오코스는 장차 나타날 적그리스도의 단면을 다시 한 번 우리에게 상기시켜 준다. 즉 적그리스도 역시 온 세상을 자신의 사악한 지배 아래 두고자 하는 목적을 이루지 못할 것이다.

적그리스도에게는 형벌이 예정되어 있다

> 주목하여 보는 사이에 짐승이 죽임을 당하고 그의 시체가 상한 바 되어 타오르는 불에 던져졌으며… 그가 사람의 손으로 말미암지 아니하고 깨지리라(다니엘 7:11, 8:25)

결국 수치스러운 종말을 맞게 된 에피파네스는 적그리스도의 운명을 예고하고 있다. 유대인들이 제우스 신상을 성전 밖으로 던져버렸다는 사실을 알게 된 안티오코스는 분노를 이기지 못했다. 그는 예루살렘을 공동묘지로 만들어 버릴 것이라고 맹세하며 출격했다. 그러나 예루살렘으로 오던 도중 갑자기 끔찍한 병에 감염되어 그의 몸은 기생충과 벌레의 먹이가 되고 말았다. 견디기 힘든 고통이 그를 괴롭혔고 몸에서 나는 악취가 너무 지독해서 안티오코스 자신도 역겨움을 참지 못했다.

자신의 위협이 결국 실패로 돌아갔다는 사실을 알게 된 안티오코스는 자신이 유대인들에게 저지른 만행으로 인해 고통 받고 있음을 깨달았다. 하나님께 대적할 수 있다고 자신했던 어리석은 인간의 종말은 참으로 참담했다. 그는 인간의 손이 아닌 초자연적인 힘에 의해 무너지고 말았던 것이다.[미주18]

안티오코스가 인간의 힘이 아닌 신비한 능력에 의해 무너졌듯이 적그리스도의 종말 또한 그러할 것이다. 안티오코스가 하나님을 대적하기 위한 전쟁으로 인해 잔혹한 형벌을 받았듯이 적그리스도 또한 그러할 것이다. 적그리스도는 '산 채로 유황불 붙는 못'에 던져질 것이다계 19:20. 그는 사탄과 함께 영원한 형벌을 받을 것인데 마귀와 그 사자들을 위하여 준비된 영원한 불에 들어가게 될 것이다마 25:41.

안티오코스와 적그리스도의 종말

> 이미 말한 바 주야에 대한 환상은 확실하니 너는 그 환상을 간직하라 이는 여러 날 후의 일임이라 하더라(다니엘 8:26)

다니엘서 8장에서 하나님은 역사적으로 실존했던 인물인 안티오코스의 만행을 통해 적그리스도의 지배 아래 겪게 될 잔혹함의 단면을 보여주신다. 하나님이 다니엘에게 보여주셨던 경악할 만한 환상, 즉 앞으로 다가올 알렉산더와 안티오코스와 적그리스도의 왕국에 대한 역사는 삼천 년이라는 시간에 걸쳐 이루어질 사건들이었다.

26절에서 천사가 다니엘에게 작별 인사를 하며 그 환상을 '간직하라'고 당부했다. 혹자는 천사가 그 환상을 다니엘 혼자만 간직할 것을 부탁한 것이라고 해석하기도 한다. 다시 말해 '그 환상에 대해 아무에게도 말하지 말고 마음에 숨겨두어라'라는 의미였다는 것이다. 그러나 천사의 메시지는 그런 뜻이 아니었다. 하나님은 다니엘에게 그 환상을 잘 기억하여 전하라고 명령하신 것이다. 레만 스트라우스는 이에 대해 이렇게 설명하고 있다. '그 기록이 오랫동안 보존되기 위해 반드시 필요했던 과정, 즉 머릿속에 잘 간직했다가 필사할 임무가 다니엘에게 주어졌던 것이다. 그 환상을 비밀로 간직해야 할

이유는 어디에도 찾아볼 수 없다.'[미주19]

안티오코스 시대에 벌어진 일련의 사건들은 그 환상이 진실이었음을 증명해 주었다. 또한 이것은 적그리스도의 등장과 함께 시작될 종말도 진실로 입증될 것이라는 사실을 증명한다.

미래의 암울한 모습을 보게 된 다니엘은 경악을 금치 못한 채 두려움에 떨고 있었다. 다니엘서 8장에서 그는 이렇게 고백하고 있다. "이에 나 다니엘이 지쳐서 여러 날 앓다가 일어나서 왕의 일을 보았느니라 내가 그 환상으로 말미암마 놀랐고 그 뜻을 깨닫는 사람도 없었느니라"27절

다니엘서 8장을 읽을 때마다 다가올 심판의 날에 대해 우리는 왜 이토록 무덤덤한지 의문을 가지게 된다. 그러나 사도들은 마지막 날에 맞게 될 심판을 항상 의식하며 살았다. 누군가의 말처럼 사도들은 자신들이 마지막 때에 살고 있다고 생각했다. 그리고 이러한 생각이 그들의 삶과 행동양식을 만들었다.

이미 성취된 다니엘의 예언들은 아직 성취되지 않은 예언들도 반드시 이루어질 것임을 우리에게 상기시켜 준다. 그러므로 우리는 내일 당장 종말이 시작될지도 모른다는 인식을 가져야 한다.

우리는 모든 이름 위에 뛰어나신 분이 다시 오신다는 사실을 알고 있다. 다니엘의 계시뿐만 아니라 창세기부터 계시록까지 성경 전체가 이것을 말해주고 있다. 또한 성취된 예언과 아직 성취되지 않은 예언 사이의 평행이론을 통해 장차 일어나리라 예고된 사건들이 반드시 이루어질 것임을 알고 있다. 우리는 다만 그 때를 알지 못할 뿐이다.

오늘날의 다니엘 요원에게

1. 기대감을 가지라

신자들의 삶은 오직 그리스도의 임박한 재림을 기다리는 사람들만이 공감할 수 있는 기대감이 있다. 그리스도의 재림은 신나는 일이다. "이런 일이 되기를 시작하거든 일어나 머리를 들라 너희 속량이 가까웠느니라 하시더라"(눅 21:28)

2. 부지런하라

예수님은 우리 각자에게 날마다 해야 할 일을 주셨다. 우리에게는 도전해야 할 세상이 있고, 그에 맞는 역할이 있다. 시간낭비는 어리석은 행동이다. 예수님의 재림이 가까이 다가올수록 우리는 더욱 열심히 하나님의 일을 해야 한다. 그것도 아주 즐겁게! "주인이 올 때에 그 종이 이렇게 하는 것을 보면 그 종이 복이 있으리로다"(마 24:46)

3. 그날을 준비하라

하나님의 다른 계시적인 말씀과 마찬가지로 다니엘서와 요한계시록은 우리에게 준비하는 삶에 대해 강조하고 있다. 하나님과 동행하라. 순전하라. 열심히 기도하라. 만일 예수님이 이 책을 읽기 전에 재림하신다면 정결한 양심과 기쁜 마음으로 그분을 맞이할 준비를 하라. "보라 내가 도둑 같이 오리니 누구든지 깨어 자기 옷을 지켜 벌거벗고 다니지 아니하며 자기의 부끄러움을 보이지 아니하는 자는 복이 있도다"(계 16:15)

10
chapter

전령사

다니엘 9:1-27

이야기 속으로

유대인의 안식일에 다니엘은 늘 하던 대로 바벨론의 회당에서 예배를 드린 후 집으로 돌아왔다. 그는 키루스 대왕의 통치 아래 페르시아를 다스렸던 다리우스 왕에게 고마움을 느꼈다. 다리우스 왕은 다니엘이 성경의 가르침대로 안식일을 지킬 수 있도록 허락해 주었기 때문이다. 그는 지난 칠십 년 동안 해왔던 대로 탁자에 앉아 상인들에게 구입한 예레미야의 예언이 적힌 두루마리를 읽었다.

지난 몇 주간 다니엘은 예레미야의 예언이 적힌 그 두루마리를 읽고 또 읽었다. 벌써 여러 번 반복하여 읽었지만, 읽을 때마다 선지자의 경고를 외면하고 하나님의 율법을 따르지 아니한 결과로 하나님의 백성이 먼 타국 땅에서 포로생활을 하고 있다는 사실이 마음을 아프게 했다.

> 그러므로 만군의 여호와께서 이와 같이 말씀하시니라 너희가 내 말을 듣지 아니하였느니라 보라 내가 북쪽 모든 종족과 내 종 바벨론의 왕 느부갓네살을 불러다가 이 땅과 그 주민과 사방 모든 나라를 쳐서 진멸하여 그들을 놀램과 비웃음거리가 되게 하여 땅으로 영원한 폐허가 되게 할 것이라 여호와의 말씀이니라[미주1]

깊은 한숨이 터져 나왔다. 모든 것이 예레미야가 예언한 대로 이루어졌다. 유대인들은 바벨론에서 포로생활을 했고, 그들의 아름다운 땅은 황폐해졌으며, 성전은 완전히 파괴되었고, 커다란 도시는 무너지고 말았다. 예레미야의 예언을 읽으면서 다니엘은 수없이 되뇌었다. '내 민족은 어찌 이리 어리석었을까?'

손가락을 짚어 가며 루마리의 말씀을 읽던 다니엘의 심장이 갑자기 쿵쾅거리며 빠르게 뛰기 시작했다. 그 말씀을 한 번 더 읽고, 세 번째 읽었을 때 안도의 기쁨이 다니엘의 마음을 가득 채웠다. 두루마리에 적힌 말씀이 생생하게 그에게 다가왔다.

이 모든 땅이 폐허가 되어 놀랄 일이 될 것이며 이 민족들은 칠십 년 동안 바벨론의 왕을 섬기리라 여호와의 말씀이니라 칠십 년이 끝나면 내가 바벨론의 왕과 그의 나라와 갈대아인의 땅을 그 죄악으로 말미암아 벌하여 영원히 폐허가 되게 하되 내가 그 땅을 향하여 선언한 바 곧 예레미야가 모든 민족을 향하여 예언하고 이 책에 기록한 나의 모든 말을 그 땅에 임하게 하리라 그리하여 여러 민족과 큰 왕들이 그들로 자기들을 섬기게 할 것이나 나는 그들의 행위와 그들의 손이 행한 대로 갚으리라[미주2]

"신실하신 하나님이 미래와 소망을 약속해 주셨구나." 다니엘은 흐느끼며 말했다. 슬픔의 눈물이 엄청난 기쁨의 눈물로 승화되는 순간이었다.

그렇다. 예레미야가 경고한 것처럼 하나님은 자기 백성에게 벌을 내리셨지만, 그의 예언에는 칠십 년 후에 하나님이 마음을 돌이키실 것이라는 계시도 함께 기록되어 있었다. 하나님은 그들의 땅을 회복시켜 주실 것이다. 다니엘은 자신이 보필해 왔던 왕의 재임기간을 계산해 보았다. 육십칠 년! 예레미야가 회복을 예언한 시간이 얼마 남지 않았다. 다니엘에게는 삼 년이라는 시간이 길게 느껴지지 않았다. 다니엘은 다음 예언을 읽어 내려갔다.

> 내가 너희에게 부르짖으며 내게 와서 기도하면 내가 너희들의 기도를 들을 것이요 너희가 온 마음으로 나를 구하면 나를 찾을 것이요 나를 만나리라 이것은 여호와의 말씀이니라 나는 너희들을 만날 것이며 너희를 포로된 중에서 다시 돌아오게 하되 내가 쫓아 보내었던 나라들과 모든 곳에서 모아 사로잡혀 떠났던 그곳으로 돌아오게 하리라 이것은 여호와의 말씀이니라[미주3]

말씀의 의미가 분명하게 다가왔다. 이스라엘의 회복에 관한 예언이 성취되기 위해서는 이스라엘 백성의 기도가 필요했다. 다니엘은 기도의 사람이었다. 바벨론에 있던 기나긴 세월 동안 그는 날마다 예루살렘을 향해 무릎을 꿇고 하루 세 번씩 기도했다. 하나님이 그와 함께 해주시기를 쉬지 않고 기도했던 것이다.

그런데 바벨론에 있는 유대인들은 자신들의 죄를 자백하고 유다로 돌아갈 수 있게 해달라고 기도해 왔던가? 그는 대부분이 그렇게 하지 않았다고 생각했다. 어쨌든 다니엘은 자기 백성을 위해 기도하기로 작정했다. 유대민족의 죄를 하나님 앞에 대신 자백하리라. 그는 즉시 무릎을 꿇고 기도하기 시작했다.

다니엘은 먼저 하나님의 자비하심을 찬양했다. 그리고 하나님의 율법으로부터 떠나버린 이스라엘 백성의 죄를 자백했다. 이스라엘 백성이 선지자의 경고를 무시하고 열방에 하나님의 이름을 수치스럽게 만들었음을 고백했다. 또한 가혹해 보이는 하나님의 심판과 형벌이 마땅하고 공평했음을 인정했다. 그러나 이집트에서 노예생활을 하던 백성을 건져내신 하나님의 놀라우신 능력을 떠올리며 하나님이 다시 한 번 동일한 영광을 드러내 주시기를, 포로 된 유대민족을 구해 다시 본향으로 돌아가게 해주시고 이스라엘을 회복시켜 주시기를 간절히 간구했다. 다니엘은 하나님의 자비를 구하며 그들이 그럴 만한 자격이 있어서가 아니라 하나님의 크신 은혜로 말미암아 이스라엘 백성의 죄를 용서해 주시기를 간구했다. "주여 들으소서 주여 용서하소서 주여 귀를 기울이시고 행하소서 지체하지 마옵소서 나의 하나님이여 주 자신을 위하여 하시옵소서 이는 주의 성과 주의 백성이 주의 이름으로 일컫는 바 됨이니라"[미주4]

다니엘이 기도를 시작했을 때 대천사 가브리엘은 천국에서 하나님의 보좌 곁에 서 있었다. 그 보좌에서 엄청나게 밝은 광채가 나와 천국에 있는 모든 것을 빛으로 비추고 있었다. 그때 보좌로부터 강하고 우레와 같은 목소리가 들려왔다. "나의 신실한 전령사 가브리엘이여, 보좌 앞으로 나아오라. 그대에게 맡길 임무가 있노라."

환희로 가득 찬 가브리엘은 기대하는 마음으로 앞으로 나아갔다.

"주님, 가브리엘이 여기 있습니다. 주께서 지시하시는 모든 것을 할 준비가 되어 있나이다."

다시 우렁찬 목소리가 들려왔다. "바벨론에 있는 내 사랑하는 종 다니엘이 지금 전심을 다해 내게 기도하고 있구나. 이미 응답을 준비해 놓았으니 그대가 당장 다니엘에게 가서 그것을 알려 주도록 하라."

"주님, 기꺼이 그렇게 하겠나이다." 가브리엘이 대답했다.

천사 가브리엘은 한 치의 주저함도 없이 다니엘의 기도에 대한 응답을 전하러 광활한 공간을 가로지르며 날아갔다. 천사는 자신의 경험을 통해 깨달은 바가 있었다. 타락한 행성인 지구를 향해 갈 때 천사의 도움을 방해하기 위해 몰래 숨어있는 악마의 존재를 필히 경계해야 한다는 사실이다.

바벨론을 향해 하강할 때 천사 가브리엘은 페르시아를 둘러싸고 있는 어둠의 세력들을 발견했다. 가브리엘은 그 세력들을 멀리서도 감지할 수 있었다. '이곳에서 저들이 세력을 키워가고 있군.' 그는 생각했다. '하나님이 이스라엘을 위해 예비하고 계심을 눈치 챈 것 같아.' 가브리엘은 혐오스러운 무리들이 그의 존재를 알아차리지 못하도록 적당한 거리를 유지하며 바벨론으로 가서 막 기도를 마친 하나님의 사람 다니엘 앞에 나타났다.

다니엘은 깜짝 놀라 그를 바라보았다. 다니엘은 자기 앞에 서 있는 이가 몇 년 전 느부갓네살 왕에 관한 메시지를 전해 주러 왔던 가브리엘 천사임을 금세 알아차렸다.

가브리엘은 떨고 있는 다니엘을 진정시키며 말했다. "다니엘, 당신이 하나님의 큰 사랑을 받고 있다는 사실을 알려 주기 위해 그분이 나를 이곳에 보내셨습니다. 하나님은 당신의 진심어린 기도를 들으셨고 나를 통해 그 응답을 전하기 원하십니다. 당신이 당신의 백성을 위해 열심히 기도했기 때문에 하나님은 당신에게 앞으로 닥칠 일들을 알려 주고자 하십니다."

가브리엘은 장차 490년 동안 유대민족에게 일어날 일들을 다니엘에게 보여주었다. 유대인들의 죄에 대한 형벌은 끝이 날 것이고, 그들은 도시와 성전을 재건하게 될 것이며 장차 그들의 메시아가 오실 것이다. 그러나 그 메시아는 죽임을 당하고 예루살렘과 성전은 다시 멸망하게 될 것이다. 먼 미래에는 세상이 그동안 한 번도 경험하지 못했던 환란이 일어날 것이다. 하나님의 백성을 기다리는 영광스러운 미래가 완성될 때까지 사탄의 대리인은 그들에게 끔찍한 고통을 가할 것이다.

자신의 임무를 완벽하게 마친 가브리엘은 다니엘을 떠나 하나님의 보좌 앞, 자신의 자리로 되돌아왔다. 그리고 그는 페르시아 주위를 맴돌고 있던 악한 세력들에 대해 다른 천사들에게 주의를 당부하는 것을 잊지 않았다.

성경과 역사 속으로

도날드 캠벨은 자신의 저서 <<다니엘>>에서 역사를 관통하는 하나님의 백성의 영속성을 설명하기 위해 다음 장면을 소개했다.

'몇 년 전 한 대도시의 외곽에 상류층 주거지가 형성되고 있었다. 처음에는 몇 명의 유대인들이 그 동네에 집을 구입했는데 이후 점점 더 많은 사람들이 이사 오게 되었다. 그런데 주민들이 유대인들에게 그 동네에서 떠나 달라고 요구하기 시작했다. 그러자 마을 교회 목사는 다음 주일에 "어떻게 해야 유대인들을 쫓아버릴 수 있을까"를 주제로 설교를 하겠다고 공포했다. 이것이 기폭제가 되어 지역 주민들은 일주일 내내 그 문제에 대해 토론했다. 몇몇 유대인은 주지사에게 항의서한을 보내기도 했다. 주일이 되자 교회는 문전성시를 이루었다. 유대인 랍비와 기자 두 명이 앞줄에 자리 잡고 앉았다. 시간이 되자 목사는 설교 본문을 읽기 시작했다.'

> 그는 해를 낮의 빛으로 주셨고 달과 별들을 밤의 빛으로 정하였고 바다를 뒤흔들어 그 파도로 소리치게 하나니 그의 이름은 만군의 여호와니라 이 법도가 내 앞에서 폐할진대 이스라엘 자손도 내 앞에서 끊어져 영원히 나라가 되지 못하리라 여호와의 말씀이니라(렘 31:35-36)[미주5]

이 현명한 목사는 하나님의 시선으로 유대민족의 가치를 사람들에게 보여 주었던 것이다. 하나님은 그들에게 복을 베푸셨고, 그들의 영광스러운 미래에 대해서도 약속해 주셨다.

우리는 앞서 이방 나라들에 대한 하나님의 계획을 살펴본 바 있다단 2장, 7장. 이제 다니엘서 9장에서 하나님은 유대민족에 대한 하나님의 계획을 드러내신다. 이 장을 주의 깊게 읽은 사람이라면 아무도 하나님이 자기 백성 이스라엘과의 관계를 단절하실 거라고 말할 수 없을 것이다. 다니엘이 가브리엘에게 받은 이 예언은 칠십 이레의 예언, 곧 메시아적인 예언의 핵심을 형성하고 있다.

전통적으로 성경학자들은 예언이라는 측면에서 이 장이 매우 훌륭하다는 사실에 의견을 일치한다. 그래서 많은 학자들이 다니엘서 9장을 '예언서의 근간'이라고 부른다. H.A.아이론사이드는 '예언서들 중 최고작'[미주6]이라고 말했고, H.C.레오폴드는 '성경 안에서조차 필적할 만한 대상이 없는 역사의 파노라마다'라고 말했다.[미주7] 필립 R.뉴웰 역시 '다니엘서에서는 물론 성경 전체에서 가장 훌륭한 장이라고 해도 손색이 없을 것이다'라고 말했다.[미주8] 또한 아이작 뉴턴은 이 예언을 기독교 진리의 경계로 삼을 수 있다고까지 말했다.[미주9]

클레런스 라킨은 다니엘서 9장이 왜 모든 예언의 근간이 되는지를 이렇게 설명한다. '다니엘의 칠십 번째 이레단 9:24-27, 예수님의 감람산 설교마 24장, 그리고 요한의 밀봉과 승리와 유리병계 6:1-18:24은 같은 시대를 다루고 있는데, 유대인과 연관된 것이다. 다니엘이 칠십 번째 이레로 초안을 잡았고, 예수님이 감람산 설교로 대략적인 그림을 그리셨고, 요한이 계시록을 통해 자세한 내용을 채워 넣은 것이다.'[미주10]

왜 하나님은 이렇게 중요하고 심오한 예언들을 다니엘에게 드러내셨을까? 그것은 다니엘이 예레미야서를 통해 기도의 중요성을 깨닫고 바로 말씀에 따라 기도했기 때문이다.

다니엘의 기도

내가 이같이 말하여 기도하며 내 죄와 내 백성이 이스라엘의 죄를 자복하고 내 하나님의 거룩한 산을 위하여 내 하나님 여호와 앞에 간구할 때(다니엘 9:20)

구약의 선지자들처럼 다니엘 역시 기도와 말씀의 사람이었다. 구약에는 세 개의 중요한 9장이 있는데, 에스라 9장, 느헤미야 9장, 다니엘 9장이다. 이 세 장 모두 기도의 본질을 다루고 있다. 그리고 세 장 모두 하나님의 백성을 위해 하나님 앞에 무릎을 꿇은 하나님의 종이 등장한다. 구약의 선지자는 꿈을 통해 하나님의 계시나 환상이나 목소리를 기다리는 수동적인 자세를 취하지 않았다. 그들은 기도 중에 예언의 메시지와 의미를 찾고자 애썼다벧전 1:10-12.[미주11]

다니엘은 유대민족의 포로생활이 칠십 년 동안 지속될 것이라는 예레미야의 계시를 읽고 있었다. 예레미야서에는 '칠십 년'이라는 말이 세 번 언급되어 있기 때문에 우리는 다니엘이 예레미야서의 어떤 부분을 읽고 있었는지 쉽게 찾아낼 수 있다.

이 모든 땅이 폐허가 되어 놀랄 일이 될 것이며 이 민족들은 칠십 년 동안 바벨론의 왕을 섬기리라 여호와의 말씀이니라 칠십 년이 끝나면 내가 바벨론의 왕

과 그의 나라와 갈대아인의 땅을 그 죄악으로 말미암아 벌하여 영원히 폐허가 되게 하되(렘 25:11-12)

여호와께서 이와 같이 말씀하시니라 바벨론에서 칠십 년이 차면 내가 너희를 돌보고 나의 선한 말을 너희에게 성취하여 너희를 이곳으로 돌아오게 하리라 (렘 29:10)

우리는 다니엘이 얼마나 오랫동안 이 예언들을 간직하고 있었는지 알 수 없지만 분명한 사실은 다니엘이 예레미야의 예언을 완전하게 이해했고, 예언된 칠십 년의 기한이 다해 가고 있음을 깨달았다는 사실이다. 다니엘 9장의 환상이 기록된 시기는 BC 538년이었다. 다니엘이 포로로 예루살렘에서 바벨론으로 온 시점BC 605년부터 67년의 세월이 흘렀다.[미주12]

노년의 다니엘은 예레미야서의 예언을 읽으면서 햇수를 계산했다. 그때 그는 칠십 년의 시한이 끝나 가고 있음을 깨달았다. 하나님의 백성이 자유를 얻게 될 시간이 임박했음을 깨닫게 된 다니엘은 하나님 앞에 기도하기 위해 무릎을 꿇었다.

그의 기도 대부분은 자기 백성의 죄를 자백하고 회개하는 것이었다. 금식하고, 베옷을 입고, 몸에 재를 뿌리며 그는 여호와 하나님을 부르며 간구했다. 다니엘서에서 하나님의 이름이 발견되는 장은 9장이 유일한데, 9장에서만 일곱 번 반복하여 하나님의 이름을 부르고 있다. 여호와는 언약을 지키시는 하나님의 이름이기 때문에 다니엘은 간절하게 그 이름을 불렀던 것이다.

성경 전체를 통틀어 가장 간절한 기도 가운데 하나로 손꼽을 수 있는 다니엘의 기도는 국가적인 교만과 죄를 공적으로 회개하는 기도의 모범 사례라고 할 수 있다. 다니엘은 "왕들과 우리의 고관과 조상들과 온 국민에게"단 9:6의

죄를 고백했다. 가장 신분이 높은 자부터 가장 미천한 자까지 이스라엘의 타락에 대한 책임으로부터 자유로울 수 있는 사람은 아무도 없었다.

도날드 캠벨은 이에 대해 이렇게 적고 있다. '9장의 단 몇 절만이 인류 역사의 종말에 일어날 사건들을 보여주며, 3분의 2는 자기 백성에 대한 다니엘의 중보기도로 채워져 있다는 사실은 우연이 아니다. 이 훌륭한 장에는 미래를 들여다보는 것 이상의 의미가 있다. 이 장은 회개와 요청이다!'[미주13]

다니엘은 간절한 애원으로 기도를 마무리하고 있다. "주여 들으소서 주여 용서하소서 주여 귀를 기울이시고 행하소서 지체하지 마옵소서 나의 하나님이여 주 자신을 위하여 하시옵소서 이는 주의 성과 주의 백성이 주의 이름으로 일컫는 바 됨이니이다"단 9:19

'들으소서, 용서하소서, 귀를 기울이소서, 지체하지 마옵소서, 망치로 고집스럽게 내려치듯이 이런 동사들을 빠르게 반복해서 사용한다. 다니엘의 겸손한 마음이 끊임없이 드러나며 그의 기도는 일정한 어조를 유지하고 있지만, 그의 진심은 명쾌함을 통해 빛을 발하고 있는 것이다'[미주14]

하나님은 이스라엘 백성의 포로생활이 끝날 것이라는 약속을 주셨지만 그들에게 끝까지 기도하라고 말씀하셨다. "너희가 내게 부르짖으며 내게 와서 기도하면 내가 너희들의 기도를 들을 것이요 너희가 온 마음으로 나를 구하면 나를 찾을 것이요 나를 만나리라"렘 29:12-13

기도를 마친 다니엘은 자기 백성이 고통 받았던 칠십 년의 포로생활에 대한 응답을 기대하고 있었다. 1장에서 그 칠십 년이 일곱 번째 해마다 땅을 쉬게 해야 하는 안식년에 관한 율법과 이를 어긴 이스라엘 백성의 490년을 나타내고 있음을 기억하라대하 36:21.

그러나 기도하는 노년의 선지자에게 하나님은 더 놀라운 일들을 보여주셨다. 하나님은 과거의 490년이 아니라 미래의 490년을 보여주신 것이다. 다니엘은 하나님께 과거에 대해 회개했는데, 하나님은 그런 그에게 미래에 대해 말씀해 주셨다!

전령사

> 곧 내가 기도할 때에 이전에 환상 중에 본 그 사람 가브리엘이 빨리 날아서 저녁 제사를 드릴 때 즈음에 내게 이르더니(다니엘 9:21)

가브리엘은 가장 신임 받는 하나님의 전령사이다. 그는 항상 가장 중요한 희소식을 전해 주는 역할을 한다. 다니엘 시대로부터 오백 년 후에 예수님의 어머니로 선택 받은 마리아에게 메시아에 대한 소식을 알려 준 천사도 가브리엘이었다눅 1:26-27. 성전에서 사가랴를 만나 아들을 구하는 그의 기도가 응답되었음을 알려 준 이도 가브리엘이었다눅 1:11-17. 사가랴에게 나타난 가브리엘은 자신을 이렇게 소개했다. "나는 하나님 앞에 서 있는 가브리엘이라 이 좋은 소식을 전하여 네게 말하라고 보내심을 받았노라"눅 1:19 가브리엘은 하나님과 인간 사이의 믿음직한 전령사 역할을 하며, 하나님의 오른편에 서 있다.

다니엘이 기도를 마쳤을 때 가브리엘은 기도의 응답을 전해 주기 위해 그곳에 와 있었다. 저녁 제사를 드릴 무렵에 그곳에 도착했다고 했으니 지금 시간으로는 약 오후 3시 정도였을 것이다.

어떤 사람이 히브리어로 다니엘의 기도를 읽어보니 약 삼 분 정도의 시간이 소요되었다고 한다. 가브리엘 천사가 하나님의 보좌에서 바벨론에 있는 다니엘의 집에 도착하기까지 삼 분 정도가 걸렸다는 뜻이다. 가브리엘이 성경의 표현대로 '빨리 날아서' 다니엘 앞에 나타났다는 사실은 의심의 여지가 없어 보인다.

유대인이자 그리스도인인 아르노 게벨라인은 기도에 대해 이렇게 말했다. '천국은 그리 멀지 않다. 하나님과의 공간도 거리도 없다. 하나님의 백성이 기도해야 할 확실한 이유가 아니겠는가. 우리가 성령과 그분의 이름으로 기도드리는 순간 우리의 목소리는 하늘 꼭대기에서 들릴 것이다.'[미주15]

가브리엘이 다니엘을 만나러 온 목적은 다음 구절을 설명해 주기 위함이었다. "내게 가르치며 내게 말하여 이르되 다니엘아 내가 이제 네게 지혜와 총명을 주려고 왔느니라 곧 네가 기도를 시작할 즈음에 명령이 내렸으므로 이제 네가 알리러 왔느니라 너는 크게 은총을 입은 자라 그런즉 너는 이 일을 생각하고 그 환상을 깨달을지니라"단 9:22-23

가브리엘은 다니엘에게 '지혜와 총명을 주고', 다니엘에게 '알리러' 왔다고 했다. 다니엘이 가브리엘의 입술에서 나오는 예언을 듣게 된다면 그는 그 예언을 이해하기 위해 가브리엘 천사가 주는 지혜와 총명이 필요하게 될 것이다.

가브리엘은 다니엘을 일컬어 '크게 은총을 입은 자'라고 했는데, 이는 사도 요한을 일컬어 '예수께서 사랑하시던 제자'요 20:2, 21:7, 20라고 했던 것과 같은 의미이다. 이처럼 다니엘과 요한에게도 평행이론이 존재하는데, 이들은 각각 성경에서 중요한 예언서인 다니엘서와 요한계시록을 기록했다. 즉 하나님은 이들에게 누구에게도 보여주시지 않았던 계시를 드러내셨다.

가브리엘의 메시지

가브리엘이 사용한 용어 가운데 일부는 오늘날의 독자에게 설명이 필요해 보인다.

1. 다니엘이 예언한 '이레'

네 백성과 네 거룩한 성을 위하여 일흔 이레를 기한으로 정하였나니(다니엘 9:24)

가브리엘이 말한 이레week의 의미는 지금 우리가 사용하고 있는 칠 일로 구성된 시간 단위가 아님이 확실하다. 그렇게 계산한다면 예루살렘 도시 전체와 성소가 490일 안에 건설되어야 하는데 이것은 불가능한 일이기 때문이다. 이 말씀에 나오는 이레는 단순히 문자적으로 '7'을 의미한다. 다니엘은 자기 백성을 위해 일흔 '이레'가 기한으로 정해졌다는 말을 듣게 된다.

그렇다면 '이레는 얼마 동안의 기간인가?'라는 의문이 생긴다. 우리는 문장의 문맥과 어휘를 보면서 해답을 찾을 수 있다. 다니엘서 9장 24절의 '일흔 이레'라는 말을 근거로 볼 때 이레란 날이 아니라 해를 염두에 둔 기간이라는 사실을 알게 된다. 즉 다니엘서 9장 24절의 '일흔 이레'는 7년의 칠십 묶음으로 풀이되어야 한다. 성경학자들 또한 이러한 해석에 만장일치로 동의하고 있다.

그래서 천사는 다니엘에게 일흔 이레 또는 칠 년의 칠십 배490년를 말하고 있고, 이는 이스라엘에 대한 예언이 성취되기 위해 필요한 시간이었다.

2. 다니엘이 예언한 '해'

예언에 나오는 해는 365일이 아닌 360일, 즉 삼십 일에 열두 달을 곱한 날수이다. 이에 대한 결정적인 증거가 있다. 창세기에 따르면 홍수는 두 번째 달의 열일곱 번째 날에 시작되어7:11 일곱 번째 달의 열일곱 번째 날에 끝이 났다8:4. 이는 꼭 다섯 달의 시간이었다. 창세기 7장 24절과 8장 3절에서 우리는 150일, 즉 다섯 달 동안 홍수가 계속되었다는 기록을 보게 된다. 이를 근거로 결론적으로 말하면 성경에서 달month은 30일이었고, 열두 달은 360일로 계산되었다. 또한 계시록 11장 3절과 12장 6절에서 삼 년 반이라는 기간은 1,260일1,260을 3.5로 나누면 360이다이다.

이스라엘의 미래

> 네 백성과 네 거룩한 성을 위하여 일흔 이레를 기한으로 정하였나니 허물이 그치며 죄가 끝나며 죄악이 용서되며 영원한 의가 드러나며 환상과 예언이 응하며 또 지극히 거룩한 이가 기름 부음을 받으리라(다니엘 9:24)

모든 예언은 다니엘의 백성인 이스라엘과 다니엘의 도시인 예루살렘과 연관되어 있음을 기억하라. 이 예언은 이방 나라와는 아무런 상관이 없음을 이해하는 것이 중요하다. 가브리엘 천사에 따르면 이스라엘의 미래는 여섯 가지의 중요한 변화와 연관되어 있다. 그 여섯 가지 변화 중에서 세 가지는 부정적이고 세 가지는 긍정적이다. 다니엘의 일흔 이레의 예언이 완성되기 전에 이 여섯 가지 변화들은 반드시 일어나야 한다.

어떤 학자들은 여섯 가지 변화가 모두 십자가에서 이루어졌다고 말한다. 그들은 하나님이 유대민족을 위해 계획하신 일들은 이미 성취되었으며 하나님은 더 이상 이스라엘의 미래에 대한 계획을 가지고 계시지 않다고 말한다.

그러나 다음의 여섯 가지 변화들은 미래의 어느 시점에 이스라엘에게 온전히 경험되어져야 한다.

1. "허물이 그치며"

이것은 일흔 이레 동안 성취되어야 할 가장 중요하고 우선적인 항목이다. 헐버트 레오폴드는 '죄는 제어당할 것이고 더 이상 자라거나 풍성해지지 못할 것이다'라는 의미로 '허물이 그치다'라는 표현을 사용했다고 말했다.[미주16]

모든 믿는 자들의 죄는 십자가 위에서 끊어질 것이지만 그리스도를 거부한 이스라엘에게는 일흔 이레가 끝날 때까지 메시아의 구원의 역사가 성취될 수 없을 것이다. 이 시간에 대해 하나님은 이렇게 말씀하고 계신다. "내가 다윗의 집과 예루살렘 주민에게 은총과 간구하는 심령을 부어 주리니 …그 날에 죄와 더러움을 씻는 샘이 다윗의 족속과 예루살렘 주민을 위하여 열리리라"슥 12:10, 13:1

2. "죄가 끝나며"

이 말은 이론적으로뿐만 아니라 실제적으로 죄가 제거되어야 할 시간임을 가리키는데, 죄의 완전한 종말은 그리스도가 통치하시는 천년왕국이 도래할 때 비로소 이루어질 것이다. 그날에 이스라엘의 죄악도 완전히 사라질 것이다. "그들이 그 우상들과 가증한 물건과 그 모든 죄악으로 더 이상 자신들을 더럽히지 아니하리라 내가 그들을 그 범죄한 모든 처소에서 구원하여 정결하게 한즉 그들은 내 백성이 되고 나는 그들의 하나님이 되리라"겔 37:23

3. "죄악이 용서되며"

이것은 속죄, 곧 기름 부음을 의미한다. 이 말씀에서 그리스도가 확실히 언급된 것은 아니지만 그분은 틀림없이 기름 부음을 받은 자이시다단 9:26. 이스라엘 민족은 일흔 이레가 끝날 때까지 기름 부음 받은 자의 영향력을 깨닫지 못하겠지만, 메시아의 기름 부음 받음으로 인해 죄는 이미 용서받았다.

4. "영원한 의가 드러나며"

메시아의 죽음은 우리 죄를 사하셨을 뿐 아니라 우리를 거룩하신 하나님 앞에 의롭게 서게 했다. 레온 우드는 이렇게 적고 있다. '그리스도가 돌아가셨을 때 우리 죄가 소멸되었을 뿐 아니라 우리는 의롭게 되었다. 그러나 이스라엘은 그리스도의 재림에 합당할 때만 참으로 의로워질 수 있다.'미주17

5. "환상과 예언이 응하며"

이것은 미래에 모든 예언들이 성취될 시간을 가리킨다. 그리스도가 권능으로 오셔서 그분의 나라를 세우시는 날, 그분에 대한 모든 예언은 완벽한 현실이 될 것이다. 곧 살펴보겠지만 이 예언은 그리스도가 예루살렘에 입성하실 때에 완성된다.

6. "지극히 거룩한 이가 기름 부음을 받으니라"

그리스도의 나라는 미래에 천년왕국의 성소가 기름 부음을 받을 때 비로소 세워질 것이다. '지극히 거룩한 이'라는 말은 성경에서 성전의 거룩한 장소, 곧 미래의 성전에서 예배가 다시 회복되는 곳인 지성소를 가리킨다겔 41-46장.

성경학자 G.H. 랑은 이에 대해 이렇게 적고 있다. '성막과 솔로몬이 지었던 첫 성전이 있던 곳에서 새로운 지성소가 기름 부음을 받게 될 것이다. 이 예언에서 지성소는 에스겔이 묘사했던 대성전의 가장 내밀한 곳으로 단순히 과거의 성소가 계속 이어진다는 의미는 아닐 것이다.'미주18

다니엘서 9장에 예언된 이 여섯 가지 변화는 모두 완벽하게 성취되었으며 장차 이스라엘이 경험하게 될 일이다. 물론 이 일은 다니엘이 예언한 490년이 끝날 때까지 이루어지지 않았다. 즉 이스라엘에게 이 예언이 성취될 날은 먼 미래인 것이다.

예루살렘 재건과 성전 회복

> 그러므로 너는 깨달아 알지니라 예루살렘을 중건하라는 영이 날 때부터 기름 부음을 받은 자 곧 왕이 일어나기까지 일곱 이레와 예순두 이레가 지날 것이요 그 곤란한 동안에 성이 중건되어 광장과 거리가 세워질 것이며(다니엘 9:25)

이 예언은 미래의 특정한 날에 일어날 것인데 예루살렘을 중건하라는 명령은 예언된 일흔 이레, 또는 490년의 시작을 알리는 신호탄이 될 것이다.

성경에는 예루살렘 재건과 성전 회복과 관련된 네 개의 왕명이 있다. 첫 번째는 BC 538년 키루스에 의해 내려진 것으로스 1:1-4, 5:13-17, 예루살렘 성이 아닌 성전 재건 명령이었다. 이어 BC 517년에 다리우스가 두 번째 명령을 내렸는데스 6:1-12, 이 명령 역시 성전 재건에 국한되어 있었다. 그러다가 BC 458년 아닥사스다 왕이 성벽 재건 명령을 내리는데, 이 시점이 다니엘의 일흔 이레가 시작되는 시점으로 추정된다. 25년 동안 인디애나 주 위노나 은혜 신학교 총장을 역임했던 알바 J. 맥클레인 박사는 탁월한 성경학자인데, 그는 이 명령이 다니엘의 예언적 기간인 일흔 이레가 시작되는 시점으로 확신하고 있다.

다니엘서에서 언급된 '명령'은 느헤미야1:1-4, 2:1-8에서 찾을 수 있다. 느헤미야서는 이 명령의 정확한 날짜를 기록하고 있는데 "아닥사스다 왕 제이십년 니산월"2:1이다.

브리태니커 백과사전 최신판에는 BC 465년에 아닥사스다 왕이 즉위했다고 적고 있다. 그러므로 그날로부터 이십년 째 되던 해는 BC 445년에 해당될 것이다. 달은 니산월이고 날짜는 기록되어 있지 않지만, 유대인들의 관습에 따라 그달의 첫날로 유추할 수 있다.[미주19] BC 445년 니산월 1일을 지금 우리가 사용하는 달력으로 계산하면 "예루살렘을 중건하라"단 9:25는 명령은 BC 445년 3월 14일에 내려졌다.

예언의 완성 _ "기름 부음 받은 자 곧 왕"

> 그러므로 너는 깨달아 알지니라 예루살렘을 중건하라는 영이 날 때부터 기름 부음을 받은 자 곧 왕이 일어나기까지 일곱 이레와 예순두 이레가 지날 것이요 (다니엘 9:25)

이 예언의 성취와 관련해서 다니엘이 알아야 할 사실은 무엇인가? 예언이 선포되는 시점이 있는 것처럼 예언이 성취되는 시점도 있다. 다니엘서 9장 25절에 따르면 그 시점은 기름 부음 받은 자 곧 왕이 일어날 시간이다.

'기름 부음 받은 자 곧 왕'은 메시아를 의미한다. 여기에서 '왕'은 왕이자 통치자로 오시는 예수 그리스도를 가리킨다.

그렇다면 예수 그리스도의 삶에서 어떤 일이 다니엘서의 예언의 성취와 관련이 있을까? 바로 '승리의 예루살렘 입성'이다. 이 장면은 영원히 다스리실 왕으로 오시는 메시아를 상징하기 때문이다. 또한 이 사건은 당시 유대백성에게 자기 자신을 메시아로 드러내신 사건이기도 하다.

스가랴 9장 9절은 이스라엘의 왕이 '나귀를 타고' 예루살렘으로 오실 것이라고 예언했다. 누가복음 19장에서 우리는 예수님이 나귀를 타고 예루살렘에 입성하시는 장면을 보게 된다. 당시 제자들은 예수님의 예루살렘 입성이 위험한 일임을 알았다. 하지만 유대백성은 시편 118편에 기록된 대로 메시아를 향해 환호했다. "여호와의 이름으로 오는 자가 복이 있음이여!"26절, 눅 19:38 참고

런던 경찰국의 로버트 앤더슨 경은 120년 전에 고전이 된 자신의 저서 《다시 오실 왕》에서 이렇게 적고 있다. '복음을 듣기 위해 예수님을 따라다녔던 사람들 가운데 어느 누구도 예수님의 예루살렘의 입성이 고난의 시작이며 그것이 그분이 오신 목적이었다는 사실을 알지 못했다. …예수님의 말씀과 그분의 사역이라는 이중적인 증거들로 봤을 때 예수님의 예루살렘 입성은 그분이 메시아이심을 선포하신 것이며 예수님이 자신의 운명을 받아들이신 것이다.'[미주20]

알바 J. 맥클레인은 '일흔 이레의 예언은 성경이 진리임을 입증하는 증거로서 엄청난 가치가 있다. 첫 번째 예순아홉 이레와 연관된 예언들은 이미 정확하게 성취되었다. …메시아가 예루살렘에 입성하셔서 자신이 이스라엘의 왕이심을 드러내실 것이라는 사실을 오백 년 전에 예언하실 수 있는 분은 오직 하나님뿐이시다.'[미주21]

예언의 계산 _ 69×7×360=173,880

로버트 앤더슨 경은 예루살렘 성벽을 재건하라는 명령과 기름 부음을 받은 왕이 오실 것이라는 예언의 성취 사이의 시간을 계산해 보았다. 그 계산의 정확성은 한 세기 이상의 세월에 걸쳐 확인하는 절차를 거쳤고, 오늘날 많은 성경학자들에 의해 확증되었다. 여기에 그의 계산법을 간단하게 설명하겠다.

이레가 해를 구성하고 있다는 사실을 근거로 볼 때, 그 예언에서 한 해의 길이는 360일이다. 그리고 연대를 계산해 보면 그해는 BC 445년 3월 14일에 시작되었다. …예순아홉 이레의 마지막을 찾아내기 위해 우리는 먼저 단위를 날로 통일시켜야 한다. 70년마다 예순아홉 이레가 있고 일 년은 360일이므로 계산은 다음과 같다. 69×7×360=173,880. BC 445년 3월 14일부터 시작해서 이날을 계산해 보면 AD 32년 4월 6일이 된다.[미주22]

예언의 카테고리

1. "일곱 이레"

그러므로 너는 깨달아 알지니라 예루살렘을 중건하라는 영이 날 때부터 기름 부음을 받은 자 곧 왕이 일어나기까지 일곱 이레와 예순두 이레가 지날 것이요 (다니엘 9:25)

일곱 이레(49년)

예순두 이레(434년)

한 이레(7년)

학자들은 이미 성취된 예순두 이레의 예언은 강조하면서도 아직 성취되지 않은 한 이레는 종종 간과하는 경향이 있다. 가브리엘은 처음 일곱 이레49년 동안 고난의 시간일지라도 도시가 재건될 것이라고 말했다스 9-10장, 느 4, 6, 9, 13장. 예언대로 49년 동안 예루살렘은 재건되었고, 성전과 구약의 규범도 다시 세워졌다.

예루살렘이 재건된 일곱 이레는 아닥사스다가 BC 445년에 도시를 재건하라는 명령을 내린 지 49년 후인 BC 396년에 마무리되었다. 그리고 이날이 바로 우리 주님이 예루살렘에 입성하셨던 날이다.

2. 예언이 연기됨 _ "기름 부음을 받은 자가 끊어져 없어질 것이며"

예순두 이레 후에 기름 부음을 받은 자가 끊어져 없어질 것이며 장차 한 왕의 백성이 와서 그 성읍과 성소를 무너뜨리려니와 그의 마지막은 홍수에 휩쓸림 같을 것이며 또 끝까지 전쟁이 있으리니 황폐할 것이 작정되었느니라(다니엘 9:26)

"자기 땅에 오매 자기 백성이 영접하지 아니함"요 1:11으로 인해, 즉 이스라엘이 기름 부음 받은 왕을 거부함으로써 하나님의 계획은 방해를 받게 되었다. 이 사건으로 예순아홉 번째 이레가 끝이 나고, '계수되지 않은 시간'이라고 불리는 기간이 시작되었다. 하나님은 유대민족을 국가적으로 대할 때 시간을 계수하셨는데, 이는 대환란, 즉 다니엘이 예언한 일흔 번째 이레가 시작될 때까지 지속될 것이다. 즉 예순아홉 번째 이레의 마지막과 일흔 번째 이레의 시작 사이에는 무한한 시간이 존재한다. 그러므로 우리는 '계수되지 않은' 시간에 살고 있는 것이다. 그리고 그 시간은 약 이천 년 이상 지속되고 있다.

예언의 시간이 이천 년 이상 유예되고 있다고 해서 일흔 번째 이레가 과연 시작될 것인가 의심할 필요는 없다. 선지자들은 멀리서 바라볼 때 산꼭대기들이 마치 연속적으로 연결되어 있는 것처럼 미래의 사건들을 바라봤다. 그러므로 이 산꼭대기에서 다음 산꼭대기 사이에 얼마나 넓은 골짜기가 펼쳐져 있는지를 예측하는 것은 쉬운 일이 아니다. 다니엘 또한 예순아홉 번째 이레와 일흔 번째 이레 사이에 이천 년 이상의 시간차가 있을 것이라고는 예상하지 못했을 것이다.

이사야서 9장 6절은 한 절 안에도 이런 넓은 시간차가 있을 수 있다는 사실을 보여주는 좋은 사례이다. "이는 한 아이가 우리에게 났고 한 아들을 우리에게 주신 바 되었는데 그의 어깨에는 정사를 메었고" 그리스도가 이천 년 전에 어린 아이의 모습으로 베들레헴에 태어났을 때 그분의 어깨에는 아직 정사나라가 메어 있지 않았다. 그 일은 그분이 재림하실 때 비로소 이루어질 것이다. 따라서 이 말씀 안에는 이천 년 이상의 시간적인 격차가 있다. 이와 마찬가지로 스가랴서 9장 9-10절에서 우리는 그리스도가 나귀를 타고 예루살렘에 입성하는 모습과 바다로부터 바다까지 통치하시는 모습을 보게 된다. 이 두 가지 사건은 연속적으로 일어나는 일 같지만 사실은 이것 역시 이천 년 이상의 시간차를 두고 있다.

"사랑하는 자들아 주께는 하루가 천 년 같고 천 년이 하루 같다는 이 한 가지를 잊지 말라"벧후 3:8 그러므로 우리는 유예되는 시간을 문제 삼아 예언의 성취를 의심해서는 안 된다. 예언이 성취되는 시기보다 하나님이 주신 약속에 대한 믿음이 우리에게는 보다 중요하다.

다니엘의 예언에서 예순아홉 번째 이레와 일흔 번째 이레 사이에 시간차가 존재하는 이유는 여러 가지가 있지만, 그중 하나를 상기시켜 주자면 가브리엘이 예언했던 이스라엘의 여섯 가지 변화가 아직 나타나지 않았다는 것이다.

예순아홉 번째와 일흔 번째 이레 사이의 초기에 두 가지 중요한 사건이 일어났다. 첫째, 기름 부음 받은 왕이 끝이 났다는 사실이다단 9:26. 이 문장의 문자적인 해석은 '끝이 나서 아무것도 남아 있지 않다'는 뜻으로 예수 그리스도의 죽음을 의미한다는 해석이 지배적이다. 그분은 친구들에게 배신당했고, 적들에게 조롱 받았으며, 하늘에 계신 아버지께도 버림을 받은 것처럼 보였다.

예순아홉 번째 이레와 일흔 번째 이레 사이에 일어날 것이라고 예언된 두 번째 사건은 예루살렘과 성소의 붕괴이다. 에스라와 느헤미야 시대에 재건되었던 예루살렘과 성소는 다시 무너질 것이다. 그 사건은 그리스도가 십자가에 못 박혀 돌아가신지 40년 후인 AD 70년에 로마군의 손에 의해 이루어진다. 도날드 캠벨은 이 예언이 어떻게 성취되었는지에 대해 이 같이 자세히 설명하고 있다.

'티투스 베스피시아누스가 네 개의 로마 군단을 이끌고 와서 예루살렘을 포위하여 그 도시를 무너뜨렸다. …흥미로운 것은 티투스 장군은 그의 병사들에게 성전은 온전히 남겨 두라고 했다는 사실이다. 그러나 예수님은 그의 제자들에게 "돌 하나도 돌 위에 남지 않고 다 무너뜨려지리라"마 24:2고 예언하셨다. 명령을 받은 한 로마 병사가 충동적으로 자신이 들고 있던 횃불을 성전 입구에 던졌는데 거기에 길게 드리워져 있던 휘장에 그만 불이 붙고 말았다. 건물은 곧 화염에 불타올랐고 건물 전체를 둘러싸고 있던 도금장식이 그 열기에 녹아 돌로 된 바닥 틈새로 스며들어 갔다. 내부 열기가 식자 탐욕에 사로잡힌 병사들은 금을 찾기 위해 말 그대로 바닥을 모두 뒤집어놓았다. 그리스도의 예언이 잔인하게 성취되는 순간이었다.'미주23

그리스도의 죽음과 예루살렘의 파괴는 둘 다 예순아홉 이레 동안 일어난 사건이 아니었다. 성전 파괴는 그리스도가 돌아가신지 40년 후에 일어났다. 그렇다고 이 사건들이 일흔 번째 이레에 일어난 것도 아니었다. 왜냐하면 일흔 번째 이레는 적그리스도가 이스라엘과 언약을 맺은 이후 시작되기 때문이다.

불법의 사람

> 그가 장차 많은 사람들과 더불어 한 이레 동안의 언약을 굳게 맺고 그가 그 이레의 절반에 제사와 예물을 금지할 것이며 또 포악하여 가증한 것이 날개를 의지하여 설 것이며 또 이미 정한 종말까지 진노가 황폐하게 하는 자에게 쏟아지지라 하였느니라 하니라(다니엘 9:27)

다니엘서 9장 26-27절에서 다니엘은 두 왕에 대해 언급하고 있다. 첫 번째 왕은 메시아로 오셨다가 예순아홉 번째 이레가 마무리될 무렵 "끊난" 예수 그리스도시다단 9:26. 이어서 성경은 다양한 어휘를 사용하여 두 번째 왕에 대해 말하고 있다. "작은 뿔"단 8:9, "얼굴이 뻔뻔하며 속임수에 능한 왕"단 8:23, "불법의 사람"살후 2:3, "짐승"계시록에서 25번 언급, 그리고 "적그리스도"요일 2:18, 4:3. 이 왕은 대환란 동안 지금까지의 역사에서 그러했듯이 유대인들을 대적하여 일어날 것이다.

다니엘의 일흔 번째 이레 또는 대환란의 시작을 알리는 신호는 바로 이것인데, 세상의 지도자로 여겨지는 적그리스도가 '한 이레 동안의 언약'을 굳게 맺을 것이라는 사실이다단 9:27. 이 언약은 이스라엘을 없애버리고자 하는 나라들로부터 보호해 주고 일정 기간 동안 종교적인 안전을 보장해 준다는 내용을 담은 것으로 적그리스도와 이스라엘 국가 간의 조약이 될 것이다.

그러나 거짓된 자비를 베푸는 이 왕은 일흔 번째 이레의 반이 흘렀을 때 그 언약을 파기해 버릴 것이다. "그가 그 이레의 절반에 제사와 예물을 금지할 것이며 또 포악하여 가증한 것이 날개를 의지하여 설 것이며 또 이미 정한 종말까지 진노가 황폐하게 하는 자에게 쏟아지리라 하였느니라 하니라"단 9:27

일흔 번째 이레의 첫 번째 반이 비교적 평화로웠다면 두 번째 반은 적그리스도의 전례 없는 분노로 인해 핍박이 시작될 것이다. 그 이레의 삼년 반은 예수님이 마태복음 24장 21절에서 언급하시고, 계시록 4-19장에 자세히 기록되어 있는 것처럼 대환란이 있을 것이다.

언약의 파기는 다니엘이 "멸망하게 하는 가증한 것을 세울 것"단 11:31, 12:11이라고 칭했던 행위와 함께 이루어질 것이다. 다니엘서 8장에서 보았듯이 이러한 신성모독의 행위들은 예루살렘에 있는 모든 거룩한 것을 완벽하게 훼손시킬 것이다. 이는 예수님이 감람산 설교에서 경고하셨던 바이기도 하다.

> 그러므로 너희가 선지자 다니엘이 말한 바 멸망의 가증한 것이 거룩한 곳에 선 것을 보거든(읽는 자는 깨달을진저) 그 때에 유대에 있는 자들은 산으로 도망할지어다 지붕 위에 있는 자는 집 안에 있는 물건을 가지러 내려 가지 말며 밭에 있는 자는 겉옷을 가지러 뒤로 돌이키지 말지어다 그 날에는 아이 밴 자와 젖먹이는 자들에게 화가 있으리로다 너희가 도망하는 일이 겨울에나 안식일에 되지 않도록 기도하라 이는 그 때에 큰 환난이 있겠음이라 창세로부터 지금까지 이

런 환난이 없었고 후에도 없으리라 그 날들을 감하지 아니하면 모든 육체가 구원을 얻지 못할 것이나 그러나 택하신 자들을 위하여 그 날들을 감하시리라 (마 24:15-22)

적그리스도를 심판하시고 하나님께 대적하는 반역의 세력을 진압하기 위해 예수 그리스도가 이 땅에 재림하실 것이고, 그런 끔찍한 시간은 단축될 것이다계 19:11-21. 이는 다니엘의 칠십 이레가 끝이 났다는 것을 의미하는데, 즉 마지막 이레는 그리스도의 재림과 함께 마무리될 것이다.

기름 부음 받은 왕

한편 이 환상에서 다니엘은 일흔 번째 이레의 마지막에 어떤 일이 있을 것인지에 대해서는 자세히 듣지 못했다. 그때 그리스도는 천년 동안 이 땅에 왕의 나라를 건설하실 것이다계 20:1-3. 구약의 두 선지자 이사야와 스가랴는 장차 오게 될 그 나라를 목격한 바 있다사 11장, 61장, 슥 9-14장. 그러나 그들은 그 사건이 일어날 정확한 시간은 알지 못했다.

하나님은 선택 받은 백성을 가르치시고 정결케 하심으로써 그들과의 관계를 회복하실 것이다. 그리고 천년 동안 왕 중의 왕이신 그리스도와 함께 의로움이 이 땅을 지배하게 될 것이다. 뿐만 아니라 예루살렘에 "세상 죄를 지고 가는 하나님의 어린 양"요 1:29께 예배드리는 거룩한 성전이 세워질 것이다. "그 날에는 말이 다른 이방 백성 열 명이 유다 사람 하나의 옷자락을 잡을 것이라 곧 잡고 말하기를 하나님이 너희와 함께 하심을 들었나니 우리가 너희와 함께 가려 하노라 하리라 하시니라"슥 8:23

다니엘은 69년 동안 바벨론에 포로로 잡혀 있으면서 하나님이 그분의 백성을 잊으신 것은 아닐까 하는 의구심을 갖기도 했을 것이다. 그러나 이스라엘의 포로생활이 70년 만에 끝날 것이라는 예레미야의 예언을 간직하고, 가브리엘의 일흔 이레의 계시와 승리의 계시를 들으면서 하나님을 향한 믿음을 회복하였다. 그는 하나님이 그분의 백성을 위해 여전히 일하고 계심을 깨달았던 것이다.

레오폴드 콘은 1862년 헝가리 베레지나에 있는 유대인 마을에서 태어났다. 일곱 살에 양친을 모두 잃은 그는 하나님을 깊이 추구했다. 열세 살에 '언약의 아들'이 된 콘은 더욱더 학문에 매진하여 랍비, 즉 자기 백성의 선생이 되기 위한 과정을 밟아갔다. 열여덟 살에 우수한 성적으로 탈무드 학교를 졸업한 그는 마침내 랍비라는 직함을 얻었고, 결혼 후에도 모세의 율법을 열심히 공부했다.

그의 학문은 메시아가 언제 오실까 하는 것에 초점이 맞추어져 있었다. 메시아가 오시면 흩어졌던 이스라엘 민족이 약속의 땅에 다시 모이게 될 것이라고 믿었기 때문이다. 이 연구 주제는 자연스럽게 그를 다니엘서 9장으로 이끌었다. 그가 보기에 다니엘이 가브리엘에게 일흔 이레에 관한 메시지를 받고, 사백 년 후에 메시아가 오신다는 사실이 너무나 명백해 보였다. 이 말은 곧 메시아가 이미 오셨다는 의미이기도 했다!

그는 메시아가 오지 않았다고 가르쳤던 탈무드가 선지자의 예언과 맞지 않는다는 사실을 알게 되었다. 그러나 동료 랍비들에게 이 문제에 대한 질문을 던졌을 때 그는 외면과 배척을 경험해야 했다. 서른 살이 되었을 때 그는 가족과 함께 종교의 자유가 있는 나라 미국으로 건너왔다.

안식일에 뉴욕 거리를 걷다가 콘은 히브리어로 '유대인을 위한 모임'이라고 쓰인 간판을 보게 되었다. 그에게는 십자가가 걸려있는 유대인 기독교인의 모임 광고가 너무 놀라웠다. 그는 바로 그 모임에 참여하였고, 다음 주에 담임목사에게서 히브리어 신약성경을 선물로 받았다. 그날부터 콘은 마태복음으로 시작하는 히브리어 신약성경에 몰입하였다. "아브라함과 다윗의 자손 예수 그리스도의 세계라"마 1:1 그는 아침 11시부터 다음날 새벽 1시까지 성경을 읽으면서 유대인인 메시아, 나사렛 예수에 집중했다.

1894년, 레오폴드 콘은 유대인들이 복음을 접할 수 있도록 뉴욕 브루클린에 선교회를 설립하였다. 오늘날 그 선교회는 세계 16개국에서 '선택받은 민족 선교회'로 잘 알려져 있다. 이 모든 일이 한 유대인 랍비가 다니엘서 9장을 읽고 이스라엘의 메시아가 다니엘의 예언을 기준으로 사백 년 후에 오셨다는 사실에 확신을 가짐으로써 시작되었다.

오늘날의 다니엘 요원에게

1. 미래에 대한 소망

하나님의 예언을 읽는 것은 연애소설의 마지막 페이지를 넘기며 주인공 남녀가 결국 어떻게 될 것인지를 알게 되는 과정과 유사하다. 예언은 역사의 마지막 페이지에서 그리스도가 영원히 통치하고 다스리신다는 사실을 말해 준다.

2. 현재에 대한 확신

내일을 두려워하지 않을 때 우리는 확신을 가지고 오늘을 살게 된다. 많은 그리스도인들이 하나님의 예언적 말씀을 알지 못하기 때문에 점점 더 연약해지고 있다.

3. 생활의 거룩함

그리스도의 재림을 인식하고 살 때 우리는 우리 자신을 순전하게 지킬 수 있다. 부모가 곧 집에 돌아올 것이라는 사실을 알고 있을 때 어떤 자녀가 올바르게 행동하지 않겠는가?

4. 혼란스러운 세대에 전해야 할 기쁜 소식

우리 사회는 도덕성의 타락과 무차별적인 본성의 공격에 놀란 사람들의 좌절과 당혹스러움으로 가득 차 있다. 오늘날 사방에서 들려오는 뉴스가 최악이라고 생각하는 사람들에게 성경의 예언은 생기를 회복시키는 기쁜 소식이 될 것이다.

5. 교회와 성도의 보존

고린도전서 14장 3절에서 사도 바울은 하나님이 교회를 세우셨고 교회를 통해 우리를 끝까지 지켜 주실 것이라고 적고 있다. 지금 이 시대에 이 진리보다 절실히 필요한 것은 없다.

11
chapter

천사장

다니엘 10-11장

이야기 속으로

다니엘은 기쁨을 억누를 수가 없었다. 키루스 대왕이 메대-페르시아를 통치한지 얼마 지나지 않아 유대인들이 고국으로 돌아갈 수 있는 법령을 선포했다. 한 발 더 나아가 예루살렘과 성전 재건을 위한 지원과 자금까지 약속해 주었다. 다니엘이 예레미야의 두루마리에서 발견했던 약속이 다각적으로 성취되는 순간이었다. 다니엘은 고국으로 돌아가는 무리에 합류하고 싶은 마음이 간절했지만 팔십이 넘은 나이 탓에 그 꿈같은 여정을 함께 할 수 없었다.

그러나 법령이 시행되고 몇 년이 지난 후 다니엘의 기쁨은 깊은 근심으로 바뀌기 시작했다. 바벨론에 살던 유대인들의 반응은 다니엘의 기대와 달랐다. 다니엘은 키루스의 법령이 선포되면 오래 전 이집트를 탈출할 때처럼 이스라엘 백성이 환호성을 지르고 찬양을 부르며 약속의 땅을 향해 대대적으로 이동할 것이라고 기대했었다. 그러나 이스라엘로 돌아가겠다고 한 사람은 극소수였다. 대다수의 사람들은 바벨론에서의 삶에 익숙해져 있었다. 그들은 고향으로 돌아가는 힘겨운 여정과 파괴된 도시를 재건하는 부담 대신 편안한 삶을 선택했다.

더 끔찍한 것은 예루살렘으로 돌아간 사람들에게서 들려오는 소식이었다. 널리 퍼진 전염병과 불안정한 리더십, 그리고 비어 있던 땅에 정착해서 살고 있던 부족들의 저항이 도시 재건사업을 더디게 만들고 있었다. 유대 지도자들조차 낙심해서 이스라엘 백성 전체의 사기를 떨어뜨리고 있었다. 심지어 어떤 지도자는 모든 계획을 중단하고 떠나라는 명령을 내리기도 했다. 그러나 가장 최악의 상황은 귀향한 유대인들 중 상당수가 이방 여인들과 결혼했다는 사실이었다. 다니엘은 이런 저런 생각들로 마음이 무거웠다. 이스라엘은 포로생활을 할 수밖에 없었던 타락한 생활방식으로 급속히 되돌아가고 있었다.

다니엘은 궁을 떠나 기도의 자리로 갔다. 그리고는 아침부터 밤까지 매일 매일 하나님이 그의 백성에게 약속의 땅과 예배를 회복할 수 있는 믿음과 용기를 달라고 금식하며 간절히 기도했다.

다니엘이 기도를 시작했을 때 천사 가브리엘은 그분의 부르심에 따라 하나님의 보좌 앞으로 나아갔다.

"가브리엘" 천둥 같은 목소리가 들려왔다. "내 사랑하는 종 다니엘이 또다시 기도하고 있구나. 다니엘은 이스라엘 백성이 겪고 있는 시련과 낙심 때문에 깊은 근심에 휩싸여 있구나. 이스라엘 백성의 앞날에 대한 내 격려의 말을 그대가 다시 한 번 전하고 와야겠다."

가브리엘은 "주님의 명령을 수행하는 것이 저의 가장 큰 영광입니다."라고 말하고는 즉시 다니엘에게로 출발했다. 불과 몇 분 만에 가브리엘은 몇 광년을 횡단하여 지구의 대기권을 뚫고 대륙과 바다를 가로질러 아시아의 바벨론을 향해 날아갔다.

그러나 그는 갑자기 멈춰야 했다. 엄청나게 커다랗고 시커먼 형체가 그가 가려던 페르시아 상공 위를 가로막고 있었기 때문이다. 그것은 분명 사람의 모양을 하고 있었지만 흉측한 얼굴과 뒤틀린 팔다리를 지니고 있었다. 그 흉측한 형상은 소처럼 울퉁불퉁한 근육들이 툭툭 튀어나와 있었다. 전에도 만난 적이 있기 때문에 가브리엘은 단번에 그 형상을 알아보았다. 사탄이 페르시아 제국에 배치해 놓은 사악한 어둠의 왕이었다. 그 괴기스러운 악마의 양편에 도사리고 있는 두 괴물도 생김새가 끔찍하기는 마찬가지였다.

"내가 지나갈 수 있도록 비켜서라." 가브리엘이 말했다.

"그럴 수는 없지." 사탄이 거칠게 말했다.

"우리는 너의 하나님이 유대인들을 고향으로 돌려보내 거룩한 성과 성전을 재건하게 하려는 계획을 알고 있지. 그 이유에 대해서도 감을 잡고 있어. 그 모든 것이 메시아가 올 것을 예비하는 일이란 걸 말이야. 하지만 그런 일은 절대 일어나지 않을 거야. 우리가 지켜보고 있을 테니 말이야. 어서 돌아가, 가브리엘! 우리가 있는 한 너는 이곳을 지나갈 수 없어."

"너희들은 나를 멈추게 할 수 없다." 가브리엘이 대답했다.

"전에 나와 싸웠던 것을 기억하고 있을 텐데?"

그러자 페르시아의 대장 악마가 낄낄거리는 웃음을 내뿜었다. "하지만 지금은 상황이 다르지. 보다시피 지금 내 양 옆에는 우리 사탄의 세계에서 가장 뛰어난 싸움꾼들이 함께 있거든."

가브리엘은 칼을 빼들었다. 그 칼은 불꽃처럼 번쩍거렸다. 가브리엘이 과감하게 앞으로 나아가자 거대한 전투가 일어났다. 가브리엘 천사의 능력은 참으로 탁월했다. 그는 자기를 대적하는 악마보다 두 배나 강한 전투력을 가지고 있었다. 하지만 페르시아 괴물과 그 괴물의 기괴한 부하들을 한꺼번에 상대해야 했기 때문에 싸움은 우열을 가릴 수가 없었다. 무기가 충돌할 때마다 유성이 폭발하듯 불꽃이 일어났고 천둥소리 같은 메아리가 하늘에 울려 퍼졌다.

가브리엘의 칼이 악마의 등을 공격했지만 그는 가까스로 공격을 피했고, 그들의 싸움은 한 치의 물러남이 없이 계속되었다. 가브리엘이 왼쪽 측면을 파고들어 공격을 시도했지만 그 전술은 적들이 오른쪽을 공격할 수 있게 하는 빌미가 되었다. 그는 오른쪽 공격을 방어하면서 몇 발자국을 후퇴해야 했다.

악마 중 하나가 너무 지쳐서 전투 속도가 느려지자 악마의 대장이 그에게 물러나 휴식을 취하라고 명했고, 가브리엘 천사는 공간을 확보하는 것이 훨씬 수월해졌다. 그러나 힘을 회복한 악마가 다시 싸움에 나서자 판세가 가브리엘에게 불리해졌다. 악마들은 돌아가면서 가브리엘과 대응했다. 어느덧 싸움은 하루를 넘기고 일주일을 넘겨 삼 주일이 다 되어 갔다. 싸움은 어느 편에게도 승산이 없이 계속되고 있었다.

천사장 미카엘이 안드로메다 은하에서 임무를 완수한 후 다음 장소인 지구를 향해 날아가고 있었다. 자신의 임무를 충성스럽게 수행한 미카엘은 행성과 위성 사이를 빠르게 지나 은하수를 돌아 목적지에 가까이 접근하고 있었다.

미카엘은 천사들의 통신망을 통해 이스라엘을 둘러싼 나라들 사이에서 분쟁이 끊이지 않는다는 사실을 알고 있었다. 물론 그 이유에 대해서도 잘 알고 있었다. 한편, 공중에 있는 사탄의 세력들도 자신들의 통신망을 통해 유대인들이 예루살렘과 성전을 재건하고자 한다는 정보를 입수했다. 그렇게 되면 사탄과 그의 무리들이 느부갓네살의 영향력을 통해 지배해왔던 모든 것을 잃어버리게 될 것이다. 또한 유대인들이 하나님을 섬기는 나라를 재건하도록 내버려 둔다면 메시아가 이 땅에 오는 길이 열리게 될 것이라는 사실도 인지하고 있었다.

사탄의 세력들이 활용도가 높았던 왕 느부갓네살을 잃게 되었을 때 얼마나 포효하며 울부짖었는지를 떠올리며 미카엘 천사는 빙긋 미소를 지었다. 그들은 느부갓네살 왕이 자신들의 손아귀에 꽉 쥐어져 있다고 생각했지만, 그는 겸손을 배웠고 생의 말기에는 마침내 하나님께로 돌아오게 되었다. 악마들은 그 상실감으로 인해 여전히 속 쓰려 하고 있었다.

'나의 하나님은 그분이 사랑하시는 나라, 이스라엘을 위해 어떤 일이라도 하실 것이다!' 미카엘은 생각했다. 이스라엘 민족은 하나님이 정하신 영광스러운 운명을 끝내 거역했지만, 하나님이 사랑하시는 나라이기 때문에 미카엘 또한 이스라엘을 사랑했다. 사면초가에 빠진 그 나라는 암흑과 같은 시간을 보냈고 앞으로도 그런 시간을 감당해야 했다. 그러나 미카엘은 끊임없이 이 땅에서 그들을 말살하고자 하는 대적들로부터 하나님께 선택 받은 그 작은 나라를 지켜 내기 위해 무엇이든 할 것이다.

미카엘이 지구의 태양 영역에 다다랐을 때 부하 천사가 나타나 그의 길을 막았다. 미카엘은 멈춰 서서 그 연락병에게 인사를 했다. "아리엘, 여기는 어쩐 일인가?"

"위대한 천사 미카엘이여, 우리 주님으로부터 온 전갈이 있습니다." 아리엘이 대답했다. "주님께서 그리스 지역의 임무를 잠시 보류하시고, 지금 당장 페르시아 경계지역으로 날아가라고 명하셨습니다. 그곳에서 가브리엘이 페르시아의 악마들과 전투를 벌이고 있습니다. 가브리엘은 하나님의 종 다니엘에게 중요한 메시지를 전할 임무를 받고 가던 중이었는데 아직도 길을 뚫지 못하고 있습니다. 천사장께서는 가브리엘을 도와 페르시아 악마들을 물리치고 가브리엘이 바벨론으로 전진할 수 있게 도와주셔야 합니다."

한순간의 주저함도 없이 미카엘은 방향을 틀어 페르시아로 향했다. 그는 지구의 대기권을 뚫고서 단숨에 그곳에 접근했다. 그때 천사들의 치열한 전투로 인한 번개의 번쩍거림을 보았다. 곧 천둥소리와 같은 우렁찬 소리도 들려왔다.

미카엘의 존재를 느낀 가브리엘은 세 악마의 얼굴에 두려움의 그림자가 드리우는 것을 보았다. 드디어 천사장 미카엘이 가브리엘 곁에 섰다. 그 순간 가브리엘은 새로운 힘이 밀려들어오는 것을 느꼈다. '마침내 돕는 손길이 더해졌구나.' 미카엘의 지원은 단순한 도움이 아니었다. 미카엘은 배신한 사탄에 대항하여 천국의 군대를 이끈 가장 막강한 천사였다. 그는 그 전투에서 배신자의 두목을 천국 밖으로 내동댕이쳤었다.　미카엘은 자신의 날카로운 칼을 들고 전투에 합류했다. 세 악마들은 그들의 맹공을 견뎌낼 수 없었고 두 천사의 강한 공격이 있을 때마다 뒷걸음질 쳐야만 했다. 순식간에 그들은 악마들을 멀리 쫓아낼 수 있었고, 마침내 페르시아로 가는 길이 활짝 열리게 되었다. "어서 가게, 가브리엘!" 미카엘이 소리쳤다. "다니엘을 찾아가 주님께서 맡기신 임무를 완수하시오. 그들은 더 이상 그대를 따라가지 못할 것이오. 그들이 돌아올지 모르니 내가 이곳을 지키겠네." 가브리엘은 천사장 미카엘이 지시한 대로 급히 다니엘에게로 향했다.

다니엘이 금식하며 기도하기 시작한 지 스물 하루가 되는 날이었다. 그는 자신의 방에서 나와 티그리스 강변을 걸으며 계속해서 기도하고 있었다. 강둑에 엎드려 기도하던 그가 깊은 잠에 빠졌을 때, 잠결에 어떤 존재가 다가와 강인한 목소리로 자신의 이름을 부르는 것을 느낄 수 있었다. 고개를 들어보니 햇빛에 밝게 빛나는 천사 가브리엘의 모습이 보였다.

다니엘이 깜짝 놀라 엎드려서 벌벌 떨자 천사가 다가와 그의 몸을 만지며 위로해 주었다. "은총을 받은 다니엘이여, 두려워하지 마세요. 하늘에 계신 주님께서 먼 앞날에 대한 예언의 메시지를 전하기 위해 나를 이곳에 보내셨습니다. 일어나서 내 말을 들으세요."

다니엘이 일어나자 가브리엘은 자신이 하나님이 주신 메시지와 응답을 가지고 늦게 도착한 이유를 설명했다.

"당신이 기도를 시작했을 때 하나님은 나에게 응답의 메시지를 전하게 하셨습니다. 당신에게 속히 도달하고자 했지만 페르시아 제국을 지키던 사탄의 왕이 내가 가던 길을 막았습니다. 나는 그와 전투를 벌이기 시작했는데, 그의 곁을 지키던 두 악마의 지원 때문에 싸움이 쉽게 끝나지 않았습니다. 만일 하나님이 천사장 미카엘을 보내어 그 악마들을 쫓아내고 길을 열어 주지 않으셨다면 나는 지금도 그들과 싸우고 있을 것입니다. 이제 내가 여기에 온 임무를 완수했으니 나는 다시 전장으로 되돌아가서 미카엘이 페르시아 사탄들을 무찌를 수 있도록 도와야 합니다. 그 악한 무리들이 하나님의 백성이 회복되는 것을 방해하도록 내버려 두어서는 안 되니까요. 다니엘, 당신에게 작별인사를 해야겠군요. 당신이 마지막까지 하나님을 신실하게 섬길 수 있도록 그분의 은총을 기원합니다."

다니엘이 놀란 눈으로 바라보고 있을 때 가브리엘은 사라져 버렸다.

단 몇 초 안에 천사는 자신의 칼을 들고 전장으로 되돌아갔다. 천사장에게 합류한 가브리엘은 맹공을 퍼부어 순식간에 세 악마들을 비틀거리게 만들었다. 그들의 공격은 미미해져서 결국 천사들의 공격을 막아내는 것도 힘겹게 되었다.

그 순간 미카엘의 목소리가 공기를 갈랐다. "지금이야, 가브리엘!"

가브리엘은 그 명령이 무엇을 뜻하는지 알고 있었다. 그들은 함께 돌진하여 강한 상대에게 공격을 퍼부었다. 그러자 악마들은 뒤돌아서서 한달음에 도망쳐 버렸다. 싸움에서 승리한 미카엘과 가브리엘은 서로의 성공을 기원하며 각자의 길로 향했다. 가브리엘은 천국으로 돌아가 다음 명령을 기다리며 하나님의 보좌 곁에 섰으며, 미카엘은 자신의 임무를 완수하기 위해 그리스를 향해 다시 날아갔다.

천사들의 통신망을 통해 미카엘은 악한 영이 그리스 제국의 지도자들 사이에 갈등과 위험한 야망을 불러일으키고 있다는 사실을 알게 되었다. 그 갈등은 곧 유대인에게 엄청난 박해의 무대가 될 것이다. 그러나 미카엘의 임무는 박해를 멈추게 하는 것이 아니었다. 박해는 유대민족을 정제시키고자 하는 하나님의 계획 가운데 일부였다. 미카엘의 일은 그럼에도 불구하고 그 박해의 시간을 줄이기 위해 최선을 다하는 것이며 이러한 박해를 통해 장차 오실 메시아를 위한 무대를 준비하는 일이었다.

성경과 역사 속으로

다니엘서 10-11장을 이해하기 위해서는 두 장을 묶어서 하나로 봐야 한다. 10장은 11장에서 보여주는 다니엘의 환상에 위한 준비단계이다. 그래서 다니엘서에 대해 글을 썼던 많은 학자들과 주석가들은 다니엘서 10장을 부수적인 주제로 간주하곤 한다. 그러나 나는 다니엘서를 공부하면 할수록 10장이 다니엘서 전체를 이해하는데 꼭 필요한 배경을 제공해 준다고 생각하게 되었다. 10장에 대한 확실한 이해와 보이지 않는 세계에서 이루어지는 사탄의 악한 행위들에 대한 이해 없이는 성경과 인간의 역사를 제대로 이해하는 것이 불가능하기 때문이다.

천사장 미카엘은 다니엘서 10장에서는 조연 역할을 하고 있지만 실제로는 이름 없는 영웅이다. 그의 군사적인 개입이 없었다면 다니엘서 11장의 예언이 전달되거나 보호될 수 없었을 것이다. 이미 역사적으로 성취된 하나님의 놀라운 예언들을 우리가 다니엘서 11장을 통해 읽을 수 있는 것은 미카엘이 사탄의 왕과의 싸움에서 이겼기 때문이다. 미카엘의 도움이 없었다면 다니엘은 11장의 예언을 받지도 못했을 것이며, 우리는 그 예언을 성경에서 읽지 못했을 것이다.

환상을 볼 준비

도널드 캠벨이 쓴 책 〈〈다니엘: 세속적인 사회에 살고 있는 하나님의 사람〉〉에는 위대한 설교가이자 작가인 앤드류 보너의 기도생활에 관한 이야기가 인용되어 있다.

'그가 죽은 뒤 그의 딸은 웨일즈의 복음전도자들을 스코틀랜드 글래스고에 있는 아버지의 교회로 초대했다. 어렸을 때 그녀는 아버지가 텅 빈 예배당에 들어가 기도하는 동안 예배당 밖 의자에 앉아 아버지를 기다린 적이 있었다. 오래 기다려도 아버지가 오지 않자 소녀는 벌떡 일어나 아버지를 찾아보았다. 아버지는 고개를 숙인 채 장의자에 앉아 있었다. 그러더니 조금 있다가 다른 자리로 옮겨 앉았고, 또 다른 자리로, 또 다른 자리로 이동하는 것이었다. 때로 아버지는 자신이 원하는 자리를 찾기 위해 좌석에 적힌 이름표를 유심히 살펴보기도 했다. 훗날 나이가 들어 그녀는 그날 성전 안에서 아버지가 무엇을 하셨는지를 깨닫게 되었다. 아버지는 교인들 각자가 예배시간에 앉는 자리에 앉으셔서 그들 한 사람 한 사람을 위해 기도하셨던 것이다'.[미주1]

다니엘도 마찬가지였다. 다니엘은 기도의 사람이었고, 앞 장에 기록된 그의 기도문에서 알 수 있듯이 자기 백성에 대해 마음의 짐을 안고 있었다단 9:4-19. 유대인들이 바벨론 포로생활에서 풀려날 것이라는 예레미야서의 말씀을 읽은 후에 다니엘은 기도에 몰입했다. 예레미야의 예언은 페르시아 왕 키루스가 유대인 포로들로 하여금 고향으로 돌아가서 성전을 재건할 수 있도록 허락했을 때 비로소 성취되었다.

다니엘이 근심했던 대상에는 예루살렘으로 돌아간 오만 명의 이스라엘 백성뿐 아니라 우상숭배의 땅인 바벨론에서 이방인으로 살기로 결정한 백성들도 포함되어 있었다. 뿐만 아니라 고국으로 돌아간 용감한 순례자들은 다니엘의 마음을 더욱 무겁게 했다. "에스라서가 한탄스러운 이유는 제단이 세워지고 성전 기틀이 마련되었음에도 불구하고 그 땅에 살던 사람들의 반대 때문에 성전 재건이 끊임없이 연기되었기 때문이다스 4:1-5, 24."[미주2] 그들의 긴 여정의 목적이 예루살렘의 회복뿐 아니라 성전 재건이라고 판단했던 다니엘에게는 이 모든 것이 큰 근심이었던 것이다.

환상에 앞선 괴로움

> 바사 왕 고레스 제삼년에 한 일이 벨드사살이라 이름한 다니엘에게 나타났는데 그 일이 참되니 곧 큰 전쟁에 관한 것이라 다니엘이 그 일을 분명히 알았고 그 환상을 깨달으니라 그때에 나 다니엘이 세 이레 동안을 슬퍼하며 세 이레가 차기까지 좋은 떡을 먹지 아니하며 고기와 포도주를 입에 대지 아니하며 또 기름을 바르지 아니하니라(다니엘 10:1-3)

유대민족에게 닥친 문제가 너무도 크고 힘겨워 그는 삼일 동안 금식하고 애통하며 기도했다. 그 기도에 대해 하나님은 다니엘서에 기록되어 있는 네 번째 환상으로 응답해 주셨다. 그 환상은 키루스가 페르시아를 통치한 지 삼 년째 되던 해에 보여주셨는데, 당시 다니엘은 팔십 대의 나이였고 포로생활을 한 지는 거의 칠십 년이 가까워오고 있었다. 그 환상은 '참되니 곧 큰 전쟁에 관한' 것이었다. 그 환상에는 먼 미래의 일들까지 포함되어 있었는데, 거기에는 유대민족에게 닥칠 어둡고 힘겨운 시간들도 포함되어 있었다.

다니엘서 9장의 예언 또한 거의 동일한 상황에서 주어졌는데, 다니엘은

70년의 포로생활이라는 결과를 낳은 과거 490년의 이스라엘 역사를 놓고 하나님께 기도했고, 하나님은 아직 오지 않은 미래의 490년에 대한 예언을 그에게 보여주셨다. 10장에서도 마찬가지로 다니엘은 성전 재건이라는 책임에 실패한 유대인의 현재를 놓고 하나님께 기도했고, 하나님은 다니엘서 전체에서 가장 인상적인 미래에 대한 메시지를 그에게 응답으로 보여주셨다.

환상을 의인화한 묘사

> 첫째 달 이십사일에 내가 힛데겔이라 하는 큰 강가에 있었는데 그 때에 내가 눈을 들어 바라본즉 한 사람이 세마포 옷을 입었고 허리에는 우바스 순금 띠를 띠었더라 또 그의 몸은 황옥 같고 그의 얼굴은 번갯빛 같고 그의 눈은 횃불 같고 그의 팔과 발은 빛난 놋과 같고 그의 말소리는 무리의 소리와 같더라 이 환상을 나 다니엘이 홀로 보았고 나와 함께 한 사람들은 이 환상은 보지 못하였어도 그들이 크게 떨며 도망하여 숨었느니라 그러므로 나만 홀로 있어서 이 큰 환상을 볼 때에 내 몸에 힘이 빠졌고 나의 아름다운 빛이 변하여 썩은 듯하였고 나의 힘이 다 없어졌으나(다니엘 10:4-8)

다니엘이 그의 친구들과 티그리스 강변을 걷고 있을 때 그는 하늘에서 온 영광스러운 사람에게 압도되었다. 그 '사람'이 누구인지 확인되지는 않았지만 어떤 학자들은 그를 예수 그리스도의 성육신한 모습이라고 추측하고 있다. 그를 묘사한 모습이 요한계시록 1장 13-16절에 기록된 그리스도의 모습과 거의 흡사하고, 다니엘의 반응 또한 사도 요한의 반응과 매우 비슷하기 때문이다계 1:17.

그러나 많은 학자들이 이 의견에 동의하지 않는다. 헐버트 레오폴드는 그가 그리스도의 현현이 아닌 이유에 대해 천사 미카엘이 그를 도우러 왔었다는 사실을 지적한다. 그가 그리스도의 현현이라면 앞뒤가 맞지 않는다. 그가 예수님이었다면 천사의 도움은 필요 없었을 것이다. 이러한 사실들로 미루어 볼 때 그는 하나님의 천사 중 한 명이었을 것으로 결론 내릴 수 있다.[미주3]

그렇다면 그는 8장과 9장에서 다니엘 앞에 나타났던 가브리엘 천사일 가능성이 가장 높아진다. 그 한 가지 단서는 가브리엘 천사가 다니엘을 일컬어 "큰 은총을 받은 사람"9:23라고 했는데, 이 장에서도 똑같은 표현을 사용하고 있다단 10:11.

하늘로부터 온 환상을 보았을 때 다니엘이 어떤 반응을 보였는지에 대해서는 매우 자세히 기록되어 있다. 금식과 애통함으로 인해 그에게는 기운이 하나도 남아 있지 않았다. 그래서 그는 곧 얼굴을 땅에 묻은 채 깊은 잠에 빠져들었다단 10:8-9.

환상이 연기되다

한 손이 있어 나를 어루만지기로 내가 떨었더니 그가 내 무릎과 손바닥이 땅에 닿게 일으키고 내게 이르되 큰 은총을 받은 사람 다니엘아 내가 네게 이르는 말을 깨닫고 일어서라 내가 네게 보내심을 받았느니라 하더라 그가 내게 이 말을 한 후에 내가 떨며 일어서니 그가 내게 이르되 다니엘아 두려워하지 말라 네가 깨달으려 하여 네 하나님 앞에 스스로 겸비하게 하기로 결심하던 첫날부터 네 말이 응답 받았으므로 내가 네 말로 말미암아 왔느니라(다니엘 10:10-12)

천사는 압도당한 다니엘에게 두려워하지 말고 일어나서 자신이 가져온 메시지를 받으라고 말했다. 또 그는 다니엘이 기도하기 시작한 순간부터 그의 기도가 하늘에 닿았다고 말했다. 어떤 사람은 이에 대해 이렇게 말한다. '응답이 지체된 것이 응답이 부인된 것으로 오해받는 일이 없어야 할 것이다.'"[미주4] 또한 로이 L. 로린 박사는 이렇게 적고 있다. "실상의 관점에서 보면 응답이 아주 더딘 것 같지만 믿음의 관점에서 보면 기도하는 그 시간에 응답은 이미 우리의 것이 되어 있다."[미주5]

환상을 가로막은 사탄

> 그런데 바사 왕국의 군주가 이십일 일 동안 나를 막았으므로 내가 거기 바사 왕국의 왕들과 함께 머물러 있더니 가장 높은 군주 중 하나인 미가엘이 와서 나를 도와주므로 …그가 이르되 큰 은총을 받은 사람이여 두려워하지 말라 평안하라 강건하라 강건하라 그가 이같이 내게 말하매 내가 곧 힘이 나서 이르되 내 주께서 나를 강건하게 하셨사오니 말씀하옵소서(다니엘 10:13, 20-21)

이 두 절은 종종 간과되곤 하는데, 사실 보이지 않는 세계에서 이루어지는 싸움은 이 땅에서 일어나고 있는 사건들에 엄청난 영향을 준다. 사도 바울의 말처럼 "우리의 씨름은 혈과 육을 상대하는 것이 아니요 통치자들과 권세들과 이 어둠의 세상 주관자들과 하늘에 있는 악의 영들을 상대함이라"엡 6:12.

다니엘에게 하나님의 응답을 전하기 위해 가브리엘이 떠났을 때 사탄 또한 자신의 '천사'를 보냈다. 그는 페르시아 지역을 담당하는 사탄의 수하로 기도의 응답을 가로채서 하나님의 계획을 무산시킬 작정이었다. 두 천사가 충돌

했을 때 하늘에서 엄청난 전투가 벌어졌고 그 싸움은 삼 일 동안이나 계속되었다.

어떤 사람도 하나님의 전령사를 가로막을 수는 없기 때문에 페르시아 왕이라고 지칭되는 이는 분명 사람이 아닌 사탄의 하수인인 마귀 중 하나였다. 마귀는 추상적인 존재가 아니다. 마귀 역시 처음에 인격체로 지어졌기 때문이다. 사탄은 페르시아의 왕에게 하나님의 계획이 진행되는 것을 막을 수만 있다면 어떤 일도 서슴지 말라고 명령했다.

이 기록은 사탄이 마귀들에게 구역을 나누어 임무를 맡겼다는 사실을 확인시켜 준다. 사탄은 마귀들 중 왕을 정하여 각각의 구역을 맡기고 그 구역에서 마귀들의 활동을 지휘하도록 한다. 이 말은 페르시아를 담당한 마귀가 있다면 당신과 내가 살고 있는 지역을 맡고 있는 마귀도 존재한다는 의미이다. 우리가 날마다 겪는 영적 전쟁은 이 악한 왕들의 대적 때문이다.

그렇다면 페르시아 왕과의 싸움에서 어떻게 승리를 거두었는가? 가브리엘은 하나님의 천사장 미카엘이 그를 돕기 위해 보냄을 받았기 때문이라고 말한다. 미카엘의 이름은 '하나님과 같은 이가 누구인가?'라는 의미이다. 가브리엘은 전하고 선포하는 역할을 맡은 천사인 것이 확실해 보이는 반면 미카엘은 주로 보호하고 싸우는 역할을 맡은 천사인 것으로 보인다. 즉 미카엘은 하나님의 백성을 위한 전투사인 셈이다. 그는 다니엘서에서 세 번 언급되었다.

"가장 높은 군주 중 하나"단 10:13.

"너희의 군주"단 10:21.

"그 때에 네 민족을 호위하는 큰 군주 미카엘"단 12:1.

신약에서 미카엘은 두 번 언급되는데, 요한계시록 12장 7절에서 그는 사탄에 대항하는 하늘 전투에서 천사들을 이끌고 있다. "하늘에 전쟁이 있으니

미가엘과 그의 사자들이 용과 더불어 싸울새 용과 그의 사자들도 싸우나"계 12:7. 또한 유다서 1장 9절에서는 '천사장 미가엘'로 불리고 있다. 천사장이라는 말은 첫 번째, 대장, 우두머리와 같은 의미이다. 이 호칭은 성경에서 오직 미카엘에게만 사용되고 있다.

바울이 데살로니가전서 4장 16절에서 '천사장'이라는 말을 사용했을 때도 미카엘을 지칭한 것으로 보인다. "주께서 호령과 천사장의 소리와 하나님의 나팔 소리로 친히 하늘로부터 강림하시리니 그리스도 안에서 죽은 자들이 먼저 일어나고"

다니엘서에서 미카엘의 도움이 없었다면 가브리엘은 페르시아 왕을 이겨내지 못했을 것이고, 그랬다면 다니엘에게 11장의 예언이 전달되지 못했을 것이다. 하나님은 사탄의 군주들과 관련된 힘겨운 상황을 극복해야 할 때 미카엘에게 그 임무를 맡기신다.

환상에 대한 설명

> 그가 내게 이르되 …이제 내가 마지막 날에 네 백성이 당할 일을 네게 깨닫게 하려 왔노라 …그가 이런 말을 내게 이를 때에 내가 곧 얼굴을 땅에 향하고 말문이 막혔더니(다니엘 10:12, 14-15)

천사가 다니엘에게 앞으로 그의 민족에게 훨씬 더 고통스러운 시간이 오게 될 것이라는 말을 전했을 때 다니엘은 할 말을 잃은 채 바닥만 응시하고 있었다. 이스라엘의 역사는 끊임없는 고난의 연속이었다. 다니엘은 훨씬 더 큰 고통을 그들이 어떻게 견뎌낼 수 있을지 앞이 막막했을 것이다.

이스라엘에 있는 야드 바셈 홀로코스트 박물관을 처음 방문했을 때, 나는 유대민족의 고통과 비애를 목격하면서 눈물을 흘렸다. 하나님은 선지자 다니엘을 통해 앞으로 다가올 역사에서 그들이 감당해야 할 고통을 미리 보여주셨고, 그 환상이 너무 실제적이라 다니엘은 그 끔찍한 일들이 마치 자기 눈앞에서 일어나고 있는 것처럼 반응했던 것이다. 그 예언은 참으로 충격적이었다. 그것을 들은 다니엘은 천사가 세 번이나 "어루만져"단 10:10, 16, 18 기운을 주어야 할 만큼 기진맥진해 있었다. 가브리엘을 통해 힘을 얻은 다니엘은 이제 천사로부터 또 다른 환상을 받을 준비가 되어 있었다.

환상이 드러남

다니엘서 11장은 하나님의 예언적인 말씀과 다니엘의 기도에 대한 응답을 통해 장차 이스라엘에게 닥칠 사건들의 일부를 보여주고 있다. 혹자는 11장 안에 있는 135개의 예언이 성취되었다고 말하기도 한다.[미주6]

존 필립스는 11장의 광범위한 시간에 대해 이렇게 요약하고 있다. '이 예언은 …제국의 흥망성쇠와 동맹과 음모, 병사들의 행군, 황제의 야망과 왕실의 모략 등을 다루고 있다. 다니엘은 시리아와 이집트가 근동 지방에서 패권을 다투고, 팔레스타인 민족들이 이 왕과 저 왕의 손아귀에서 참담하게 찢겨져야 했던 격동의 시대를 예언했다. 이 예언은 페르시아의 전성기부터 안티오코스 에피파네스 시대까지, 그리고 세계무대에 로마가 등장할 때까지를 보여준다. 그리고 마지막 예언은 몇 세기를 껑충 뛰어 마지막 날에 적그리스도가 통치하게 될 시대를 자세히 묘사해 주고 있다.'[미주7]

이 환상을 통해 하나님은 앞으로 다가올 몇 세기 동안 이스라엘 민족에게 일어날 일들을 계시해 주셨다. '다니엘서 11장 1-2절은 페르시아 역사에 대한 예언이고, 11장 3-20절은 그리스 역사에 대한 예언이며, 다니엘서 11장 21-35절은 마카베오 시대의 이스라엘 역사와 이스라엘의 끔찍한 적들에 대해 말해 주고 있다. 마지막으로 다니엘서 11장 36-45절은 하나님의 백성에게 거대한 짐승이자 살인마인 적그리스도에 대한 경고를 미리 일러주고 있다.'[미주8]

다니엘서 11장의 예언들은 BC 536년에 기록되었는데, 이 예언들이 성취되기 시작한 것은 페르시아에서 "또 세 왕들이 일어난"2절 BC 530년부터였고, 21-35절은 BC 150년에 이루어졌다. 11장의 마지막 부분과 12장의 시작 부분은 우리가 아직 알 수 없는 날들, 즉 미래의 어느 날이 되어야 비로소 성취될 것이다.

11장의 예언들은 너무나 자세해서 무신론자들은 앞날을 이토록 자세히 안다는 것은 불가능한 일이라며 다니엘서를 거부한다. 존 필립스는 그들의 주장에 대해 이렇게 간단히 요약하고 있다. '다니엘의 예언은 매우 세밀한 부분까지 기록하고 있기 때문에 믿음이 없는 비평가들은 다니엘서가 기록된 것이 그 사건들이 일어난 이후일 것이라고 주장한다. 그만큼 이 예언들은 역사적으로 너무나 정확하게 이루어졌다. 그들의 주장은 다니엘서는 위조된 책이고, 책을 쓴 사람도 다니엘이 아닌 엉터리 저자이며, 책의 신성한 영감도 모두 거짓말이라고 주장한다.'[미주9]

이런 예언들은 초자연적인 것이므로 성경을 믿지 않는 사람들은 다니엘서의 예언을 받아들이기 어려울 것이다. 그러나 다니엘서가 그 사건들이 일어나기 훨씬 전에 다니엘에 의해 기록된 책이라는 사실에는 명백한 증거들이 있어서 의심의 여지가 없다. 그러므로 무신론자인 비평가들은 난관에 봉착한다.

존 워부르드는 이렇게 적고 있다. '이 문제는 하나님은 미래에 대하여 모든 것을 알고 계시다는 명쾌한 진리에 도달하게 한다. 만일 그렇다면 이 예언들이 그렇게 세밀한 것을 이해할 수 있을 것이다. 다시 말해 세밀한 계시는 모호한 계시보다 믿기 어렵거나 믿을 수 없는 것이 아니다.'[미주10]

다니엘서 11장의 예언들은 다섯 명의 통치자들에 관한 이야기이다. 그런데 공교롭게도 그 다섯 명의 이름이 모두 A로 시작된다. 이 통치자들을 살펴보면서 우리는 다니엘서 11장에 기록된 예언의 핵심을 들여다볼 것이다.

아하수에로

> 이제 내가 참된 것을 네게 보이리라 보라 바사에서 또 세 왕들이 일어날 것이요 그 후의 넷째는 그들보다 심히 부요할 것이며 그가 그 부요함으로 강하여진 후에는 모든 사람을 충동하여 헬라 왕국을 칠 것이며(다니엘 11:2)

천사가 다니엘에게 가져온 첫 번째 예언은 페르시아 왕권의 미래에 관한 것이었다. 이 예언에서 키루스의 뒤를 이을 세 명의 왕들은 신속하게 넘어간다. 이 왕들은 캄비세스키루스의 아들와 슈도-스멜디스와 다리우스 대왕이다. 그 다음에 아하수에로라고도 알려져 있는, 유명한 네 번째 왕 크세르크세스에게 이르게 된다486-465 BC. 그가 주연 역할을 맡고 있는 에스더서는 아하수에로에 대해 이렇게 말하고 있다. "아하수에로는 인도로부터 구스까지 백이십칠 지방을 다스리는 왕이라"에 1:1 그는 장수와 지방의 귀족과 지방관들을 모두 불러 180일 동안 호화로운 잔치를 베풀었다고 기록될 만큼 부와 위엄이 대단했던 것으로 추정된다에 1:1-9. 또한 그는 고대 역사에서 가장 큰 군대의 작전 명령권을 지니고 있던 인물이기도 하다. 한 가지 예를 들자면 그는 그리스를 공격하기 위해 2,641,000명의 병사들을 이끌고 갔다. 그러나 8개월 후에 망가진 패배자의 모습으로 고국으로 돌아왔다.

알렉산더 대왕

장차 한 능력 있는 왕이 일어나서 큰 권세로 다스리며 자기 마음대로 행하리라 (다니엘 11:3)

다니엘서 11장 3-4절에 나오는 강력한 왕에 대한 묘사는 알렉산더 대왕에게 가장 적합하다. 앞부분에서 우리는 이미 알렉산더에 대해 다룬 적이 있다. 다니엘서 2장에 기록된 거대한 신상에서 그는 구리로 상징된 나라를 다스렸고, 다니엘서 8장에서는 염소의 커다란 뿔로 묘사되기도 했다.

알렉산더는 역사상 가장 주목할 만한 통치자 중 하나이다. 게다가 그는 '큰 권세'를 갖고 '자기 마음대로' 행하였다. 서른두 살이 되었을 때 그는 유럽부터 인도까지 전 세계의 통치권을 손에 넣었고, 더 이상 정복할 나라가 없다는 사실로 인해 막사에서 슬피 울었다는 이야기도 전해지고 있다. 그러나 그는 방탕한 생활을 하다가 의문의 죽음을 맞았다.

알렉산더의 후계자들

그러나 그가 강성할 때에 그의 나라가 갈라져 천하 사방에 나누일 것이나 그의 자손에게로 돌아가지도 아니할 것이요 또 자기가 주장하던 권세대로도 되지

아니하리니 이는 그 나라가 뽑혀서 그 외의 다른 사람들에게로 돌아갈 것임이라(다니엘 11:4)

알렉산더가 '강성할 때', 즉 그의 인생이 전성기에 달했을 때 그는 허무하게 죽음을 맞이했다. 그의 상속자는 정신질환을 앓고 있던 동생과 아직 왕비의 태중에 있던 아들뿐이었다. 그러나 몇 개월 안에 그들은 모두 살해당했고, 더 이상 후계자가 남지 않게 되었다. 다니엘은 이 통치자의 큰 제국이 "갈라져 천하 사방에 나누일 것"단 11:4이라고 예언하고 있다. 역사는 알렉산더 수하에 있던 네 명의 장군들에 의해 제국이 네 개의 나라로 분열됨으로써 그 예언을 뒷받침해 주고 있다.

음모와 암살과 계속되는 전쟁으로 권력 다툼을 벌이던 알렉산더 제국은 네 나라로 나뉘었는데 그중 두 나라는 이집트와 시리아였다. 그 두 나라는 지정학적으로 이스라엘과 인접해 있기 때문에 예언에 자주 등장한다. 이집트는 이스라엘의 남쪽에, 시리아는 이스라엘의 북쪽에 위치해 있어 전쟁을 일삼는 이 나라들로 인해 이스라엘은 엄청난 어려움을 겪게 된다.

다니엘서 11장 5-20절은 이 두 나라 사이의 전쟁을 예언하고 있는데, 그 예언이 얼마나 정확하게 이루어졌는지를 알면 경악을 금할 수 없다. 예를 들어 다니엘서 11장 6절을 보자. "몇 해 후에 그들이 서로 단합하리니 곧 남방 왕의 딸이 북방 왕에게 가서 화친하리라 그러나 그 공주의 힘이 쇠하고 그 왕은 서지도 못하며 권세가 없어질 뿐 아니라 그 공주와 그를 데리고 온 자와 그를 낳은 자와 그때에 도와주던 자가 다 버림을 당하리라"

역사는 이집트의 프톨레마이오스 2세가 두 나라의 동맹을 위해 자신의 딸 베레니케를 시리아 왕인 안티오코스 2세에게 주었다고 적고 있다. 그러나 이

때 안티오코스의 첫 번째 아내는 권력에 굶주린 라오디케라는 사악한 여인이었다. 그녀는 안티오코스를 독살하고 베레니케와 그의 아들을 살해했다. 6절의 예언과 정확하게 일치하는 장면이다.

이 장을 계속 읽어 가면 우리는 역사를 통해 성취된 또 다른 예언들도 발견하게 된다. "그러나 그 공주의 본 족속에게서 난 자 중의 한 사람이 왕위를 이어 권세를 받아 북방 왕의 군대를 치러 와서 그의 성에 들어가서 그들을 쳐서 이기고 그 신들과 부어 만든 우상들과 은과 금의 아름다운 그릇들은 다 노략하여 애굽으로 가져갈 것이요 몇 해 동안은 그가 북방 왕을 치지 아니하리라" 단 11:7-8 여동생 베레니케의 살인자를 응징하기 위해 이집트 왕 프톨레마이오스 3세는 시리아를 공격하여 무너뜨렸고, 라오디케를 처형한 다음 자신들의 신상들과 귀중품을 다시 이집트로 가지고 왔다.

안티오코스 대왕(안티오코스 3세)

다니엘서 11장 10절은 시리아의 안티오코스 3세를 소개하면서, 이집트에 대항한 그의 전쟁이 처음에는 패배를 거듭하지만 나중에는 계속 승리하게 될 것이라고 말한다10-16절. 역사를 알고 있는 사람이라면 17절이 클레오파트라의 이야기임을 짐작할 것이다. "그가 결심하고 전국의 힘을 다하여 이르렀다가 그와 화친할 것이요 또 여자의 딸을 그에게 주어 그의 나라를 망하게 하려 할 것이나 이루지 못하리니 그에게 무익하리라"

존 필립스는 이에 대해 이렇게 설명하고 있다. '안티오코스 3세는 자신의 딸인 클레오파트라가 고작 열한 살이었을 때 열두 살인 이집트의 프톨레마이오스 5세에게 주어 위험한 혼례를 감행하였다. 그는 자신의 딸이 이집트를 지배하고자 하는 아버지의 뜻을 완성시켜 주기를 원했지만 오히려 남편 편에 서서 아버지의 계획을 무산시키고 말았다.'미주11

역사는 또한 안티오코스 3세가 이집트의 해안도시를 점령하고자 애를 썼지만 당시 부상하고 있던 나라인 로마 군대에 의해 그 계획이 무산되고 말았다고 기록하고 있다. 이에 분개한 안티오코스 3세는 고국으로 돌아와 자신의 나라를 약탈했다. 금이나 보물들을 노략질하기 위해 제우스 신전을 공격하였을 때 백성들이 분기하여 일어나 그를 살해했는데, 그의 시신은 결국 찾지 못했다. 다니엘의 예언이 얼마나 완벽하게 성취되었는지 확인해 보라. "그 후에 그가 그의 얼굴을 바닷가로 돌려 많이 점령할 것이나 한 장군이 나타나 그의 정복을 그치게 하고 그 수치를 그에게로 돌릴 것이므로 그가 드디어 얼굴을 돌려 자기 땅 산성들로 향할 것이나 거쳐 넘어지고 다시는 보이지 아니하리라"단 11:18-19

안티오코스 3세의 아들 셀레우코스 4세는 아버지의 전쟁에 대한 부채를 유산으로 이어받아 예루살렘 성전을 약탈하기 위해 세금 모집원을 파견했다. 다니엘의 예언을 역사가 증명해 주고 있음을 다시 한 번 확인해 보자. "그 왕위를 이을 자가 압제자세금 모집원를 그 나라의 아름다운 곳으로 두루 다니게 할 것이나"단 11:20

안티오코스 에피파네스(안티오코스 4세)

또 그의 왕위를 이을 자는 한 비천한 사람이라 나라의 영광을 그에게 주지 아니할 것이나 그가 평안한 때를 타서 속임수로 그 나라를 얻을 것이며(다니엘 11:21)

다니엘서 11장 5-20절은 거의 150년에 걸친 예언으로 통치자들의 승계와 연관되어 있다. 그러나 21-35절에서 진행속도가 확연히 느려지면서 BC 175년부터 164년 사이의 10년 동안에 일어난 사건들에 대한 예언으로 한 사람의 통치자를 주목하고 있다.

우리는 앞 장에서 이미 안티오코스 에피파네스를 만난 적이 있다. 그는 '구약의 적그리스도'이자 미래에 있을 대환란 때 적그리스도의 모습을 예고하고 있다.

안티오코스 에피파네스는 역사상 가장 사악한 통치자 중 한 명이다. 시리아 왕조에서 자격이 없었음에도 불구하고 다니엘이 예언한 대로 그는 뇌물과 속임수로 권력을 얻게 되었다. "그가 평안한 때에 그 지방의 가장 기름진 곳에 들어와서 그의 조상들과 조상들의 조상이 행하지 못하던 것을 행할 것이요 그는 노략하고 탈취한 재물을 무리에게 흩어 주며 계략을 세워 얼마 동안 산성들을 칠 것인데 때가 이르기까지 그리하리라"단 11:24

그리고 다니엘의 예언대로 '남방'이집트에 대적한 전쟁을 일으켰지만, 전쟁에서 이기지 못했다. "이 두 왕이 마음에 서로 해하고자 하여 한 밥상에 앉았을 때에 거짓말을 할 것이라 일이 형통하지 못하리니 이는 아직 때가 이르지 아니하였으므로 그 일이 이루어지지 아니할 것임이니라"단 11:27

안티오코스 4세는 백주대낮에 여자들을 강간하고 살해하였고, 어린아이들을 잔혹하게 처형하였다. 그는 예루살렘 성전에 제우스 신상을 세워 놓고 유대인들에게 그것을 섬기라고 명령했다. 그는 유대식의 모든 제사를 금하고, 그 제단에 돼지를 제물로 바쳤다. 그 후 돼지피를 모아 성전 곳곳에 뿌렸고, 제사장들에게 억지로 돼지고기를 먹게 했다. 안티오코스 에피파네스가 성전을 혐오스러운 곳으로 만들어버렸기 때문에 유대인들은 더 이상 성전에 들어갈 수 없었다.

그러나 다니엘의 예언대로 유대 민족주의자들은 반란을 도모했고 상황은 반전되었다. "그가 또 언약을 배반하고 악행하는 자를 속임수로 타락시킬 것이나 오직 자기의 하나님을 아는 백성은 강하여 용맹을 떨치리라"단 11:32

위경인 제1 마카베오서는 안티오코스 4세에 대항한 반란을 주도해 승리한 용감한 유대인 가족의 이야기를 기록하고 있다이 책 9장에 그 반란에 대해 자세히 기록했다.

그런데 이때 다니엘서 11장의 흐름에 시간의 단절이 있다. 이에 관해 존 필립스는 다음과 같이 설명하고 있다. '다니엘서 11장 35절과 36절 사이에는 분명 시간적인 단절이 있다. 예언은 안티오코스 에피파네스의 시대에서 시간을 뛰어넘어단 9:25-26 안티오코스를 닮은 적그리스도에게 초점을 맞추고 있다.'미주12

적그리스도

다시 한 번 강조하지만 안티오코스 에피파네스단 11:21-35는 적그리스도단 11:36-39와 매우 흡사한 모습으로 묘사되어 있다. 많은 학자들은 다니엘서의 후반부가 36-39절에 대한 서문일 뿐이라고 생각한다. 다니엘서 11장에서 봤던 사악한 통치자들의 결정판이 곧 등장할 것임을 예고해 주고 있는 것이다. 어떤 사람들은 이 마지막 권력자가 안티오코스 에피파네스라고 주장하고 있지만, 그 주장은 현실성이 부족해 보인다. 35절 후반부의 '마지막 때'라는 말에 주목하라. 성경은 '마지막 때'라는 말로 시간적인 간극이 존재한다는 사실을 확인시켜 준다. 안티오코스보다 훨씬 더 악랄한 폭군에 대한 이야기가 시작되고 있는 것이다.

나는 이 책보다 먼저 펴낸 세 권의 책, 《어떤 세상이 계속되고 있는가?》[미주13], 《경제적인 아마겟돈이 도래하다》[미주14], 《아포칼립스의 대리인》[미주15]을 통해 적그리스도에 대해 광범위하게 적은 바 있다. 또한 우리는 이 책의 9-10장을 통해서도 이방 통치자의 잔혹함에 대해 이야기한 바 있다. 다니엘의 예언은 이제 마지막 때에 나타날 적그리스도에 집중하고 있다.

앞 장에서는 적그리스도의 인격에 초점을 맞추고 있지만, 11장에서는 그의 행실에 더 집중한다. 아래는 다니엘서 11장의 적그리스도에 대한 묘사를 정리한 목록이다.

1. 적그리스도는 자신이 열망하는 바를 이루게 될 것이다

"그 왕은 자기 마음대로 행하며"(단 11:36)

2. 적그리스도는 스스로를 높일 것이다

"스스로 높여 모든 신보다 크다 하며"(단 11:36)

3. 적그리스도는 참 하나님을 부인할 것이다

"비상한 말로 신들의 신을 대적하며"(단 11:36)

4. 적그리스도는 모든 종교를 묵살할 것이다

"그가 모든 것보다 스스로 크다 하고 그의 조상들의 신들과 여자들이 흠모하는 것을 돌아보지 아니하며 어떤 신도 돌아보지 아니하고"(단 11:37)

5. 적그리스도는 군사력에 힘을 쏟을 것이다

"그 대신에 강한 신을 공경할 것이요"(단 11:38)

6. 적그리스도는 외세의 힘에 대적하여 전쟁을 선포할 것이다

"그는 이방신을 힘입어 크게 견고한 산성들을 점령할 것이요 무릇 그를 안다 하는 자에게는 영광을 더하여 여러 백성을 다스리게도 하며 그에게서 뇌물을 받고 땅을 나눠주기도 하리라"(단 11:39)

7. 적그리스도는 다른 나라를 대적하여 스스로를 방어할 것이다

"마지막 때에 남방 왕이 그와 힘을 겨룰 것이니 북방 왕이 병거와 마병과 많은 배로 회오리바람처럼 그에게로 마주 와서 그 여러 나라에 침공하여 물이 넘침 같이 지나갈 것이요"(단 11:40)

8. 적그리스도는 초기 적들을 패망시킬 것이다

"그가 또 영화로운 땅에 들어갈 것이요 많은 나라를 패망하게 할 것이나 오직 에돔과 모압과 암몬 자손의 지도자들은 그의 손에서 벗어나리라"(단 11:41)

9. 적그리스도는 거대한 부를 축적할 것이다

"그가 권세로 애굽의 금 은과 모든 보물을 차지할 것이요 리비아 사람과 구스 사람이 그의 시종이 되리라"(단 11:43)

10. 적그리스도는 멸망당하고 어느 누구도 그를 돕지 아니할 것이다

"그의 종말이 이르리니 도와 줄 자가 없으리라"(단 11:45)

11장을 마무리하면서 존 워부르드의 견해를 덧붙이고 싶다. '전체적으로 볼 때 다니엘서 11장 36-45절은 이방 시대의 종말, 특히 세상 통치자들로 인한 대환란과 세상 종교와 물질만능주의 철학의 종말을 묘사하고 있다. 사탄의 지원에도 불구하고 세상 권력은 지역적인 분쟁과 세계대전으로 자멸될 것인데 그리스도의 재림으로 인해 마침내 사악한 통치자들은 몰락하고 이방 시대는 종말을 고할 것이다.'[미주16]

우리는 이 일이 일어나기 오래 전부터 세밀하고 정확하게 기록된 예언을 살펴봤다. 이러한 예언에 대해 어떤 작가는 이렇게 말했다. '다니엘서는 신앙과 불신앙 사이의 전쟁터가 되기에 가장 안성맞춤인 책이다.'[미주17] 다니엘서는 우리에게 중립을 허락하지 않는다. 다니엘서는 거룩한 예언서이거나 기만적인 역사서이다. 우리는 이 둘 중 하나를 선택해야 한다.

그러나 다니엘서가 허구가 아님을 증명하는 신뢰할 만한 증거들이 있다. 그 증거 가운데 하나는 다니엘이 예언했던 AD 70년의 성전 붕괴 사건보다 훨씬 오래 전에 다니엘서의 존재가 알려져 있었다는 사실이다. 유대인들은 부당한 책을 결코 성경으로 받아들이지 않았을 것이다. 그러나 무엇보다도 다니엘서에 대한 가장 권위 있는 보증은 예수님의 말씀이다. 예수님은 다니엘을 "선지자 다니엘"마 24:15이라고 지칭하시면서 다니엘서의 진실성을 직접 증명해 주셨다.

하나님이 이 세상을 창조하신 분이심을 믿는다면 그분이 역사적으로 미래에 있을 일들을 정확하게 보여주시는 것을 불편 없이 믿을 수 있다. 우리에게 과거가 쉽게 이해되듯 하나님께는 미래가 그러하실 것임을 의심할 이유가 없지 않은가.

우리는 믿거나 믿지 않을 수 있지만 우리의 선택이 진실에 영향을 주지는 않는다. 다니엘서는 우리가 믿든지 믿지 않든지에 상관없이 진실하다. 하나님은 그분이 말씀하신 것이 그대로 실현된다는 것을 증명하기 위해 우리에게 다니엘서 11장을 주셨다.

성경학자 E. 슈일러 잉글리시는 고품질의 기압계를 구입한 한 남자의 이야기를 예로 들어 이것을 설명했다.

'기압계를 꺼내 든 그는 기압계의 바늘이 "허리케인" 쪽을 가리킨 채 멈춰 있는 것을 보고는 실망을 금치 못했다. 기압계를 이리저리 흔들다가 그는 구입한 가게에 환불을 요구하는 편지를 썼고, 다음날 뉴욕에 있는 사무실로 출근하면서 그 편지를 부쳤다. 그날 저녁 롱아일랜드의 자기 집으로 돌아온 그는 기압계뿐 아니라 자기 집이 사라져 버렸다는 사실을 알게 되었다. 기압계의 바늘이 옳았다. 허리케인이 몰려왔던 것이다!'[미주18] 진실은 진실이다. 우리가 그것을 믿든지 믿지 않든지.

오늘날의 다니엘 요원에게

1. 하나님이 약속하신 기도의 능력을 발견하라

다니엘은 예레미야서에 기록된 하나님의 약속을 두고 기도하기 시작했고, 하나님은 그의 기도에 응답하셨다. 에브렉 R. 스톤즈 박사에 따르면 하나님은 성경 전체를 통해 인간에게 7,487개의 약속을 주셨다. 그는 어떻게 이 사실을 알았을까? 그는 성경을 27번 통독하면서 하나님의 약속을 하나하나 셌는데, 그 작업을 완성하는 데 일 년 반이 걸렸다.[미주19]

내가 어린아이였을 때 우리 부모님은 성경에 나오는 하나님의 약속을 쪽지에 적어서 상자에 담아 항상 식탁 위에 올려놓으셨다. 그리고 우리 가족은 매일 저녁 식사 전 그 상자에서 종이를 한 장씩 꺼내 큰 소리로 읽었다. 전지전능하신 하나님은 자녀들에게 약속을 주셨고, 다니엘처럼 자녀들이 그 약속을 상기시켜 드리는 것을 무척 기뻐하신다. 당신에게 필요한 것은 무엇인가? 당신의 목적과 꿈은 무엇인가? 하나님의 말씀을 펼치기만 하면 당신은 그 안에서 하나님이 당신에게 주신 약속들을 발견하게 될 것이다.

2. 응답이 연기되는 것이 응답되지 않음을 의미하지는 않는다

21일 동안 다니엘은 애통하며 마음을 다해 기도 드렸다. 20일 동안은 하나님이 그의 기도를 듣고 계시지 않는 것처럼 보였다. 그러나 사실 그가 기도를 시작할 때부터 하나님은 그의 기도에 귀를 기울이고 계셨다. "네 하나님 앞에 스스로 겸비하게 하기로 결심하던 첫날부터 네 말이 응답 받았으므로 내가 네 말로 말미암아 왔느니라"(단 10:12)

우리 기도가 응답되지 않는 것처럼 느껴질 때 우리는 쉽게 실망하곤 한다. 그러나 다니엘은 지속적인 기도의 중요성을 우리에게 상기시켜 준다. 예수님 또한 우리에게 "항상 기도하고 낙심하지 말아야 할 것을 비유로 말씀"(눅 18:1)해 주셨고, 사도 바울은 성도들을 향해 "깨어 구하기를 항상 힘쓰며"(엡 6:18)고 권면하고 있다.

인내를 갖고 기도에 힘쓰라. 멈추거나 실망하거나 포기하지 말라. 하나님은 듣고 계신다. 그리고 그 기도에 대한 응답은 당신이 생각하고 있는 것보다 훨씬 더 가까이 다가와 있는지도 모른다!

3. 사탄의 능력을 과소평가하지 말라

다니엘서는 다른 어떤 성경보다도 우리에게 사탄의 보이지 않는 활동에 대해 많은 정보를 주고 있다. 우리는 다니엘서 10장을 통해 사탄이 구역을 나누어 세상에 영향을 주고 있다는 사실을 알게 된다. 이런 악한 영의 세력이 얼마나 힘이 센지 다니엘의 기도 응답을 21일이나 지연시킬 정도였다.

그 당시 하늘에서 어떤 일이 일어나고 있었는지 정확히 알 수는 없지만, 성경은 모든 그리스도인이 이 전투에 연관되어 있다는 사실을 보여준다. “우리의 씨름은 혈과 육을 상대하는 것이 아니요 통치자들과 권세들과 이 어둠의 세상 주관자들과 하늘에 있는 악의 영들을 상대함이라”(엡 6:12) 한편, 사탄의 능력을 과소평가하지 말아야 하지만 과대평가해서도 안 된다. 그리스도 안에서 하나님은 우리에게 대적을 이길 수 있는 능력과 자원을 아끼지 않고 공급해 주시기 때문이다.

> 끝으로 너희가 주 안에서와 그 힘의 능력으로 강건하여지고 마귀의 간계를 능히 대적하기 위하여 하나님의 전신갑주를 입으라 …그런즉 서서 진리로 너희 허리 띠를 띠고 의의 호심경을 붙이고 평안의 복음이 준비한 것으로 신을 신고 모든 것 위에 믿음의 방패를 가지고 이로써 능히 악한 자의 모든 불화살을 소멸하고 구원의 투구와 성령의 검 곧 하나님의 말씀을 가지라 모든 기도와 간구를 하되 항상 성령 안에서 기도하고 이를 위하여 깨어 구하기를 항상 힘쓰며 여러 성도를 위하여 구하라(엡 6:10-11, 14-18)

12
chapter

마지막 때

이야기 속으로

다니엘은 천사 가브리엘의 이야기를 집중해서 들으며 티그리스 강둑에 서 있었다. 영광스러운 하나님의 사자는 이스라엘 민족이 미래에 겪게 될 일들을 활짝 펼쳐 보여주었다.

가브리엘이 장차 이스라엘을 황폐하게 만들 끔찍한 공격에 대해 설명할 때 다니엘은 마음이 점점 더 무거워졌다. 천사는 그에게 강하고 굳건하라고 당부했지만, 자기 민족의 어두운 미래를 바라보던 선지자는 다리가 후들거렸고 금방이라도 쓰러질 것 같은 두려움에 사로잡혔다.

그런데 다니엘이 더 이상 버틸 수 없을 것 같다는 생각이 들 때쯤 천사가 좋은 소식을 그에게 들려주었다. 이스라엘은 대환란을 겪게 되지만 건짐을 받을 것이다. 혹독한 핍박으로 인해 오히려 자기 백성을 하나님께 되돌리는 용감하고 지혜로운 유대인 교사와 복음주의자들이 나타날 것이다! 가브리엘이 말할 때 다니엘은 하나님의 백성을 그분께로 돌이킬 용감한 유대인들이 일어날 것에 초점을 맞추었다.

랍비 아벨 에브라힘은 예루살렘의 어두운 거리를 걷고 있었다. 그는 몸을 숨길 만한 어두운 곳만을 찾아다니며 독재자 유다 크리스토퍼의 경찰들이 보초를 서는 골목길을 피해 서둘러 지름길로 들어섰다. 그의 코트 속에는 낡은 성경 한 권이 감춰져 있었는데, 압수당하지 않고 남아 있는 성경 중 한 권이었다.

낮이든 밤이든 도시를 마음껏 돌아다니는 것은 이제 불가능해졌다. 대낮인 10시와 6시 사이에는 거리에서 사람을 찾아볼 수 없었는데, 살인적인 폭염 때문이었다. 장시간 폭염에 노출된 사람들이 목숨을 잃었기 때문이다. 밤에도 거리에는 인적을 찾기 어려웠다. 크리스토퍼가 엄격한 통행금지령을 내렸기 때문이다.

폭염과 폭력 경찰만이 위험한 것은 아니었다. 거의 3년 동안 이스라엘에는 비가 내리지 않았다. 타는 듯한 더위 때문에 강과 호수의 물이 말라버렸고 고여 있는 물에서는 쓰레기 냄새가 진동했다. 게다가 지진이 빈번하게 발생해서 유황 덩어리가 녹아 흘러 다니는 광경은 이제 새롭지도 않았다. 화산재가 대기를 가득 채웠고, 태양은 끔찍한 붉은 공으로 돌변해 곡식과 나무와 채소를 태워 죽였다. 태양에서 나오는 뜨거운 열기가 하늘에 붉은 캐노피를 쳐 놓은 듯 보이게 했다.

더 힘든 것은 전 세계가 정치적인 격변을 겪고 있다는 사실이다. 크리스토퍼의 연립정부가 힘을 잃기 시작하면서 반란군들이 이스라엘 북쪽에 있는 크리스토퍼의 기지를 공격하기 시작했다. 반란군들은 예루살렘 쪽으로 점점 더 이동해 오고 있었다. 멀리서 폭탄이 터지는 소리와 미사일이 날아다니는 소리가 들려왔다.

랍비 에브라힘은 예루살렘의 오래된 마을에 도착하여 좁을 길을 따라 서둘러 약속 장소로 갔다. 그는 한 아파트에 다다라서 계단을 통해 조용히 올라가 요세프와 안나 마티스 부부가 살고 있는 집 현관문 앞에 섰다. 그들은 강제로 해체된 아벨의 회당 신자로, 엄격한 유대인들이었다. 이 부부는 최근에 병으로 아이를 잃었는데, 그 슬픔으로 인해 신앙적인 회의에 빠져 있었다. 유다 크리스토퍼가 자신의 외모를 닮은 형상을 만들어 새 성전을 훼손시켰을 때, 그들은 왜 하나님이 그분의 백성에게 이런 가혹한 핍박을 허락하셨는지 이해하기 힘들었다.

아벨은 약속된 암호를 사용하여 문을 두드렸다. 두 번 노크하고 쉬었다가 다시 세 번의 노크, 그러자 아벨이 들어올 수 있을 만큼만 문이 열렸다.

"샬롬, 랍비님." 요셉프가 낮은 목소리로 말했다. "우리는 랍비님이 여기까지 오실 수 있을지 걱정스러웠어요. 그리스도인 소그룹을 찾아내기 위해 경찰들의 감시가 두 배나 더 강화되었다더군요." "저도 알고 있습니다." 아벨의 안색이 어두워졌다. "그들에 대해 너무 잘 알고 있지요."

안나가 쓴 커피를 가져오자 세 사람은 식탁 의자에 둘러앉았다. "제가 랍비님을 여기까지 오시라고 한 것은 해답을 듣고 싶어서였어요. 제 친구 하나가 그러더라고요. 랍비님은 왜 우리 민족에게 이런 끔찍한 재앙이 임했는지를 알고 계시다고요."

"저희를 믿으셔도 됩니다. 저희는 답을 들을 준비가 되어 있으니까요."

요셉프가 말했다. "하나님의 은혜로 저는 예레미야서와 에스겔서와 다니엘서와 다른 선지자들이 쓴 책을 통해 그 답을 찾게 되었습니다. 두 분과 그것을 나누게 되어 무척 기쁘군요. 요셉프, 당신이 갖고 있는 타나크유대인의 성경-역주를 가져오시겠어요?"

"안타깝게도 지금은 갖고 있지 않습니다." 요셉프는 고개를 떨구었다.

"저희는… 딸아이 레바가 죽었을 때 그 책을 버렸습니다."

"그 마음 충분히 이해합니다." 아벨은 조용히 말했다. "괜찮습니다. 제가 가지고 왔으니까요." 그는 코트 속에 손을 넣어 성경을 꺼냈다.

"그것은 기독교 성경 아닙니까?" 안나가 말했다.

"그렇습니다. 하지만 이 안에 타나크도 포함되어 있지요. 그리스도인들은 그것을 구약성경이라고 부릅니다. 제가 발견한 것을 두 분이 이해하는 데 이 책이 도움이 될 겁니다." 아벨은 다니엘서를 펼치면서 말했다. "두 분도 다니엘서의 마지막 예언이 이스라엘에서 일어날 재앙들을 얼마나 정확하게 묘사했는지 알고 계실 겁니다. 아하수에로, 알렉산더, 안티오코스 대왕, 안티오코스 에피파네스 등 왕들에 대해서 말이지요."

"네, 그랬지요." 요세프가 대답했다. "다니엘의 예언대로 모든 것이 정확하게 이루어졌습니다. 하지만 그게 전부가 아닙니다. 두 분도 아시다시피 다니엘의 마지막 예언은 우리 유대인들에게 미스테리로 남아 있었지요. 역사적으로 마지막 왕에 해당되는 사람이 존재하지 않았으니까요. 남과 북 왕들이 벌이는 전쟁과 3년 반 동안 계속되는 이스라엘에서의 핍박, 성전 안에 세워질 '멸망하게 할 가증한 것', 그리고 모든 왕 위의 왕으로 자신을 높인 신성모독의 왕 등등 말입니다." 잠시 이야기를 멈춘 아벨은 커피를 한 모금 마셨다.

"커피 맛이 이상하죠?" 안나가 말했다.

"그래도 물보다는 훨씬 낫습니다." 아벨이 대답했다.

"맞습니다." 요세프가 말했다. "이상한 것은 커피 맛뿐만 아니라 예언도 마찬가지입니다. 우리는 다니엘의 마지막 예언에 대해 도무지 납득할 수 없었습니다."

"그때는 예언들이 이루어지지 않았었기 때문에 이해하지 못했던 것이지요." 아벨이 말했다. "사실 우리는 지금 그 예언된 시간에 살고 있습니다. 제가 그 근거를 보여드리겠습니다."

세 시간 동안 랍비는 다니엘서의 예언과 계시록에 있는 사도 요한의 예언을 비교하면서 두 책이 어떻게 일치하는지, 그리고 그 예언들이 현재 그들이 인내해야 하는 상황들과 어떻게 정확하게 부합하는지를 보여주었다. 그리고 그는 유대민족을 위한 마지막 승리의 예언으로 이야기를 마무리 지었다.

> 그때에 네 백성 중 책에 기록된 모든 자가 구원을 받을 것이라
> 땅의 티끌 가운데에서 자는 자 중에서 많은 사람이 깨어나
> 영생을 받는 자도 있겠고
> 수치를 당하여서 영원히 부끄러움을 당할 자도 있을 것이며
> 지혜 있는 자는 궁창의 빛과 같이 빛날 것이요
> 많은 사람을 옳은 데로 돌아오게 한 자는 별과 같이 영원토록 빛나리라[미주1]

"이제 알 것 같습니다." 경이로움으로 인해 안나의 눈이 휘둥그레졌다.

"랍비님이 말씀하신 것들이 퍼즐 조각처럼 꼭 맞아 들어가는군요. 우리는 지금 다니엘이 기록한 그 시대에 살고 있습니다."

"왜 전에는 그것을 알아차리지 못했을까요?" 요세프가 큰 소리로 외쳤다.

"우리 주변에서 일어나고 있는 일들을 생각해 보면 아주 분명해 보입니다, 그렇지 않나요?"

그 순간 멀리서 끼익 거리는 소음과 함께 폭탄 터지는 소리가 연거푸 들려왔다. "전쟁이 점점 더 가까워지고 있나 봅니다." 요세프가 말했다.

"조만간 예루살렘을 덮칠 것 같아 걱정이네요."

"하지만 방금 우리가 읽은 말씀을 기억하세요." 아벨이 대답했다. "하나님을 향한 믿음을 잃지 않는 자들은 결국 승리하게 될 테니까요. 승리의 환호를 부르는 사람이 되고 싶지 않으세요?"

"꼭 그렇게 되고 싶어요!" 요세프가 말했다.

"그러려면 어떻게 해야 하죠, 랍비님?"

"십자가에서 죽으시고 다시 부활하신 예수님이 우리의 메시아이심을 믿는 유대인들의 소모임이 있는데 제가 그 모임의 리더를 맡고 있습니다. 우리 모임에 동참하시지요. 우리는 토요일 저녁 늦게 동문 근처에 있는 폐허가 된 공장 지하에서 모임을 갖고 있습니다."

부부는 그 모임에 함께 참석하겠노라고 약속했다. 그들은 랍비 에브라힘에게 잠자리를 준비해 주었고, 짧은 수면을 취한 후 다음날 아침 일찍 랍비는 그 집을 떠났다.

토요일 저녁 회심한 유대인들은 랍비 에브라힘의 작은 교회에서 모임을 가지고 있었고, 전쟁은 예루살렘에 점점 더 가까워지고 있었다. 도시 한가운데 몇 차례 미사일이 떨어져서 도시 전역이 파괴되었고 수많은 사람들이 다치거나 죽었다.

그 주 모임에는 참석자가 열두 명뿐이었다. 안타깝게도 모임의 숫자는 나날이 줄어들고 있었다. 회심한 신자들은 교회의 교인이 된 속도만큼이나 빨리 사라져 버렸다. 그러나 변절한 사람은 거의 없었다. 대부분 발각되어 붙잡혀 가거나 빈번한 천재지변으로 목숨을 잃었다.

랍비 에브라힘은 다른 신자들에게 요세프와 안나를 소개한 다음 그들에게 세례를 베풀었다. 그리고 용기를 주는 설교를 시작했다. 밖에서 들려오는 비행기 소리나 폭탄의 소음 때문에 목소리를 더욱 높여야 했다. 그런데 설교 도중에 큰 폭발이 일어나 벽이 흔들렸고, 지붕에서 회벽 조각이 떨어지기 시작했다. 이후 더 많은 폭발음이 연달아 들려왔고, 전투기가 엄청난 소음을 내며 건물 바로 위를 날아다녔다. 밖에서는 사람들의 비명소리가 들려왔다.

"적들이 바로 우리 위에 있나 봐요!" 아벨이 소리쳤다. "당장 떠나야 합니다. 동문으로 나가서 사해 근처에 있는 언덕으로 달아나세요. 어떤 것도 가져가지 말고 가능한 한 빨리 도시를 빠져 나가셔야 합니다."

랍비가 문의 빗장을 내리자 모임에 참석했던 사람들이 어둠 속으로 흩어졌다. 곳곳에서 짧고 날카로운 총소리와 폭탄 터지는 소리가 들려왔다. 그들은 큰 길로 물밀듯이 쏟아져 나온 인파에 뒤섞여 동문을 향해 달려가고 있었다.

달려가는 그들 뒤로 빗발치는 총소리가 들려왔다. 모임의 가장 뒤에서 달려가던 아벨은 자신의 신자 한 명이 길에 쓰러져 있는 모습을 발견했다. 가까이 다가가 확인해 보니 그는 이미 죽어 있었다. 아벨에게는 선택의 여지가 없었다. 그는 서둘러 달려가는 사람들 속에 합류했다.

그때 한 여인이 방향을 돌려 도시 쪽으로 달려가기 시작했다. 아벨은 그녀가 안나임을 쉽게 확인할 수 있었다. 그도 방향을 돌려 그녀를 뒤쫓아 달리기 시작했다.

"안나, 지금 뭐하는 거예요?" 그가 말했다.

"우리 아기요!" 그녀는 울부짖으며 말했다. 그 순간 그녀는 돌부리에 걸려 넘어지고 말았다.

아벨이 그녀를 안아 일으키자 머리에 난 상처로 인해 피가 났다. 그런데도 그녀는 아벨을 뿌리치며 일어나려고 안간힘을 썼다.

"우리 아기요" 그녀는 다시 울부짖었다. "우리 아기 사진이 내 지갑 안에 있어요. 우리 아기가 남겨 준 건 그게 전부에요. 제발 집으로 돌아가게 해주세요." 그러나 그 말을 마치기도 전에 그녀는 기운을 잃고 쓰러지고 말았다.

아벨은 그녀를 둘러업고서 다시 산을 향해 달려가기 시작했다. 너무 지쳐서 더 이상 한 걸음도 옮기지 못할 것 같다고 생각할 때 익숙한 목소리가 들려왔다.

"안나! 안나! 어디 있는 거야?" 요세프의 음성이 분명했다.

"여기 있어요." 아벨은 가까스로 숨을 내쉬며 말했다.

어둠 밖으로 요세프가 모습을 드러냈다. 그는 안나를 건네받고는 산을 향해 다시 달리기 시작했다. 하지만 아벨은 너무 지쳐서 그를 따라갈 수가 없었다. 결국 그는 그 자리에 주저앉고 말았다. 일어나려고 안간힘을 쓰고 있던 아벨의 등 뒤로 총소리가 빗발치듯 울려 퍼졌다. 그는 너덜너덜해진 몸으로 얼굴을 바닥에 묻고 쓰러지고 말았다.

"눈 좀 떠보시오, 아벨. 일어날 시간이 되었습니다." 아벨은 어둠속에서 자신을 깨우는 사랑이 가득한 목소리를 들었다.

"일어나시오." 이번에는 더 청명한 소리가 들려왔다.

"아벨." 그는 자신의 어깨에 닿는 따뜻한 손길을 느꼈다.

"어서 일어나 보시오. 당신이 해야 할 일이 있습니다."

드디어 랍비는 눈을 떠서 한 남자의 얼굴을 바라보았다. 그는 한 번도 만난 적이 없었지만 자신이 영원히 사랑할 것 같은 분이었다.

그는 단번에 그 남자가 누구인지 알아차렸다. 그 순간 엄청난 환희가 밀려들어 와서 제대로 말을 잇지 못했다. "나를 위해 당신이 해야 할 일이 있습니다." 그는 랍비의 손을 잡고 일으켜 주었다.

아벨은 주위를 둘러보았다. 자신이 알고 있던 메마르고 황폐한 세상은 사라지고, 널따란 풀밭과 울창한 나무와 산새들이 보였다. 그의 눈앞에서 강물이 맑은 호수로 흘러들어 가고 있었다.

"이리 오시오, 나와 함께 걸읍시다."

아벨은 메시아와 함께 발걸음을 옮겨 호수 저편에 있는 도시를 향해 걸어가기 시작했다. 도시의 성벽은 윤기 나는 순금처럼 햇볕에 반짝이고 있었다.

"이곳은 마치…"

"맞아요, 예루살렘이에요. 하지만 당신이 알고 있던 황폐하고 고통 받던 도시가 아니라 앞으로 천년 동안 내 왕국의 수도가 될 도시입니다. 그곳에 도착하면 당신이 맡을 일에 대해 설명하겠습니다."

"제게 어떤 일을 시키려고 하시는지요?"

"나중에 말해 줄게요. 그렇지만 당신은 분명 그 일을 좋아할 겁니다. 그리고 그 일을 완성하고 나면 당신은 내 백성 가운데서 별처럼 영원히 빛나게 될 것입니다."

환상이 사라지자 다니엘은 바벨론의 티그리스 강가에서 가브리엘을 바라보고 있는 자신을 발견했다.

가브리엘이 말했다. "다니엘, 내가 당신에게 했던 모든 말을 기록해야 합니다. 그런 다음 종말이 올 때까지 그 책을 봉해 두어야 합니다."

"보지 못하게 봉해야 한다면 그 말을 기록하는 이유가 무엇인가요?"

"그것을 봉하는 이유는 사람들의 접근을 막기 위한 것이 아니라 내용의 변질을 막기 위함입니다. 미래의 신자들이 이 책을 찾게 될 것이고 마지막 때에 하나님의 백성이 끔찍한 고통을 당하는 동안 이 책에서 도움을 얻을 것입니다."

바로 그때 두 명의 낯선 천사가 나타나 강의 양편에 자리 잡고 섰다. 강둑에 있던 천사가 말했다. "이 모든 예언들은 언제 성취될 것입니까?"

가브리엘이 손을 들어 하늘을 가리키며 자신이 한 말은 돌에 새겨진 것처럼 참되고 영원할 것이라고 하나님의 이름으로 맹세했다. "혹독한 시대는 삼년 반 동안 계속될 것이고 이스라엘의 악함이 완전히 산산조각 날 때 내가 말한 모든 예언들이 성취될 것입니다."

"저는 아직도 잘 모르겠습니다." 다니엘이 말했다. "이 모든 일들이 언제 끝나게 되는지 부디 알려 주십시오."

"이것은 당신이 이해할 말씀이 아니라 마지막 때를 살아갈 사람들을 위해 준비된 말씀입니다. 이스라엘의 의로운 자들이 무죄를 입증 받고 고통에서 벗어날 것이라는 사실만으로 만족하세요. 그날까지 어느 누구도 이 말씀을 완전하게 이해하지 못할 것입니다."

"그렇지만 저는…"

"다니엘, 당신이 있어야 할 자리로 돌아가세요. 당신에게 필요한 모든 것을 알게 되었으니 이 땅을 떠나기 전까지 당신이 해야 할 일을 하면 됩니다. 당신이 하나님의 큰 사랑을 받고 있다는 사실을 명심하세요. 당신은 여기 이방 나라에서 고통스런 시간을 보내면서도 하나님을 신실하게 섬겨왔으니까요. 장차 오게 될 새로운 왕국에서 당신의 상급은 매우 클 것입니다."

성경과 역사 속으로

다니엘서를 읽는 것은 결말이 어떻게 될까 궁금해 하면서 추리 소설을 읽는 것과 유사하다. 다니엘서 12장은 다니엘서의 마지막 장이다. 12장의 앞부분은 마지막 때에 대한 예언들이고, 뒷부분은 그 예언들의 결론이다. 두 가지 모두 '마지막 때' 즉 흔히 말하는 종말을 다루고 있다.

특히 12장의 처음 세 절은 적그리스도와 장차 있을 이스라엘의 고난에 대한 환상을 보여준다단 11:36-45.

존 워부르드는 이 시기를 특징 지을 만한 사건들을 이렇게 간단하게 정리했다. '다니엘 11장 36절부터 12장 3절까지 말씀은 마지막 때에 나타날 중요한 징표들에 대한 계시로서 다음과 같이 요약할 수 있다. 1)세계적인 지도자, 2)세계적인 종교, 3)세계적인 전쟁, 4)이스라엘의 대환란 시대, 5)환란 끝에 있을 하나님의 백성에 대한 구원, 6)부활과 심판, 7)의인에게 주는 상.

또한 다른 곳에서는 '한 왕이 등장하면서' 언약이 깨어짐으로써 마지막 때가 시작된다고 적고 있다단 9:26-27. 마지막 때는 삼 년 반 동안 지속될 것인데단 7:25, 12:7, 계 13:5, 계시록과 마태복음에 유사한 내용이 기록되어 있다렘 30:7, 마 24:21.[*미주2]

종말에 관한 예언들

다니엘서 12장의 처음 세 절은 이스라엘의 미래에 관해 예언한다.

이스라엘은 파괴될 것이다

> 그때에 네 민족을 호위하는 큰 군주 미가엘이 일어날 것이요 또 환난이 있으리니 이는 개국 이래로 그때까지 없던 환난일 것이며 그때에 네 백성 중 책에 기록된 모든 자가 구원을 받을 것이라(다니엘 12:1)

'그때에'라는 말은 12장의 서두와 11장의 마지막 부분에 나오는 말로, 12장 마지막 절에도 사용되어 적그리스도의 잔혹한 통치 기간과 환란의 때를 가리킨다. 예레미야는 이 기간을 '야곱의 환란의 때'라고 표현하기도 했다렘 30:7.

1절은 하나님의 천사장 미카엘이 호위하여 일어날 대환란과 연관되어 있다. 대환란에 대해 정확하게 이해하고 싶다면 다니엘서 12장을 읽은 다음 요한계시록 12장을 넘겨보아야 할 것이다. "하늘에 전쟁이 있으니 미가엘과 그의 사자들이 용과 더불어 싸울새 용과 그의 사자들도 싸우나 이기지 못하여 다시 하늘에서 그들이 있을 곳을 얻지 못한지라 큰 용이 내쫓기니 옛 뱀 곧 마귀라고도 하고 사탄이라고도 하며 온 천하를 꾀는 자라 그가 땅으로 내쫓기니 그의 사자들도 그와 함께 내쫓기니라"계 12:7-9

사탄이 이스라엘을 대적하는 대환란에 대해 요한계시록은 이렇게 설명하고 있다. "그러므로 하늘과 그 가운데에 거하는 자들은 즐거워하라 그러나 땅과 바다는 화있을진저 이는 마귀가 자기의 때가 얼마 남지 않은 줄을 알므로

크게 분내어 너희에게 내려갔음이라 하더라."계 12:12

이밖에도 이스라엘의 대환란에 대해 묘사하고 있는 구절들이 많이 있다.

스가랴

"내가 이방 나라들을 모아 예루살렘과 싸우게 하리니 성읍이 함락되며 가옥이 약탈되며 부녀가 욕을 다하며 성읍 백성이 절반이나 사로잡혀 가려니와 남은 백성은 성읍에서 끊어지지 아니하리라"슥 14:2

예레미야

"여호와께서 이와 같이 말씀하시되 우리가 무서워 떠는 자의 소리를 들으니 두려움이요 평안함이 아니로다 너희는 자식을 해산하는 남자가 있는가 물어보라 어찌하여 모든 남자가 해산하는 여자 같이 손을 자기 허리에 대고 모든 얼굴이 겁에 질려 새파래졌는가 슬프다 그 날이여 그와 같이 엄청난 날이 없으리라 그 날은 야곱의 환란의 때가 됨이로다 그러나 그가 환란에서 구하여 냄을 얻으리로다"렘 30:5-7

예수님

"이는 그 때에 큰 환난이 있겠음이라 창세로부터 지금까지 이런 환난이 없었고 후에도 없으리라 그 날들을 감하지 아니하면 모든 육체가 구원을 얻지 못할 것이나 그러나 택하신 자들을 위하여 그 날들을 감하시리라"마 24:21-22

선지자 다니엘이 '그때에'라고 표현한 때는 전쟁, 기근, 질병 등이 넘치는 사탄의 때를 의미한다. 그때에 이 땅은 대량학살, 천체의 붕괴, 육지와 바다의 삼분의 일이 파괴되는 현상, 사람들을 죽음에 이르게 하는 타들어가는 태양의 열기를 경험하게 될 것이다. 이 세상은 한 번도 본 적이 없고 이해할 수도 없는 시기를 맞이할 것이다. 요한계시록 6-19장에 묘사되어 있듯이 봉인이 해제되고, 나팔이 울리고, 심판의 일곱 대접이 비워짐으로써 이 땅에 전에 없던 공포가 있을 것이다.

이스라엘이 구원을 받게 될 것이다

> 그때에 네 백성 중 책에 기록된 모든 자가 구원을 받을 것이라(다니엘 12:1)

성경에는 '생명책'이라는 말이 여러 차례 언급되어 있는데출 32:32-33, 시 69:28, 단 12:1, 빌 4:3, 계 3:5, 13:8, 17:8, 21:27, 22:19 1세기의 시대적인 배경을 알면 이 말을 이해하기 쉬울 것이다.

요한이 살던 시대의 도시에는 모든 시민들의 이름을 기록해 놓은 명부가 있었다. 그런데 만일 어떤 사람이 범죄를 저지르거나 도시에서 평판이 더럽혀지면 재판소에 불려가 자신의 이름이 명부에서 지워지는 수모를 당할 수도 있었다. 그 사람은 더 이상 그 도시의 시민으로 여겨지지 않았기 때문에 다른 곳으로 이사를 갈 수밖에 없었다.[미주3]

나는 이것이 생명책에 대한 개념이라고 생각한다. 생명책은 본디 이 세상에 태어난 모든 사람의 이름이 적혀 있는 책이다. 작가 헨리 모리스의 이야기를 들어보자.

'어떤 사람은 이런 추측을 하기도 한다. 생명책에는 사람의 이름 옆에 그가 한 일이 적혀 있고 그 옆에 그리스도를 구주로 영접한 날짜와 그 회심이 참되다는 증거가 기록되어 있을 것이다. 그 사람이 죽을 때 이 두 가지 사실에 대한 기록이 없다면 그가 한 모든 일은 지워지고계 3:5, 생명책에서 그의 이름이 있던 자리에는 빈 공간만 남게 될 것이다. 그리고 생명책에서 빈 공간만 남아 있는 사람은 불못에 던져지는 심판을 받게 될 것이다."[미주4]

다니엘서 12장 1절에서 생명책에 기록된 이름들은 대환란이 끝날 때까지 남아 있는 신실한 유대인들이다. 이 유대인들은 그 환란에서 구원 받게 될 것이다. 에스겔서 20장 33-38절에서 하나님은 불순종하고 반역하는 유대인들을 쫓아내시고 순종하는 자들은 남겨 두실 것이라고 하셨다. 또 스가랴서 13장 8-9절은 이렇게 말하고 있다. "이 온 땅에서 삼분의 이는 멸망하고 삼분의 일은 거기 남으리니 내가 그 삼분의 일을 불 가운데에 던져 은같이 연단하며 금같이 시험할 것이라 그들이 내 이름을 부르리니"

구약의 마지막 성경인 말라기에는 주님이 신실한 유대인들을 지켜 주시는 시대를 언급하고 있다. "여호와를 경외하는 자와 그 이름을 존중히 여기는 자를 위하여 여호와 앞에 있는 기념책에 기록하셨느니라 만군의 여호와가 이르노라 나는 내가 정한 날에 그들을 나의 특별한 소유로 삼을 것이요 또 사람이 자기를 섬기는 아들을 아낌 같이 내가 그들을 아끼리니"말 3:16-17

하나님은 신실한 유대인과 불신하는 유대인을 구별하기 위해 대환란의 기간을 사용하실 것이다. 그 환란의 마지막까지 남은 자들은 의의 백성이 되어 이 땅에서 천년 동안 주님과 함께 그 나라를 다스리게 될 것이다. "지극히 높으신 이의 성도들이 이 나라를 얻으리니 그 누림이 영원하고 영원하고 영원하리라… 나라와 권세와 온 천하 나라들의 위세가 지극히 높으신 이의 거룩한 백성에게 붙인 바 되리니 그의 나라는 영원한 나라이라 모든 권세 있는 자들이 다 그를 섬기며 복종하리라"단 7:18, 27

이스라엘은 부활할 것이다

땅의 티끌 가운데에서 자는 자 중에서 많은 사람이 깨어나 영생을 받는 자도 있겠고 수치를 당하여서 영원히 부끄러움을 당할 자도 있을 것이며(다니엘 12:2)

이 말씀은 모든 사람들이 동시에 부활할 것이라는 일반적인 부활에 대한 증거가 아니다. 대환란이 끝날 때 모든 의인들은 죽음에서 생명으로 부활하게 될 것이다. 그러나 불의한 자들의 부활은 천년왕국이 끝나는 천년 후에야 일어날 것이다계 20:5, 13-14. 왜냐하면 다니엘서 12장 2절에서 우리는 의로운 자들의 부활"많은 사람이 깨어나 영생을 받는 자가 있겠고"과 불의한 자들의 부활"수치를 당하여 영원히 부끄러움을 당할 자도 있을 것이며" 사이에 천년이라는 시간차를 발견하게 된다.

한편 다니엘서 12장에서 말하고자 하는 요점은 대환란이 일어나는 동안 주님에 대한 신실함을 지키기 위해 죽임을 당한 자들의 부활과 연관되어 있다. 계시록에서 요한은 대환란이 끝날 때 이런 순교자들이 일어나서 그리스도와 함께 천년 동안 다스리게 될 것이라고 말한다. "또 내가 보니 예수를 증언함과 하나님의 말씀 때문에 목 베임을 당한 자들의 영혼들과 또 짐승과 그의 우상에게 경배하지 아니하고 그들의 이마와 손에 그의 표를 받지 아니한 자들이 살아서 그리스도와 더불어 천년 동안 왕노릇 하니… 그 첫째 부활에 참여하는 자들은 복이 있고 거룩하도다 둘째 사망이 그들을 다스리는 권세가 없고 도리어 그들이 하나님과 그리스도의 제사장이 되어 천년 동안 그리스도와 더불어 왕 노릇하리라"계 20:4, 6

이스라엘은 상을 받을 것이다

> 지혜 있는 자는 궁창의 빛과 같이 빛날 것이요 많은 사람을 옳은 데로 돌아오게 한 자는 별과 같이 영원토록 빛나리라(다니엘 12:3)

이 말씀에서 '지혜 있는 자'는 교사, 즉 시대를 보는 통찰력을 소유하고 있어 그것을 다른 사람들에게 전하는 사람들을 가리키는 말이다. 대환란 중에도 하나님의 말씀으로 사람들을 가르치는 용기 있는 자들이 일어날 것이다. 그들은 이 끔찍한 시간 동안 하나님의 사람들을 격려하고 그들에게 용기를 줄 것이다.

대환란의 시대에는 또한 용기 있는 복음전도자, 곧 '많은 사람을 옳은 데로 돌아오게 한 자'가 나타날 것이다. 그들은 메시아이신 예수님을 많은 사람들에게 전하는 도구가 될 것이다.

이 신실한 교사들과 복음전도자들은 "영생"단 12:2을 보상으로 받을 것이다. 구약에서는 '영생'이라는 말이 여기에서 처음 언급되고 있다. "궁창의 빛과 같이 빛날 것이요 …별과 같이 영원토록 빛나리라"단 12:3.

'일 년을 위해 무언가를 심고자 한다면 꽃을 택하라. 일생을 위해 무언가를 심고자 한다면 나무를 택하라. 그러나 영원히 지속되는 것을 원한다면 누군가의 인생에 복음을 심어라.'

예언의 마지막

이제 우리는 마지막 때에 관한 예언의 마지막에 이르게 되었다. 다니엘서

12장 5-13절은 다니엘서의 결론 부분인데, 다니엘은 여전히 하나님이 말씀하신 것의 많은 부분을 이해하지 못했다고 고백하고 있다단 12:8. 우리에게 얼마나 큰 용기를 주는 대목인가! 다니엘이 모든 것을 이해하지 못했다면 우리가 마지막 때에 관한 예언을 이해하지 못하는 것은 당연한 일 아닌가.

실제로 우리는 역사를 알고 있기 때문에 다니엘보다 그 예언들을 더 잘 이해할 수 있을지도 모른다. 다니엘은 예수님이 감람산에서 하신 설교의 내용도 알지 못했고, 종말에 대해 보다 분명하게 계시한 요한계시록에 대한 정보도 갖고 있지 않았다. 그러나 우리는 현재 다니엘이 갖지 못한 모든 성경을 가지고 있다. 그렇다고 해도 우리가 이 마지막 때에 관한 예언을 완전히 이해하지 못하는 것으로 인해 낙심할 필요는 전혀 없다.

> 이 구원에 대하여는 너희에게 임할 은혜를 예언하던 선지자들이 연구하고 부지런히 살펴서 자기 속에 계신 그리스도의 영이 그 받으실 고난과 후에 받으실 영광을 미리 증언하여 누구를 또는 어떠한 때를 지시하시는지 상고하니라 이 섬긴 바가 자기를 위한 것이 아니요 너희를 위한 것임이 계시로 알게 되었으니 이것은 하늘로부터 보내신 성령을 힘입어 복음을 전하는 자들로 이제 너희에게 알린 것이요 천사들도 살펴보기를 원하는 것이니라(벧전 1:10-12)

베드로는 예언이 미래에 일어날 일에 대한 기록이기 때문에 성령이 선지자들에게 기록하라고 한 내용을 당시의 선지자들이 모두 이해할 수는 없었다고 말한다. 선지자들도 예언이 의미하는 것을 알아내기 위해 자신이 적은 말씀을 연구하고 공부했다. 그러나 우리는 다니엘을 어리둥절하게 만들었던 말씀을 이해할 수 있게 도와주는 신약 성경을 가지고 있지 않은가.

천사들과의 마지막 대화

때에 관한 질문

다니엘이 티그리스 강가에 서 있을 때 세 명의 천사가 나타났다. 한 천사는 다니엘과 같은 쪽에 서 있었고, 다른 한 천사는 반대편에 서 있었다. 그들 중 '세마포 옷을 입고 강물 위쪽에 있던' 세 번째 천사는 지난번에 티그리스 강가에서 만난 적이 있던 가브리엘 천사처럼 보였다단 10:4, 10, 16, 18.

다니엘과 같은 쪽에 서 있던 천사가 가브리엘에게 "이 놀라운 일의 끝이 어느 때까지냐"단 12:6 하고 물었다. 다시 말해 '적그리스도가 하나님의 백성을 핍박하는 환란의 시대가 언제까지 허용이 될 것입니까?'라고 물었던 것이다.

그 질문에 대한 대답은 이러했다. "내가 들은즉 그 세마포 옷을 입고 강물 위쪽에 있는 자가 자기의 좌우 손을 들어 하늘을 향하여 영원히 살아 계시는 이를 가리켜 명세하여 이르되 반드시 한 때 두 때 반 때를 지나서 성도의 권세가 다 깨지기까지이니 그렇게 되면 이 모든 일이 다 끝나리라 하더라"단 12:7

가브리엘은 질문에 대답하기 전에 하늘을 향해 두 손을 들고 '영원히 살아 계시는 이를 가리켜' 맹세했다. 고대사회에서 손을 들어 맹세하는 행위는 약속의 중요성과 신중함을 의미했다창 14:22, 민 32:40. 양손을 들 때는 더욱 그러했다. 뿐만 아니라 그 맹세를 입증해 주신 분이 바로 하나님이셨기 때문에 천사의 말에 이보다 권위를 더할 방법은 없었을 것이다.

가브리엘은 적그리스도가 통치할 시간이 '한 때 두 때 반 때'라고 대답했다. '한 때'는 하나의 시간 단위이고 '두 때'는 한 때의 두 배 '반 때'는 한 때의 반에 해당한다. 유대인에 대한 적그리스도의 잔혹한 핍박은 대환란 기간인 칠 년의 반인 삼 년 반 동안 지속될 것이다.

조세프 세이스는 가브리엘이 말했던 시간에 대해 어떠한 의심도 지워버리게 한다.

'신구약을 포함하여 적어도 여섯 군데의 말씀에서 이와 같은 내용이 선포되고 있다. "한 때와 두 때와 반 때를 지내리라"단 7:25, "한 때 두 때 반 때를 지나서"단 12:7, "그들이 거룩한 성을 마흔두 달 동안 짓밟으리라"계 11:2, "그 여자가 광야로 도망하매 거기서 천이백육십 일 동안 그를 양육하기 위하여 하나님께서 예비하신 곳이 있더라"계 12:6, "그 뱀의 낯을 피하여 한 때와 두 때와 반 때를 양육 받으매"계 12:14, "마흔두 달 동안 일할 권세를 받으리라"계 13:5 이 모든 말씀들이 적그리스도의 압제와 핍박 아래 있게 될 기간을 똑같이 삼 년 반으로 계산하고 있다. …우리 주님이 삼 년 반 동안 다스리셨고, 적그리스도가 같은 기간 동안 악한 통치를 하게 될 것이다.'[미주5]

이어서 가브리엘은 이 모든 예언이 '성도의 권세가 다 깨지기까지이니 그렇게 되면 이 모든 일이 다 끝나리라'고 했다. '이 놀라운 일'은 유대인들의 권세가 무너질 때까지 계속될 것이다.

대환란에 관한 질문

다니엘의 질문과 천사의 질문에는 다소 차이가 있었다. '이 모든 일의 결국이 어떠하겠나이까?' 천사의 질문은 '어느 때까지입니까?'이지만 다니엘의 질문은 '어떠하겠습니까?'이다. 다니엘은 더 많은 것을 알고 싶어 천사에게 간곡히 호소했다. '종말이 오기 전에 어떤 일들이 일어나겠습니까? 부디 더 자세히 가르쳐 주세요.'

그러나 그것은 다니엘의 몫이 아니었다. 가브리엘이 그에게 대답했다. "그가 이로되 다니엘아 갈지어다 이 말은 마지막 때까지 간수하고 봉함할 것임이니라"단 12:9 다니엘은 구체적인 질문에 대해 완전한 답을 얻지는 못했지만, 소망을 주는 가브리엘의 메시지를 통해 조금이나마 근심하는 마음을 덜 수 있었다. "많은 사람이 연단을 받아 스스로 정결하게 하며 희게 할 것이나 악한 사람은 악을 행하리니 악한 자는 아무것도 깨닫지 못하되 오직 지혜 있는 자는 깨달으리라 매일 드리는 제사를 폐하며 멸망하게 할 가증한 것을 세울 때부터 천이백구십 일을 지낼 것이요 기다려서 천삼백삼십오 일까지 이르는 그 사람은 복이 있으리라"단 12:10-12

자기 백성에게 끔찍한 재앙이 임할 것이라는 예언으로 인해 등골이 오싹해졌던 다니엘은 마지막 영광스러운 미래를 확인 받은 후에야 비로소 안도할 수 있었다. 고난이 그들의 악함을 더욱 완고하게 할 수도 있지만, 많은 사람들이 연단을 받아 더 정결하고 깨끗하게 될 것이다.

다니엘서 12장 11절에서 유대인들에게 매일의 제사를 금하는 것은 대환란의 절정, 곧 적그리스도가 이스라엘과의 약속을 깨고 성전에 우상을 세울 때를 의미한다.

11절, 12절은 신비로움으로 가득 차 있다. 이 예언을 통해 대환란의 기간을 계수한 숫자 1,260일의 중요성을 강조했던 천사는 이제 또 다른 두 개의 숫자를 제시하고 있다. 먼저 그는 "매일 드리는 제사를 폐하며 멸망하게 할 가증한 것을 세울 때부터 천이백구십 일을 지낼 것이요"단 12:11라고 말했다. 이는 이미 정해진 1,260일보다 30일이 더 많다.

그런데 30일이 늘어난 숫자에 대해 이해하기도 전에 또 다른 숫자를 제시한다. "기다려서 천삼백삼십오 일까지 이르는 그 사람은 복이 있으리라"단 12:12

다니엘서에서 처음으로 천사가 복을 기원하고 있다. 천사의 축복의 대상은 1,335일을 기다린 사람인데, 그 숫자는 1,260일에서 30일이 추가된 후 또다시 45일이 추가된 것이기 때문에 우리를 혼란스럽게 한다. 이제 우리는 성경의 다른 예언에서는 전혀 언급된 적이 없는 75일의 의미를 해석해야만 한다.

왜 천사는 대환란의 마지막에 75일을 추가하였고, 그날이 끝날 때까지 기다린 사람들을 축복했던 것일까? 이 날들은 어떤 중요한 의미가 있을까? 이 문제에 대한 레온 우드의 설명을 들어보자. '그리스도의 통치를 수행하기 위해 조직을 갖출 시간이 필요할 것이다. 이스라엘의 참되고 완전한 국경이집트 강부터 유프라테스까지, 창 15:18이 형성되어야 하고, 정부에서 그런 역할을 해낼 직책들도 임명되어야 한다.'미주6

이런 일들이 일어날 때까지 기다리는 사람들에게는 복이 있을 것이고, 그 축복은 그리스도의 천년왕국이 시작될 때 남아 있는 자들의 영광이 될 것이다.

다니엘의 마지막 임무

12장에서 다니엘은 세 구절을 할애하여 천사가 그에게 맡겼던 마지막 임무를 설명하고 있다.

다니엘은 예언의 보존을 지시 받았다

> 다니엘아 마지막 때까지 이 말을 간수하고 이 글을 봉함하라 많은 사람이 빨리 왕래하며 지식이 더하리라(다니엘 12:4)

다니엘은 예언을 봉함하라는 명령을 받았지만 그것은 어느 누구도 읽지 못하게 하라는 뜻이 아니었다. 그것은 예언이 마지막 때를 위한 것이기에 그것이 가장 필요한 시기까지 안전하게 보존하라는 지시였다. 그 예언들의 몇 가지는 다니엘의 시대에도 적용될 수 있겠지만, 이 책의 예언들이 이 땅에서 가장 필요한 시기가 반드시 올 것이다.

조세프 세이스는 이렇게 쓰고 있다. '중요한 정보를 제공해 줄 목적으로 여러 세대를 거쳐 내려오는 공인된 문서들은 모든 조작으로부터 보호되고, 안전하게 지켜져야 하며 불가침을 보장받아야 한다. 그래야 그 문서들이 내용의 변질 없이 완전하게 전해질 수 있을 것이다. 이러한 의미와 목적으로 다니엘은 그 책을 잘 간직하고 그 책의 말씀들을 잘 봉함해 두라는 명령을 받았던 것이다.'[미주7]

'많은 사람이 빨리 왕래하며 지식을 더하리라'고 한 천사의 말이 마지막 때에 해외여행이 폭발적으로 증가하고 기술을 통해 지식이 엄청나게 빠른 속도로 전파될 것이라는 의미로 잘못 해석되기도 한다. 그러나 이 말씀에 대한 올바른 해석은 마지막 때에 팽배해질 물질적인 진보와는 아무런 상관이 없다.

'빨리 왕래하며'라는 말은 '어떤 사람의 시선을 빨리 움직이게 하라'는 뜻으로서 그 말씀들을 부지런히 정독하라는 의미이다. 헐버트 레오폴드에 따르면 대환란이 일어나는 동안 살아있는 사람들은 '읽고 다시 읽어서 그들이 읽은 것을 확인하고, 그 말씀들에 대해 곰곰이 생각하게 될 것이다. …그리고 그렇게 열심히 탐구하는 과정을 통해 '지식은 더해질 것이다' 그러면 이전의 상황들에 비추어 다니엘서의 목적과 의미는 점점 더 분명해질 것이다.'[미주8]

나라들이 서로를 대적하여 음모에 가담하고, 온 세상에 많은 피가 솟구쳐 흐르는 동안 사람들은 그런 극심한 고통과 슬픔이 왜 존재해야 하는지에 대한 답을 구하게 될 것이다. 예수님은 대환란의 시대에 하나님의 백성들이 다니엘서를 읽고 그날에 대한 의미와 목적을 깨달아 알게 되기를 바라셨다.

> 그러므로 너희가 선지자 다니엘이 말한 바 멸망의 가증한 것이 거룩한 곳에 선 것을 보거든(읽는 자는 깨달을진저) 그때에 유대에 있는 자들은 산으로 도망할지어다 지붕 위에 있는 자는 집안에 있는 물건을 가지러 내려 가지 말며 밭에 있는 자는 겉옷을 가지러 뒤로 돌이키지 말지어다 그 날에는 아이 밴 자들과 젖 먹이는 자들에게 화가 있으리로다 너희가 도망하는 일이 겨울에나 안식일에 되지 않도록 기도하라 이는 그때에 큰 환란이 있겠음이라 창세로부터 지금까지 이런 환난이 없었고 후에도 없으리라(마 24:15-21)

다니엘은 훗날 대환란의 시대에 자신의 예언이 그것을 필요로 하는 사람에게 귀하게 활용될 수 있을 것이라고 확신하게 되었다.

다니엘은 현재에 충실하라고 지시 받았다

> 그가 이르되 다니엘아 갈지어다 이 말은 마지막 때까지 간수하고 봉함할 것임이니라(다니엘 12:9)

천사는 다니엘에게 이 예언들을 더욱 자세히 연구하고 깊이 파는 데 시간을 낭비하지 말라고 했다. 그 예언들이 성취되는 날까지 그것을 완전하게 이해하는 것은 불가능하기 때문이다. 그동안 다니엘은 자신에게 맡겨진 임무에 충실하며 그가 받은 신비한 일들을 간수하고 봉함해야 할 것이다.

레온 우드는 오늘날 그리스도인들에게 이런 원칙을 적용했다. '오늘날 그리스도인들은 종종 어떤 이론에 대해 더 많은 것을 알기 원한다. 특히 마지막 때에 관해서는 하나님이 성경을 통해 드러내신 것보다 더 많은 내용을 알고 싶어

한다. 그러나 우리는 하나님이 선택하여 알려 주신 것에 만족해야 한다.'[미주9]

다니엘은 미래를 준비하라고 지시 받았다

기다려서 천삼백삼십오 일까지 이르니 그 사람은 복이 있으리라(다니엘 12:12)

13절에서 천사는 다니엘의 임무와 책임에 대해 말해 주었다. 그는 자신이 받은 예언을 평생 동안 지키고 간직해야 하며 미래를 대비해야 한다.

다니엘은 때가 되면 '쉬고'죽음 그 이후에 다시 '일어나게'부활 될 것이다. 그 날이 오면 그는 자신의 유산을 받게 될 것이다. 다니엘의 부활은 환란의 마지막에 예정되어 있기 때문에 우리는 환란의 때에 살아남은 사람들과 순교를 당했다가 다시 살아난 사람들과 함께 천년왕국을 맞이할 것이다. 거기서 우리는 천년 동안 예수님과 함께 다스리게 될 것이다.

다니엘은 자신의 고향인 팔레스타인을 떠나 이방 나라에서 평생을 보냈다. 지금 하나님은 언젠가 이스라엘 땅의 재분배를 통해 다니엘이 자기 몫을 받게 될 것이라는 약속을 주고 계신다. 다니엘의 유산은 안전하게 보존되어 있을 것이다. 다니엘은 오랫동안 풍성하고 결실 있는 삶을 살았다. 그러나 인생의 마지막이 가까워 올수록 그는 아직 자신에게 최고의 순간이 도래하지 않았음을 분명히 알게 되었다. 그리스도의 제자들에게도 마찬가지로 아직 최고의 날은 오지 않았다.

오늘날의 다니엘 요원에게

1. 예언을 간직하라

다니엘은 예언이 필요하게 될 날을 위해 그것을 봉하여 잘 간직하라는 명령을 받았다. 그 명령은 2,500년보다 훨씬 전에 내려진 것인데, 그것이 잘 지켜진 덕분에 지금 우리는 다니엘서를 공부할 수 있는 복을 누리고 있다. 그리고 이제는 우리 차례다. 우리는 다니엘서의 예언을 어떻게 보존할 수 있을까? 그 예언들을 읽고, 공부하고, 받아들이기로 결정하고 순종해야 한다. 또 성경의 예언들이 얼마나 중요한지를 자녀들에게 가르치고, 목회자나 교사들은 그 진리들을 성도들에게 제대로 가르쳐야 한다. 머지않아 주님은 재림하실 것이고, 우리가 다니엘서에서 공부했던 예언들이 우리 눈앞에 펼쳐질 것이다.

그 예언들이 실제가 되기 전에 먼저 그림자가 되는 사건들이 나타날 것이다. 다시 말해 휴거 이후 대환란은 느슨해지겠지만, 성경을 알고 있는 사람들에게는 그런 사건들이 연속적으로 나타나는 표적이 될 수 있을 것이다. 우리는 경계를 늦추지 말아야 한다.

또한 너희가 이 시기를 알거니와 자다가 깰 때가 벌써 되었으니 이는 이제 우리의 구원이 처음 믿을 때보다 가까웠음이라 밤이 깊고 낮이 가까웠으니 그러므로 우리가 어둠의 일을 벗고 빛의 갑옷을 입자 낮에와 같이 단정히 행하고 방탕하거나 술 취하지 말며 음란하거나 호색하지 말며 다투거나 시기하지 말고 오직 주 예수 그리스도로 옷 입고 정욕을 위하여 육신의 일을 도모하지 말라(로마서 13:11-14)

2. 현재의 삶에 최선을 다하라

다니엘의 질문에 대한 대답으로 가브리엘은 약속한 때가 되면 그 답이 드러날 것이고, 지금 그가 알고 있는 것이 그가 알아야 할 모든 것이라고 했다. 다니엘은 그 답을 찾기 위해 시간을 허비하는 대신 자신의 생활로 돌아갔다.

예언은 중요하고 결코 소홀히 여겨져서는 안 되는 것이지만, 자신의 삶을 제쳐놓고 집착해서는 안 된다. 천사는 다니엘에게 예언이 성취될 때까지 앉아서 기다리지 말고 자기 자리로 돌아가 주님께 예배드리는 삶을 살라고 당부했다.

3. 미래를 준비하라

"너는 가서 마지막을 기다리라 이는 네가 평안히 쉬다가 끝 날에는 네 몫을 누릴 것임이라" 다니엘이 천사에게 마지막으로 들은 말이다. 다니엘은 미래에 더 좋은 것을 약속 받은 셈이다. 그리고 그것은 우리도 마찬가지이다. 다니엘처럼 우리가 주님을 믿고 인내한다면 영광스런 미래를 약속 받게 될 것이다. 마지막 때의 교사나 복음전도자들처럼 우리 또한 예수 그리스도의 새로운 왕국에서 별처럼 빛나게 될 것이다.

다니엘서에 대한 공부를 마치면서 나는 내 친구 워렌 위어스비의 글을 인용하는 것보다 더 훌륭한 마무리는 없을 것 같다는 결론을 내렸다.

'성경을 읽는 사람들에게 다니엘의 이름을 언급하면 매우 다양한 반응을 듣게 된다. 신학생들은 말할 것이다. "영감이 넘치는 선지자야!" 사업가들을 대답할 것이다. "아주 유능한 행정가였지." 청년들은 이렇게 말할지도 모른다. "젊은 그리스도인의 롤모델이야." 기도에 열심인 신자는 말할 것이다. "다니엘은 뭐니 뭐니 해도 기도의 사람이었지." 그리고 공부를 하는 학생들은 부러움에 가득 차서 말할 것이다. "학습 능력이 뛰어난 최상위권의 우등생이지."

이 모든 평가들이 사실이지만, 그의 삶에서 가장 중요한 특징은 다니엘이 정복자였다는 사실이다. 실제로 그는 정복자를 능가하여 현실을 압도한 인물이었다. 조지 워싱턴 카버는 그 사람의 인생이 어디에서 마무리 되느냐가 성공의 척도가 될 수 있지만, 거기에 도달하기 위해 얼마나 많은 것을 극복해야 했느냐가 더 중요한 성공의 척도라고 말했다. 다니엘은 이방 나라에서 주님을 섬기며 살아가기 위해 수많은 적들과 장애물을 극복해야만 했다. G.캠벨 모르간이 이렇게 말했다. "다니엘의 이야기는 참으로 매력적이다. 왜냐하면 세속적인 세상 속에서 신실함의 가능성을 보여주었기 때문이다."

BC 605년 바벨론에 포로로 잡혀 온 이후로 다니엘은 적어도 육십 년 동안 네 명의 다른 이방 통치자들 아래서 성공적으로 자신의 역할을 감당했다. 예레미야 선지자가 유다에 남아 있던 가난한 백성들을 돕고 있을 때 에스겔은 바벨론에 있는 포로들을 격려했고, 다니엘은 참되고 살아계신 유일신 하나님의 증인으로서 정치권력의 중심에 있었다. 그는 이방 왕에게 조언했고, 신앙을 잃어버린 자들에게 하나님의 신실하심에 대한 증인이 되었으며, 오늘날까지도 그가 남긴 책을 통해 주님을 섬기고 있다. 그가 자신의 역할을 성실하게 수행했기 때문에 하나님은 그를 영광스럽게 하셨다.'[미주11]

에필로그

새로운 시작을 향해 전진하다

C. S. 루이스의 우주에 관한 소설 〈페렐란드라〉의 마지막 부분에서 하나님의 뜻을 이루기 위해 금성에 도착했던 영국 학자 엘윈 램섬은 금성의 새로운 왕이 된 페렐란드라의 원주민 토르와 이야기를 나누고 있었다. 토르는 앞으로 다가올 세상에서는 하나님의 모든 창조물이 영원한 육체인 천국의 몸으로 변하여 하나님과 함께 살아가게 될 것이라고 말했다.

램섬이 말했다. "그렇다면 그것이 종말입니까?"

토르 왕은 그를 빤히 쳐다보았다.

"종말이라고요?" 그가 말했다.

"당신이 살고 있는 세상의 종말이겠지요. 내 생각에 그것은 종말이 아니라 만물의 새로운 시작입니다."[미주1]

대부분의 그리스도인들은 다니엘서와 요한계시록을 보면서 '종말'이라는 단어를 떠올린다. 그것이 잘못됐다는 것이 아니다. 그러나 그 말을 살펴보면 우리가 무엇에 집중하고 있는지를 알 수 있다. '종말'이라는 말은 이 땅의 멸망, 참담함, 상실, 끔찍한 공포에 초점을 맞추게 하고, 그렇게 함으로써 우리 마음을 두려움과 혼란과 근심으로 가득 차게 한다. 우리는 종말에 집중하지 말고 그 다음에 일어날 일들, 즉 토르 왕의 입을 빌려 말한 '만물의 시작'에 더욱 집중해야 한다. 그러면 전환은 두려움과 근심을 소망과 즐거움으로 바

꿀 수 있다.

만물의 새로운 시작은 실제로 세계 역사의 궁극적인 목적이기 때문에 우리의 관심을 집중할 만큼의 가치가 있다. 남자와 여자가 에덴동산의 완전한 창조에서 타락했던 그 순간부터 인간과 관련된 하나님의 모든 작업은 이 새로운 시작을 위해 계획된 것이다. 이는 창세기 3장에서 아담과 하와에게 하나님이 약속하신 것이다. 이는 또한 이스라엘을 세계를 향하여 하나님의 빛을 나타나기 위해 준비시킨 목적이다. 그리고 믿는 사람들의 마음속에 그리스도가 오시고 하나님의 성령이 내재하신 이유이다.

뿐만 아니라 만물의 시작은 다니엘서의 핵심이라고도 할 수 있다. 다니엘서 7장 9-14절에서 우리는 오래 전부터 하늘 보좌의 존귀와 영광 가운데 앉아 계신 하나님의 모습을 볼 수 있다. 그분은 수많은 천사들에 둘러싸여 있고, 하늘 왕궁은 그 분 앞에 펼쳐져 있다. 다니엘은 하나님이 심판의 책을 펼쳐 이 땅에 대혼란과 고통을 가져온 사탄의 무리들에게 최종 심판을 내리시는 장면을 보게 된다. 다니엘은 환상의 최고조에 달하는 이 사건에 대해 이렇게 적고 있다.

> 내가 또 밤 환상 중에 보니 인자 같은 이가 하늘 구름을 타고 와서 옛적부터 항상 계신 이에게 나아가 그 앞으로 인도되매 그에게 권세와 영광과 나라를 주고 모든 백성과 나라들과 다른 언어를 말하는 모든 자들이 그를 섬기게 하였으니 그의 권세는 소멸되지 아니하는 영원한 권세요 그의 나라는 멸망하지 아니할 것이니라(다니엘 7:13-14)

이것은 다니엘서의 모든 기록들이 지향하고 있는 바요, 더 나아가 성경과 인간의 역사 전체가 지향하고 있는 바이기도 하다. 이것은 만물의 시작이요, 하나님이 아들이신 메시아 예수께 이 땅에 건설될 하나님 왕국의 왕관과 보좌를 내려주시는 순간이기도 하다. 하나님의 왕국은 "다시는 사망이 없고 애통하는 것이나 곡하는 것이나 아픈 것이 다시 있지 아니하리니 처음 것들이 다 지나갔음이러라"계 21:4

누군가가 인간의 역사를 'His story'라고 아주 적절히 표현했다. 에덴동산에서부터 종말에 이르기까지 인류의 여정은 사탄의 세력이 끊임없이 승리하는 것처럼 보이지만, 역사의 마지막이 되면 하나님이 모든 시간을 주관하셨다는 사실이 명백해질 것이다.

보이지 않는 특사

이 책에서 나는 만물의 시작을 향한 감동적인 역사와 그 역사의 주인공이었던 바벨론에 파견된 여러 특사들에 대한 이야기를 나누었다. 실제적으로 그 모든 과정에서 오직 한 분의 특사가 항상 계셨는데, 그 보이지 않는 특사 중에 특사는 바로 하나님이셨다.

다니엘서에서 하나님의 존재감은 과히 놀랄만하다. 그분의 주권은 모든 장면, 모든 이야기마다 드러난다[미주2]. 하나님은 다니엘서에서 무대 위가 아닌 무대 밖, 보이지 않는 곳에서 활동하고 계시지만 모든 대리인들 이상으로 멋진 역할을 해내는 최고의 능력자이시다.

하나님이 안티오코스 에피파네스처럼 하나님을 알지 못하거나 하나님을 전적으로 부인했던 사탄의 특사들까지도 사용하셨다는 사실에 대해 의아한 생각을 가질지도 모른다. 그에 대한 대답은 이것이다. 살아있는 모든 사람은 의도적이든 그렇지 않든 상관없이 결국 어떤 모습으로든 하나님을 위해 일해야 한다. 하나님은 결코 악을 창조하지 않으셨지만 그분의 궁극적인 목적을 위해 악을 사용하기도 하신다. 우리는 요셉의 형제들이 어떤 방식으로 요셉을 이집트 노예로 팔았는지 잘 알고 있다. 이십 년 후 형제들이 이집트의 권력자인 요셉을 대면했을 때, 그들은 보복을 당하게 될까 몹시 두려워했다. 그러나 요셉은 그런 형제들에게 이렇게 말했다.

> 나는 당신들의 아우 요셉이니 당신들이 애굽에 판 자라 당신들이 나를 이곳에 팔았다고 해서 근심하지 마소서 한탄하지 마소서 하나님이 생명을 구원하시려고 나를 당신들보다 먼저 보내셨나이다 이 땅에 이 년 동안 흉년이 들었으니 아직 오 년은 밭갈이도 못하고 추수도 못할지라 하나님이 큰 구원으로 당신들의 생명을 보존하고 당신들의 후손을 세상에 두시려고 나를 당신들보다 먼저 보내셨나니 그런즉 나를 이리로 보낸 이는 당신들이 아니요 하나님이시라 하나님이 나를 바로에게 아버지로 삼으시고 그 온 집의 주로 삼으시매 애굽 온 땅의 통치자로 삼으셨나이다(창 45:4-8)

요셉의 형제들은 끔찍한 악행을 저질렀다. 그들은 자유의지로 그렇게 했던 것이지, 하나님이 그들을 조종하신 것이 아니었다. 그러나 하나님은 그것이 선이든 악이든 관계없이 그분이 결정해 놓으신 결말을 향해 역사를 이끌어 가시기 위해 모든 사건들을 사용하신다. 하나님이 정하신 결말은 곧 만물의 새로운 시작이다. 그리고 어느 누구도 하나님의 뜻을 무산시키지 못할 것이다. 의도적이든 그렇지 않든 모든 존재들은 하나님의 궁극적인 목적을 위해 자신의 역할을 감당하고 있을 뿐이다. 하나님이 그분을 알지 못하는 벨사살이나 알렉산더나 안티오코스까지도 그 분의 목적을 위해 사용하실 수 있다는 것을 의미한다. 악이 우리 인생을 사로잡고 있는 것처럼 보일지라도 모든 것은 하나님의 주권 아래 있다. 참새 한 마리도 하나님이 알지 못하는 사이에 땅에 떨어지는 법이 없기 때문이다.

전지전능하신 특사

다니엘과 사도 요한과 예수 그리스도는 모두 마지막 때에 일어날 세상 왕국에 대해 예언하셨다. 그 나라는 어떤 면에서 보면 로마 왕국의 재탄생이라고 할 수 있겠지만, 하나님을 대적하던 바벨론의 영도 소유하고 있을 것이다. 로마와 바벨론도 하나님의 백성들을 무자비하게 핍박했지만, 장차 다가올 이 나라는 전례가 없을 만큼 악이 강성해질 것이다. 예수님은 이렇게 말씀하셨다. "그날들을 감하지 아니하면 모든 육체가 구원을 얻지 못할 것이나 그러나 택하신 자들을 위하여 그날들을 감하시리라"마 24:22

다니엘서 7장을 통해 선지자 다니엘은 이러한 악한 나라가 일어나겠지만 하나님은 그리스도를 통해 이 땅에 마지막 심판을 내리실 것이고 그 나라는 심판으로 말미암아 패망할 것이라고 말했다단 7:13-14, 26-27. 다니엘서의 가장 중요한 목적은 우리에게 그리스도의 궁극적인 승리와 그 뒤에 나타날 만물의 시작을 알려주는 것이다. 다니엘은 이렇게 말하고 싶은 것이다. "세계 역사를 볼 때 과거와 현재가 모두 당신을 낙담케 하고 울적하게 만들겠지만 이것만은 꼭 기억했으면 좋겠습니다. 이런 아픔들은 언젠가 끝이 날 것이고, 선과 진리와 정의와 의로움으로 가득 찬 새롭고 영원한 시작이 뒤를 잇게 될 것입니다."

성경에서 말하는 마지막 때가 어쩌면 지금 우리가 살고 있는 이 시대일지도 모른다. 방종과 음란, 그리스도인에 대한 반감, 무신론의 확대 그리고 세상 권력들의 압재, 이 모든 것들이 태풍의 구름처럼 몰려오고 있다. 현재를 어둡게 하는 표적들은 종말이 매우 임박했음을 보여준다.

우리는 이 세상이 언제 종말에 이르게 될지는 모르지만 다니엘의 예언이나 다른 성경의 예언을 통해 종말에 어떤 일이 일어나게 될지는 알고 있다. 전능하신 특사 그리스도께서 오실 것이다. 그분은 이 세상을 악으로부터 정결하게 하실 것이다. 그리고 하나님의 완전한 나라를 세우실 것이다. 그리스도가 세우신 하나님의 나라는 타락으로 인해 피폐해진 이 땅을 완전히 뒤바꿔놓을 것이다.

그리스도의 재림에 대해 기억해야 할 중요한 사실은 그것이 세계 역사의 종말뿐 아니라 만물의 새로운 시작이라는 사실이다. 모든 역사가 그 시작을 위해 달려가고 있다. 인류 역사에서 보이지 않는 특사이셨던 하나님이 인간이 타락한 순간부터 설계하고 예비하신 시간이다. 우리는 하나님이 의도하셨던 모습 그대로 모든 것이 존재하고, 하나님과 더불어 완전한 기쁨을 누리며 영원토록 살아갈 영광스러운 아침을 맞이하게 될 것이다.

사실 다니엘서에서 가장 돋보이는 특사는 다니엘서 첫 장부터 마지막 장까지 확실히 존재감을 드러낸 전능하신 하나님이시다. 오늘날의 다니엘 요원들이여! 힘을 내기 바란다. 참으로 멋진 특사 중의 특사, 하나님이 우리와 함께 하신다!

미주

CHAPTER 1. 포로로 잡혀가다

1. Stephen R. Miller, Daniel, The New American Commentary 18 (Nashville: Broadman & Holman, 1994), 58.
2. Stan Phelps, "Cracking into Google: 15 Reasons Why More than 2 Million People Apply Each Year," Forbes, August 5,2014, http://www.forbes.com/sites/stanphelps/2014/08/05/cracking-into-google-the-15-reasons-why-over-2-million-peopleapply-each-year/.
3. Leon J. Wood, A Commentary on Daniel (Grand Rapids, MI: Zondervan, 1973), 33.
4. Ibid., 32.
5. John F. Walvoord, Daniel: The Key to Prophetic Revelation (Chicago: Moody, 1971), 43.

CHAPTER 2. 불면의 밤

1. H. A. Ironside, Lectures on Daniel the Prophet (New York: Bible Truth Press, 1920), 25.
2. Wood, Commentary on Daniel, 44.
3. Geoffrey R. King, Daniel: A Detailed Explanation of the Book (London: Henry E. Walter, 1966), 49.
4. Miller, Daniel, 81.
5. Ibid., 82.
6. Walvoord, Daniel: Key to Prophetic Revelation, 52.
7. Joseph A. Seiss, Voices from Babylon (Philadelphia: Castle, 1879), 49.
8. Miller, Daniel, 84.
9. Wood, Commentary on Daniel, 59.

CHAPTER 3. 거대한 신상

1. Herodotus, The History of Herodotus, Book 1.183.
2. Plutarch, "On Contentedness of Mind."
3. Herbert Carl Leupold, Exposition of Daniel (Minneapolis: Augsburg, 1949), 119.
4. Walvoord, Daniel: Key to Prophetic Revelation, 66.
5. Ibid, 71.
6. William G. Heslop, Diamonds from Daniel (Grand Rapids, MI: Kregel, 1976), 46.
7. Ibid.
8. Ibid.
9. C. I. Scofield, The Scofield Reference Bible (New York: Oxford University Press, 1945), 901.

10. Flavius Josephus, Antiquities of the Jews, book XI, chapter 8, paragraph 5.
11. David Jeremiah, What in the World Is Going On? (Nashville: Thomas Nelson, 2008), 56.
12. Leupold, Exposition of Daniel, 119.

CHAPTER 4. 불길 속의 사람들

1. Heslop, Diamonds from Daniel, 57.
2. Walvoord, Daniel: Key to Prophetic Revelation, 81.
3. Ibid., 83.
4. Wood, Commentary on Daniel, 83.
5. Walvoord, Daniel: Key to Prophetic Revelation, 87.
6. John Calvin, Commentaries on the Four Last Books of Moses Arranged in the Form of a Harmony, vol. 2 (Edinburgh: Calvin Translation Society, 1853), 108.
7. Leupold, Exposition of Daniel, 153.
8. Geoffrey Anketell Studdert Kennedy, The Hardest Part (London: Hodder and Stoughton, 1919), 110–111.
9. King, Daniel, 85.
10. Walvoord, Daniel, 90.
11. Arno C. Gaebelein, Daniel: A Key to the Visions and Prophecies of the Book of Daniel (Grand Rapids, MI: Kregel, 1968), 47.

CHAPTER 5. 늑대 인간

1. C. S. Lewis, Mere Christianity (New York: Macmillan, 1960), 108–109.
2. Wood, Commentary on Daniel, 99.
3. C. F. Keil, The Book of the Prophet Daniel (Edinburgh: T. & T. Clark, 1877), 216.
4. Charles W. Colson, Born Again (Grand Rapids, MI: Baker, 2008), 65.
5. Graham Scroggie, quoted in King, Daniel, 109.

CHAPTER 6. 하나님의 손가락

1. David Jeremiah with Carole C. Carlson, The Handwriting on the Wall (Dallas: Word, 1992), 98.
2. Leupold, Exposition of Daniel, 214.
3. Seiss, Voices from Babylon, 145–46.
4. Walvoord, Daniel: Key to Prophetic Revelation, 119.
5. Wood, Commentary on Daniel, 150.
6. Herodotus, vol. 1, trans. Henry Carey (New York: Harper, 1889), 190–91.
7. Walvoord, Daniel: Key to Prophetic Revelation, 131.

CHAPTER 7. 라이온 킹

1. Clarence E. Macartney, Trials of Great Men of the Bible (Nashville: Abingdon-Cokesbury, 1946), 97–98.
2. James Thomson, “Spring,” in The Seasons: A Poem (New York: Clark, Austin & Co., 1854), 14.

3. Heslop, Diamonds from Daniel, 87.
4. C. F. Keil, Biblical Commentary on the Book of Daniel (Grand Rapids, MI: Eerdmans, 1955), 171.
5. James Robert Graham, The Prophet-Statesman, quoted in Donald K. Campbell, Daniel: God's Man in a Secular Society(Grand Rapids, MI: Discovery House, 1988), 96–97.
6. Charles Spurgeon quoted in King, Daniel, 197.
7. Wood, Commentary on Daniel, 174.
8. Robert J. Morgan, From This Verse (Nashville: Thomas Nelson, 1998), June 5.

CHAPTER 8. 정복자

1. King, Daniel, 127.
2. Rodney Stortz, Daniel: The Triumph of God's Kingdom (Wheaton, IL: Crossway, 2004), 134.
3. Plutarch, Alexander.
4. Flavius Josephus, Antiquities of the Jews, book XI, chapter 8, paragraph 5.
5. Ibid.
6. Ibid.
7. W. W. Tarn, Alexander the Great, vol. 1 (Cambridge: Cambridge University Press, 1948), 145–46.
8. J. E. H. Thomson, "Alexander, the Great," in International Standard Bible Encyclopedia, vol. 1, ed. James Orr (Grand Rapids, MI: Eerdmans, 1957), 93.
9. Charles Ross Weede, quoted in The Speaker's Quote Book (Grand Rapids, MI: Kregel, 2009), 69–70.

CHAPTER 9. 미치광이

1. 1 Maccabees 1:5-7, 10, 16, 19-20, GNT.
2. Solomon Zeitlin, The Rise and Fall of the Judean State, vol. 1 (Philadelphia: Jewish Publications Society, 1962), 92.
3. 1 Maccabees 1:44-50, GNT.
4. Wood, Commentary on Daniel, 213.
5. 1 Maccabees 1:60-61; 2 Maccabees 6:10.
6. 2 Maccabbees 7:1-6.
7. 1 Maccabees 1:21-24.
8. 1 Maccabees 1:56-57.
9. Lehman Strauss, The Prophecies of Daniel (Neptune, NJ: Loizeaux Brothers, 1978), 242–43.
10. 1 Maccabees 2:19-22.
11. "Hanukkah," History.com, accessed June 11, 2015, http://www.history.com/topics/hanukkah.
12. Donald K. Campbell, Daniel: God's Man in a Secular Society (Grand Rapids, MI: Discovery House, 1988), 125.
13. Louis T. Talbot, The Prophecies of Daniel (Wheaton, IL: Van Kampen, 1954), 143.
14. Mark Hitchcock, Cashless (Eugene, OR: Harvest House Publishers, 2009), 104.
15. John Phillips, Exploring Revelation: An Expository Commentary (Grand Rapids, MI: Kregel, 2001), 166.

16. David Jeremiah, The Coming Economic Armageddon (New York: FaithWords, 2010), 115.
17. 1 Maccabees 1:29-32, .
18. 1 Maccabees 6:1-17.
19. Strauss, Prophecies of Daniel, 250.
20. Adapted from Billy Graham, World Aflame (New York: Doubleday, 1965), 206–207

CHAPTER 10. 전령사

1. Jeremiah 25:8-10, NLT.
2. Jeremiah 25:11-14, NLT.
3. Jeremiah 29:12-14, NLT.
4. Daniel 9:19, NLT.
5. Campbell, Daniel: God's Man, 134–35.
6. H. A. Ironside, Daniel: An Ironside Expository Commentary (Grand Rapids, MI: Kregel Publications, 2005), 86.
7. Leupold, Exposition of Daniel, 376.
8. Strauss, Prophecies of Daniel, 253.
9. Isaac Newton, Observations upon the Prophecies of Daniel and the Apocalypse of St. John (London: J. Darby and T. Browne, 1733).
10. Clarence Larkin, The Book of Daniel (Philadelphia: Rev. Clarence Larkin, 1929), 197.
11. Strauss, Prophecies of Daniel, 256.
12. Walvoord, Daniel: Key to Prophetic Revelation, 202.
13. Campbell, Daniel: God's Man, 148.
14. Wood, Commentary on Daniel, 242.
15. Arno Gaebelein, The Prophet Daniel (Grand Rapids, MI: Kregel, 1955), 129.
16. Leupold, Exposition of Daniel, 412.
17. Wood, Commentary on Daniel, 250.
18. G. H. Lang, The Histories and Prophecies of Daniel (Grand Rapids, MI: Kregel, 1973), 132.
19. Alva J. McClain, Daniel's Prophecy of the Seventy Weeks (Grand Rapids, MI: Zondervan, 1969), 18–19.
20. Sir Robert Anderson, The Coming Prince (London: Hodder and Stoughton, 1909), 121–23.
21. McClain, Daniel's Prophecy, 5.
22. Ibid., 19–20.
23. Campbell, Daniel: God's Man, 143–44.

CHAPTER 11. 천사장

1. Quoted in Campbell, Daniel: God's Man, 153.
2. Walvoord, Daniel: Key to Prophetic Revelation, 240.
3. Leupold, Exposition of Daniel, 447–48.
4. Strauss, Prophecies of Daniel, 302.
5. Ibid., 302.

6. Mark Hitchcock, The Amazing Claims of Bible Prophecy (Eugene, OR: Harvest House, 2010), 55.
7. John Phillips, Exploring the Future: A Comprehensive Guide to Bible Prophecy (Grand Rapids, MI: Kregel, 2003), 37–38.
8. Heslop, Diamonds from Daniel, 166.
9. Phillips, Exploring the Future, 26.
10. Walvoord, Daniel: Key to Prophetic Revelation, 253.
11. Phillips, Exploring the Future, 43.
12. Phillips, Exploring the Future, 39.
13. David Jeremiah, What in the World Is Going On? (Nashville: Thomas Nelson, 2008).
14. David Jeremiah, The Coming Economic Armageddon (New York: FaithWords, 2010).
15. David Jeremiah, Agents of the Apocalypse (Carol Stream, IL: Tyndale, 2014).
16. Walvoord, Daniel: Key to Prophetic Revelation, 280.
17. E. B. Pusey quoted in James Montgomery Boice, Daniel: An Expositional Commentary (Grand Rapids, MI: Baker, 2003), 13.
18. Quoted in Campbell, Daniel: God's Man, 169.
19. "Religion: Promises," Time, December 24, 1956.

CHAPTER 12. 마지막 때

1. Daniel 12:1-3
2. Walvoord, Daniel: Key to Prophetic Revelation, 281–82.
3. See David Jeremiah, Agents of the Apocalypse, 258–259 for my commentary on the Book of Life.
4. Henry M. Morris, The Revelation Record: A Scientific and Devotional Commentary on the Book of Revelation (Carol Stream, IL: Tyndale, 1983), 433.
5. Seiss, Voices from Babylon, 310–11.
6. Wood, Commentary on Daniel, 328–29.
7. Seiss, Voices from Babylon, 306.
8. Leupold, Exposition of Daniel, 534–35.
9. Wood, Commentary on Daniel, 325.
10. David Jeremiah, "Daniel: Book Introduction," in The Jeremiah Study Bible (Nashville: Worthy, 2013), 1118.
11. Warren W. Wiersbe, Life Sentences (Grand Rapids, MI: Zondervan, 2007), 192.

에필로그

1. C. S. Lewis, Perelandra (New York: Simon & Schuster 1944, 1972), 182.
2. See the appendix, "The Agent of Agents."

터치북스는 이렇게 만듭니다.

1. 마음과 영혼을 울리는 책을 만듭니다.
2. 경건한 독자들의 지성과 성품에 어울리는 책을 만듭니다.
3. 세월이 흘러도 간직하고 싶은 책을 만듭니다.
4. 영혼의 성장에 꼭 필요한 책을 만듭니다.
5. 출판으로 교회와 독자들을 섬기겠습니다.

바벨론의 비밀요원

초판 1쇄 펴낸 날 | 2016년 9월 7일

지은이 | 데이비드 제레마이어
옮긴이 | 윤혜란

펴낸이 | 우수명
펴낸곳 | 도서출판 터치북스
편집장 | 이강임
디자인 | **표지** 홍시_송민기
내지 김한희
등록번호 | 제 129-81-80357호(2005.1.12)
주 소 | 서울시 강남구 테헤란로 25길 30 4층
편집부 | **전화** 02-538-3959 **팩스** 02-566-7754

ISBN 979-11-85098-27-2
■ 책값은 뒤표지에 있습니다.
■ 잘못된 책은 구입하신 서점에서 교환해 드립니다.